集**人文社科之思** 刊**专业学术之声**

集 刊 名：法律和政治科学
主　　　管：西南政法大学
指　　　导：西南政法大学期刊社
主　　　办：西南政法大学行政法学院　政治与公共管理学院
主　　　编：周尚君

LAW AND POLITICAL SCIENCE Vol.3 2021 No.1

学术委员会

主 任

付子堂　西南政法大学行政法学院
朱光磊　南开大学周恩来政府管理学院

副主任

周尚君　西南政法大学行政法学院
周振超　西南政法大学政治与公共管理学院

委 员（按姓氏拼音排序）

陈柏峰　中南财经政法大学法学院	田　雷　华东师范大学法学院
陈弘毅　香港大学法学院	王启梁　云南大学法学院
程金华　上海交通大学凯原法学院	谢海定　中国社会科学院法学研究所
方　乐　南京师范大学法学院	姚建宗　吉林大学法学院
顾培东　四川大学法学院	殷冬水　吉林大学行政学院
郭春镇　厦门大学法学院	尤陈俊　中国人民大学法学院
侯　猛　中国人民大学法学院	於兴中　康奈尔大学法学院
侯学宾　吉林大学法学院	翟国强　中国社会科学院法学研究所
胡象明　北京航空航天大学公共管理学院	张紧跟　中山大学政治与公共事务管理学院
刘　忠　中山大学法学院	郑　戈　上海交通大学凯原法学院
陆幸福　西南政法大学行政法学院	周祖成　西南政法大学行政法学院
马长山　华东政法大学法律学院	朱　振　吉林大学法学院
倪　星　武汉大学政治与公共管理学院	朱学平　西南政法大学行政法学院
庞金友　中国政法大学政治与公共管理学院	

2021年第1辑·总第3辑

集刊序列号：PIJ-2018-334
中国集刊网：www.jikan.com.cn
集刊投约稿平台：www.iedol.cn

法律和政治科學

LAW AND POLITICAL SCIENCE

转型社会中的国家治理

2021 年第 1 辑 · 总第 3 辑

Vol.3 2021 No.1

周尚君　主编

社会科学文献出版社

SOCIAL SCIENCES ACADEMIC PRESS (CHINA)

目 录
CONTENTS

专论

政法

治理

思想

2021年第1辑·总第3辑

法律和政治科学

LAW AND POLITICAL SCIENCE

Vol.3, 2021 No.1

专　论

《法律和政治科学》（2021 年第 1 辑·总第 3 辑）

第 003~073 页

欧盟宪法的基本原则：一个教义学的分析[*]

〔德〕阿敏·冯·伯格丹迪 著

杨国栋 译^{**}

【摘　要】自欧洲一体化从经济共同体进入政治共同体以来，欧盟作为一个超国家组织的宪法化问题就出现了。本文从宪法学的教义学理论出发，首先对现有关于宪法原则的法教义学研究的重要理论问题进行了整体回顾。在此基础上，本文对欧盟宪法的原则教义的一般性问题进行了提炼，并继续从"欧盟与成员国的关系"和"个人与欧盟的关系"两个方面

* 本文是《欧盟宪法的原则》(*Principles of European Constitutional Law*) 的第一章 "Founding Principles"，本文题目、摘要和关键词为译者结合本章内容拟定。

** 基金项目：重庆市社会科学规划项目"新时代地方立法的适用问题研究"(2019BS103)。

阿敏·冯·伯格丹迪 (Armin von Bogdandy)，德国海德堡外国公法和国际公法马普所所长。杨国栋，西南政法大学行政法学院讲师，德国汉堡大学法学博士（欧盟公法方向）。

审视了可能扮演欧盟宪法基本原则这一角色的诸概念，对其作为欧盟宪法基本原则的正当性及可能性进行了阐述。共同体的统一性与成员国的多元性之间的紧张关系形成了对这些概念进行审视时须特别注意的语境。最后，本文指出，在当今时代，实质稳定性可能是一个过时的想法，对欧盟宪法的这些基本原则的落实才是重点。

【关键词】 原则教义；统一性；多元性；宪法化

一　导论

本书题目为《欧盟宪法的原则》，因为对原则的研究是深化对法律问题之理解的一个广受认可的方法。因此，细致的评论、专著、手册并不缺乏，① 本书中几乎每一篇文章都在讨论欧盟法的原则。那么，这一章对这些原则研究的特别价值在哪里呢？首先，它旨在促成对欧洲法律话语中原则的维度、基础和功能更为反思性的法学研究。原则构成了寻求自主性及探求在规范和判决多元

---

① 关于共同原则或者一般原则的主要视角的相关文章，如 U Bernitz and J Nergelius（eds），*General Principles of European Community Law*，2000；X Groussot，*General Principles of Community Law*，2006；T Tridimas，*The General Principles of EU Law*，2006；R Gosalbo Bono，"The Development of General Principles of Law at National and Community Level"，in R Schulze and U Seif（eds），*Richterrecht und Rechtsfortbildung in der EuropäischenRechtsgemeinschaft*，2003，p. 99。From the perspective of constitutional principles，see B Beutler，in H von der Groeben and J Schwarze（eds），*Kommentarzum EU - /EG - Vertrag*，2003，Art 6 EU；C Calliess，in C Calliess and M Ruffert（eds），*EUV/EGV*，2007，Art 6 EU；M Hilf and F Schorkopf，Art 6 EU，as well as I Pernice and FC Mayer，nach Art 6 EU，bothin Grabitz and M Hilf，*Das Recht der EU*，looseleaf，last update May 2008；S Mangiameli（ed），*L'ordinamentoEuropeo，I principidell' Unione*，2006；J Molinier（ed），*Les principesfondateurs de l'Unioneuropéenne*，2005；H Bauer and C Calliess（eds），*SIPE* 4：*Constitutional Principles in Europe*，2008.

化背后的法律统一体之法律研究的核心，① 进一步增强了法院在面对政治问题时的角色。第二条也很重要，宪法原则的教义促进了欧洲宪法研究这一工程。这两个路径和项目都是具有争议的，都会产生很多理论和政治问题（见本文第二部分）。

更教义式的篇章也在致力于回答关于欧盟法律基本原则的一般性问题。它分析欧盟法中"原则"一词的各种用法。在作为政治性法令方面，《阿姆斯特丹条约》中的《欧盟条约》第 6（1）条的成文化将 **"基本原则"** 界定为基本法律中满足公共权威行使的合法性需要、决定欧盟的一般性的合法性基础的规范（见本文第三部分第 1 点）。此外，成员国宪法原则在欧盟宪法话语中的角色也得到了阐述。该章最后将讨论欧盟法和共同体法的一个广泛的原则教义的可行性——将《欧盟条约》和《欧共体条约》（即现在的《欧盟运行条约》——译者注）作为一个单一的、自主的法律秩序的基础（见本文第三部分）。

本章不仅仅局限于一般性问题，也旨在推进对个别基本原则的理解。与大多数对欧盟宪法原则的陈述相比，本文将通过原则之间的相互关联来发展之。本文的指导思想是对欧盟和成员国之间的关系（即联邦的张力）提供了一种对欧盟与成员国在宪法原则的具体内容方面的区别（如果不是关键的）理解。这也是为何在对欧盟基础法律和联邦主义宪法的通常描述进行审慎的区别时，要首先处理联邦主义关系的基本原则（本文第四部分），其次才是对经典宪法原则自由、平等、博爱（即保障基本权利的法治、民主和团结）在这一背景下发展出它们在超国家层面的特别之处（见第五部分）。

本文在学术讨论的基础上提供了针对基本原则，对其的辨识和解释，其他原则，相关规范和判决，它们的背景和比较分析等

---

① 关于该项目，参见 I Kant, *Kritik der reinen Vernunft*, 2nd edn 1787 = Edition B, pp. 355ff, esp. 358。

方面的一个教义学阐述。与其他法律教义一样，这一阐述是被置于一个更广泛的理论和意识形态的背景之下的。这一背景包括如下假设：欧盟确立了一种政治和法律权威的新形式。因此，欧盟的基本原则应当是根植于欧洲宪政主义传统的，但同时应当充分考虑到欧盟的特点以及实现欧盟自成一格（sui generis）的特点的具体化。本文还基于另外一个可讨论的预设：伦理、政治和经济冲突可以被塑造为原则的冲突，可以产生一些见解以帮助解决问题。① 注意：一项原则教义并不必然地可以为解决冲突提供科学、确定的解决方案。如果欧洲基本法不被视作"一体化法"或"单一市场法"，而是被视作宪法，并因此预设存在一个由相互竞争的原则和解决方案所组成的统一体系的一般开放性，那样甚至连一个特定原则的普遍优先性都无法确定。然而，这并不排除法学家们可以根据系统方法的精神和免于实践压力这两点考虑而提出解决方案，从而在相关法律论述中扮演特定的角色。

本文只会提出一个此类建议：那些伦理、政治和经济冲突应当被作为（并在欧盟法内部按照）原则的冲突来解决。欧盟基本原则应当被当作冲突解决的共同语言的核心要素。这是一个"挺欧盟"（pro unione）的基本决定。②

---

① 在批判法学传统中会产生意识形态怀疑，见 D Kennedy, *Critique of Adjudication*, 2003; idem, "The Structure of Blackstone's Commentaries", *Buffalo Law Review* 209, 1979, p. 28; RM Unger, "The Critical Legal Studies Movement", *Harvard Law Review* 563, 1983, p. 96; G Frankenberg, "Der Ernst imRecht", *KritischeJustiz* 281, 1987; idem, "Partisanen der Rechtskritik, Critical Legal Studies etc", in S Buckel et al. (eds), *Neue Theorien des Rechts*, 2006, p. 97。

② 这将欧盟从国际组织中区分开来。参见 JHH Weiler, *The Constitution of Europe*, 1999, pp. 18ff; C Walter, "Grundrechtsschutz gegen Hoheitsakte internationaler Organisationen", *Archiv des öffentlichenRechts* 39, 2004, p. 129; A von Bogdandy, "General Principles of International Public Authority", *German Law Journal* 1909, 2008, vol. 9。

二 关于欧盟基本原则的理论问题

1. 基本原则和宪法研究

本书不会整体性地讨论欧盟法，而是讨论欧盟基础法，并且评估将其称为欧盟宪法的可行性。将宪法的范畴适用于欧洲基础法中当然需要进行正当化，这不仅仅是因为《欧盟宪法条约》的失败。[1] 然而，要注意到，宪法解释仍然是一项需要根据其在分析、建构和指引方面的价值来进行评判的学术推理。因此，欧盟法律基本原则的教义学任务是证明宪法主义路径的有用性。这个命题是：基础法的宪法特征在基础原则中得到了特别清晰的展示。[2] 它们对宪法原则的学术发展产生了深刻的影响，因为这一视角产生了相关的问题、知识和话语。将宪法归类为基础法，意味着基础法被定义为政治斗争的框架，实现基础的主题化，旨在自我证成以及调和社会话语与法律话语。[3]

与此同时，该路径也在追求一个战略性的学术目标。欧洲宪法要发展为一个次级学科需要对其具体的关注，[4] 正如欧盟法[5]和欧共体法[6]得以发展为次级学科那样。将原则教义学的潜在贡献与严格关注法律渊源的路径进行对比时可以得到最佳解释。对于后

---

① 参见 C Möllers, below chapter 5；P Kirchhof, below chapter 20。

② Opinion 1/91, *EEA I* [1991] ECR I - 6079, para 21.

③ P Dann, "Thoughts on a Methodology of European Constitutional Law", *German Law Journal*, 2005, vol. 6, p. 1453, p. 1458.

④ 从 2005 年起就存在着一个单独的杂志——《欧洲宪法评论》。进一步在国际法中比较这一路径，参见 S Kadelbach and T Kleinlein, "International Law a Constitution for Mankind? An Attempt at a Re-appraisal with the Analysis of Constitutional Principles", *German Yearbook of International Law* 303, 2007, p. 50。

⑤ H Mosler, "Der Vertrag über die Europäische Gemeinschaft für Kohle und Stahl", 14 *Zeitschrift für ausländisches öffentliches Recht und Völkerrecht* 1, 1951, vol. 2, pp. 23ff.

⑥ HP Ipsen, *Europäisches Gemeinschaftsrecht*, 1972, pp. 4ff.

者而言，其决定性的识别标准在于一个条款是否属于只能通过《欧盟条约》第 48 条（该条规定了欧盟条约和欧盟立法的修改程序——译者注）进行变更的法群（a body of law）。① 因此，对欧盟基础法的传统描述可以表现为宪法教义。② 然而，仅仅换个标签会忽略宪法视角的研究方法：对构成公共权威并使其行使得以合法化的那些条款的关注。③ 将基础法当作宪法对待应当带来新的理解和阐述，并且逐渐克服那些诸如"一体化法"或"单一市场法"④ 之类的理解——因为原则教义不仅遵循而且也是宪法化进程的一部分。这引出了下一点。

2. 原则法律教义的三项功能

一般来说，原则的法律教义是内在于法律的话语的一部分，即法律体系的运作。这种研究与那些从社会科学的角度分析法律材料（例如追溯那些对法律造成影响的事实面的限制与动力）的路径不同。原则导向的研究并不要求证明因果关系。⑤ 它并不处理实证原因，而是处理论证推理；原因和推理关涉不同的认知旨趣和论证结构。

原则的法律教义跟现在常常基于原则进行论证的法哲学也有关联。⑥ 法哲学中的原则话语和法律教义中的原则话语之间的关系

---

① H Kelsen, *Allgemeine Staatslehre*, 1925, p. 252.

② 支持一体化的言论，参见 K Lenaerts and P Van Nuffel, *Constitutional Law of the European Union*, 2005；持怀疑态度的，参见 T Hartley, *The Foundations of European Community Law*, 2007。

③ F Snyder, "The Unfinished Constitution of the European Union", in JHH Weiler and M Wind（eds）, *European Constitutionalism Beyond the State*, 2003, p. 55, p. 58.

④ F Snyder, "General Course on Constitutional Law of the European Union", in Academy of European Law（ed）, *Collected Courses of the Academy of European Law*, 1998, vol. VI, p. 41, pp. 47ff; S Douglas-Scott, *Constitutional Law of the European Union*, 2002.

⑤ 社会学术语的意思更广泛，其中原则包括经验的、具有因果关系的和规范性的原理。

⑥ 对这一话语进行框架概括的表述参见 J Rawls, *A Theory of Justice*, revised edn 1999, first edn 1972, p. 52; R Dworkin, *Taking Rights Seriously*, 1977, pp. 22ff; J Habermas, *Between Facts and Norms*, reprint 2008, p. 132, pp. 168ff and p. 197.

很复杂，难以区分。原则的法律教义与基于原则的法哲学的区别不在民主、法治、基本权利这些原则中。区别之一是，一项关于原则的哲学话语可以通过演绎推进，而一项关于原则的法律话语必须联系到由法律条款、司法判决等组成的实证法律材料；它是解释学的，要涉及现行法律。程序方面的一项区别是，原则的法律概念最终必须在司法诉讼中进行主张。尽管由法学研究所建构的原则来反映它们可能的哲学基础很重要，但同样重要的是，在一个多元社会里，法律原则要与哲学和意识形态话语保持一定距离，以此来为不同的理念提供共同的"银幕"以推进社会整合。哲学思考在司法判决中并不合适。

a）教义建构主义

宪法研究的第一个教义学推动力旨在辨识实证法律材料中固有的原则，从而对后者进行组织并在此基础上推进宪法材料的一致性。① 一致性虽达不到由逻辑演绎确保的分析性原理的程度，但也不仅仅是消除前后矛盾。② 一致性的标准要求一个模型，如果带点本质主义热情的话，该模型会被描述为"一个宏大的结构性计划"③。当欧洲法院在重要的判决中提到条约的"精神"④ 或者"本质"⑤ 的时候，它会使用该种路径。加拿大最高法院以一种独特的方式阐述了其理解：

　　　　宪法不仅仅是一项文本。它包括规制宪法权威行使的

---

① P Dam, "Thoughts on a Methodology of European Constitutional Law" (2005) 6 *Germen Law Journal*, pp. 183ff.

② J Habermas, *Between Faits and Norms*, The MIT Press, 2008, p. 211.

③ GF Schuppert and C Bumke, *Die Konstitutionalisierung der Rechtsordnung*, 2000, p. 28, p. 39; concerning "guiding visions", see U Volkmann, "Verfassungsrecht zwischen normativem Anspruch und politischer Wirklichkeit", 2008, p. 67, *Veröffentlichungen der Vereinigung der Deutscher Staatsrechtslehrer* 57, pp. 57ff.

④ Case 26/62 *van Genden Loos* [1963] ECR 1, 13; Case 294/83 *Les Verts v Parliament* [1986] ECR 1339, para 25.

⑤ Cases C – 6/90 and C – 9/90 *Francovich* [1991] ECR I – 5357, para 35.

整个全面的规则和原则体系。如果仅仅对宪法成文法的某些条款进行表面上的解读会产生误导。对那些使宪法产生生命力的潜在的原则进行更广泛的探索是必要的……那些原则必须纳入到我们对宪法权利和义务的整体评估之中。①

当然，从认识论和论证的角度来看，"宏大结构计划"的预设和关于一个法律秩序的"精神"或"本质"的陈述都是有问题的。然而，事实是"一个整体性的观点是不可分割的"②，本文旨在通过基本原则的梗概来表达该观点。法学研究的相应角色可以被称为"教义学建构主义"③。

考虑到盎格鲁—撒克逊世界对教义学的怀疑，应当对该路径进行简要描述。起初，即 19 世纪晚期和 20 世纪初期，教义学建构主义的议程首先追随萨维尼的历史法学派的法律概念的潮流，通过使用自主的概念来建构法律。实证法律材料被超越了，不是通过政治、历史或哲学反思的方式，而是通过诸如国家、主权或公法中的个人权利这些结构赋予的概念来实现的。这些概念被认为是因专属于法律而成为"自主"的，因此属于法学研究的独占范围之内。教义建构的最高科学目标就是重建和表述公法及私法所代表的、由系统性组织的概念所组成的复合结构。该努力的核心在于构建包括话语和论证在内的自主领域，其处在主要归属哲学和神学范畴的自然法与政治以及法庭直接掌控下的实证法具体

---

① Reference re Secession of Quebec，[1998] 2 SCR 217（Can），to question 1；see also *Entscheidungen des Bundesverfassungsgerichts* 34，p. 269，p. 287.

② 更多具体内容，参见 F Müller and R Christensen，*Juristische Methodik*：*Bd II. Europarecht*，2007，paras 349ff.

③ 更多具体内容，参见 A von Bogdandy，"Wissenschaft vom Verfassungsrecht：Vergleich"，in A von Bogdandy et al（eds），*Handbuch Ius Publicum Europaeum* vol II，2008，p. 39；idem，"The Past and Promise of Doctrinal Constructivism"，*International Journal of Constitutional Law*（forthcoming），2009，p. 7。

条文二者之间的中间层次。① 在宪法实体法的形成和初始议程的后实证主义发展过程中，宪法原则越来越显露出这些自主概念的角色。②

对于整体性法学研究（即一个"体系"或一个"全局性概念"）来说，欧盟法的基础原则特别重要，因为法律概念路径几乎都是由欧洲法院通过有组织的注释发展起来的，尤其是在基础法的混乱发展的某些时期。然而，基础原则并没有从一开始就扮演该角色：在一体化初期，条约的目标在发展一个"全局性概念"的努力中处于中心地位。③ 然而，在这些目标的增加过程中，该路径失去了说服力，这一点可以通过《里斯本条约》（第3条）废除了《欧共体条约》第2ff条中的具体目标得到确认。原则导向的路径似乎是一个有用的替代方案。

教义学建构主义者的努力似乎对于欧盟基础法来说尤为迫切。它最为著名的描述大概就是对它作为"宪法乱局"的认证。④ 当然，《里斯本条约》实现了一定程度的系统化，但是也没有让学术努力成为无用功。此外，原则导向型的研究不只涉及基础法。宪法化过程要求宪法"渗透"到所有的法律关系中。⑤ 一个相应

---

① JH von Kirchmann, *Die Wertlosigkeit der Jurisprudenz als Wissenschaft*, 1848, reprint 1990, p. 29, 从而使法理学作为一门科学的无用性得到正当化。

② 从古典实证主义角度来看，这当然是一个衰落的故事，正如卢曼所准确指出的（N Luhmann, *Das Recht der Gesellschaft*, 1993, pp. 521ff.），更多的具体化是通过所谓的"法律文物"实现的，典型的例子是主观权利或财产。更多细节参见 U Mager, *Einrichtungsgarantien*, 2003, in particular pp. 21ff and pp. 98ff.这些概念非常独立于实证法，然而，它们却很难在欧盟法中被找到。这显示了欧盟法教义学操作上的弱点，参见 T Kingreen, below chapter 14。

③ CF Ophüls, "Die Europäischen Gemeinschaftsverträgeals Planverfassungen", in JH Kaiser (ed), *Planung I*, 1965, p. 229, p. 233; Ipsen, above n 10, pp. 128ff.

④ D Curtin, "The Constitutional Structure of the Union", *Common Market Law Review* 17, 1993, p. 57, p. 30; the term was coined by J Habermas, *Die neueUnübersichtlichkeit*, 1985.

⑤ GFW Hegel, *Rechtsphilosophie*1821, edited by Moldenhauer and Michel from 1970, p. 274.

的次级法律材料的宪法安排要求一种教义建构主义——在其中，宪法原则尤其是个体的基本权利是不可或缺的，正如在民族国家的例子中显示的那样。大量的次级法律工具都特别要求之：因为它们必须根据它们的叙述，参考基本原则尤其是个体的基本权利进行解释。因此，欧洲法院就将这种与基础法的相符性作为一种解释方法。① 《欧盟基本权利宪章》确认了这一宪法化过程，将宪法维度在众多利益中进行了表达。

所有这些都要求一个可持续的教义学建构主义的概念。一项教义的建构可以只提出实证法的一个但不唯一的体系。在过去，一个体系经常被"密码理想主义"式地认为是法律中所固有的，并且有时会被教条式地推到唯一真理的程度。这一学术实践是由非民主主义者或精英主义者所进行的。② 对此的批评也要注意听取。在批评者看来，当前的努力应当直接针对为法律材料进行整编和为法律发展提出方法这一更加谦卑的目标。现在，几乎没有法学家仍存有如下见解：教义的建构反映了基础法预先稳定化的逻辑统一性或者条约的一体化哲学。一项宪法教义必须进一步"意识"到过度干预政治过程的危险性。整体而言，由于原则库的开放性，单个原则在语义学上的开放性以及在发生冲突时何种原则应当优先这一问题上的开放性，我们应意识到学术主张相对于真理的有限性在原则之上的建构是特别必要的。③ 同样应当减少的是对于一个体系在法律运作过程中可以得到多大程度的具体实

---

① Case C – 314/89 *Rau* [1991] ECR I – 1647, para 17; Case C – 98/91 *Herbrink* [1994] ECR I – 223, para 9; Cases C – 465/00, C – 138/01 and C – 139/01 *ORF* [2003] ECR I – 4989, para 68; Case C – 540/03 *Parliament v Council* [2006] ECR I – 5769, paras 61ff, 104ff.

② H Kelsen, *Vom Wesen und Wert der Demokratie*, 1981, reprint of 2nd edn 1929, p. 23; idem, *Der soziologische und der juristische Staatsbegriff*, 1981, reprint of 2nd edn 1928; M Everson, "Is it Just Me, or Is There an Elephant in the Room?" *European Law Journal* 136, 2007, p. 13; J Murkens, "The Future of Staatsrecht", *MLR* 731, 2007, p. 70.

③ 关于适用的论述，参见 K Günther, *Der Sinn fürAngemessenheit*, 1988, p. 300。

现的期待。此外，作为教义建构之结果的原则教义不能等同于法律实践。这不是教义建构的不足，而是说明教义建构的核心内容并非实践。批判法学研究也可以使用教义工具进行。

b）法律教义学对于法律实践的角色

在前引的加拿大最高法院的陈述中，原则不但通过排序产生认识而且为法律的创造性适用提供论据。由于上流意见认为，法学研究首先是一种实践性的社会科学，该实践导向也成为原则教义的额外特点。原则在法律的适用中具有多种功能。

原则通常增加了可用来争辩特定法令的合法性的论据之数目。在此种功能中，它们可以被描述为超越结构原理的法律原则。通过增加法律职业的商谈预算，原则增强了它相对于立法性政治机构的自主性。这基本是通过对相关规范（基础法或次级法）的原则导向的解释实现的。① 在适用原则时，举证责任通常被置于反对该原则的一方。② 然而，欧洲法院有时候也会过度简化某些事项：仅仅通过将一项条文形容为一项原则来努力正当化它对一项有争议的规范的扩大或限缩解释。③ 从方法论上说这没有说服力：进一步的论证是必要的。④ 有时候一项原则甚至成为其自身合法性的标

---

① 关于原则导向的基础法解释，参见 Cases C－402/05 P andC－415/05 P *Kadi et al v Council and Commission* ［2008］ECR I－0000，para 303；see further Case C－50/00 P*Union de PequeñosAgricultores v Council* ［2002］ECRI－6677，para 44；Case C－354/04 *Gestoras ProAmnistía et al v Council* ［2007］ECR I－1579，paras 51ff；Case C－355/04 *Segi et al v Council* ［2007］ECRI－1657，paras 51ff；关于次级法的原则导向的解释，参见 Case C－540/03，above n30，paras 70ff；Case C－305/05 *Ordre des barreaux francophones et germanophone* ［2007］ECRI－5305，para 28。

② 在该问题上指示性的是 Case C－361/01 P *Kik v OHIM* ［2003］ECR I－8283，para 82，该案中欧洲法院拒绝了一项原则。另见 FC Mayer，" Europäisches Sprachenverfassungsrecht"，2005，p. 44，*Der Staat*，p. 367，p. 394；该文章同时展示了法学研究如何可以促进法律原则的发展。

③ 例如共同市场的原则：Case 7/61 *Commission v Italy* ［1961］ECR 317，329；Case 113/80*Commission v Ireland* ［1981］ECR 1625，para 7。

④ K Larenz and C－W Canaris，*Methodenlehre der Rechtswissenschaft*，1995，pp. 175ff；convincing Appellate Body，WT/DS26/AB/R，WT/DS48/AB/R，EC Measures Concerning Meat and Meat Products（Hormones），para 104。

准。一项原则的教义必须检视其论证的相关模式并且发展出一般性的方面和新的理解。例如，在不同的法律秩序中原则适用的宽泛范围及其合法性允许对一些创新性的本地战略进行一般化来使原则得以具体化。而在同时，法学研究应当重视此种自主化的成本，例如参考民主原则的例子。①

最后，还应当注意到一项法律原则教义通常无法完成一项功能：在一个具体案例中确定对错。原因之一是原则普遍的模糊性；不同的法律原则被使用到具体事实中时通常会产生的冲突是另一个原因。原则冲突的解决方案不能通过科学方法或法学方法得到确定，只能进行排序构造。

c）一项"法律基础设施"的维护和发展

建构性和实践性要素在一项教义建构主义功能中的汇集可以被称为"作为一项社会基础设施的法律的维护"。首先，它涉及对法律透明性的创造和捍卫，这在欧盟碎片化的法律秩序中尤为重要。此外，法学研究的"基础设施维护"功能不是静态的，它需要参与到法律的发展中以使之与变动的社会关系、利益和信仰保持一致。在这方面，原则可以承担"入口"的功能；通过该功能，法律秩序被与更广泛的公共话语相连接。考虑到《欧盟条约》第 48 条中的程序之庞杂，该连接对于欧盟基础法尤为重要。也是由于这一原因，教义学工作不应当被限定于对实证法的分析而是应当进一步发展法律。②

宪法原则允许对实证法进行内部批判，这是宪法学研究的一项核心功能，其目的是通过司法推理或政治程序来发展实证法。宪法原则促进法律推理的透明性，其构成了新的信念和利益的入口，构成了普遍理性反对局部合理性的中介。该批评区别于一般

---

① 关于这一点，见本文第二部分第 3 点。
② 关于《欧共体条约》第 230（4）条是基于对法治原则的演化这一论断，参见 J Bast, below chapter 10。

性的政治批判，因为它以法律术语行文并且与法律的在先运行密切相关，这使它可以轻易地为法律所吸收。《欧盟条约》第 1 编的目前文本和《里斯本条约》中的文本由于其宣言性特点而需要此类批判。

3. 法律和一体化政策的角度

原则使自主的法律话语成为可能，其增强了法院相对于政治的自主性并且允许那些绕开了《欧盟条约》第 48 条的法律的内部发展。根据民主原则，这是可以接受的吗？对该问题的回答必须区分法理学和法律研究。对于后者，需要记住的是，教义学建构不是一项法律渊源，其在本质上仅仅是说服性的。此外，法律研究可以诉诸学术自由。[①] 迄今为止，马克斯·韦伯的下列洞见仍未被推翻：在复杂的社会中，只有一个概念化而因此理性化的法律制度才能充分组织社会和政治进程。从这一点衍生出对该学术路径的功能上的正当化过程。[②] 然而，法律研究不应当无视其建构的可能后果。由于法院是教义学建构主义最重要的对象，要特别关注因司法实践推动的法律发展而产生的问题群。

在法院对原则的使用方面，要注意所有现行法都是实证法。实证性暗示了政治负责机关的管辖范围[③]：法律是由立法者（在普通法体系或法律的司法发展的其他案件中）制定的或者属其职责范围；立法机关可以纠正源自法律的司法发展所产生的法律状况。[④] 只能由立法机关依法修改的法群的司法发展因而是很重要

---

① 和德国基本法相比，欧盟层面的保护并非那么深入：J－C Galloux, in L Burgorgue-Larsen et al. （eds）, *Traité établissant une Constitution pour l'Europe*, 2005, Vol. II, Art II－73 para 12。

② M Weber, *Wirtschaft und Gesellschaft*, 1972, pp. 825ff.

③ E－W Böckenförde, "Demokratie als Verfassungsprinzip", in idem （ed）, *Staat, Verfassung, Demokratie*, 1991, p. 289, p. 322.

④ 关于普通法，参见 P Atiyah and R Summers, *Form and Substance in Anglo-American Law*, 1991, pp. 141ff。

的，而且也是宪法研究的标准题目。① 然而，人们通常接受如下事实：有些法律的司法发展来自并且经由法院的裁判职权而得以正当化；其中讨论最多的是裁判职权的边界。② 因此，欧洲法院就参照条约修改程序的范围而大致划出了其发展法律的权能范围。③ 本文第三和第四部分针对可以或不可以使用原则来司法性地发展法律的领域之间的分界提出了一个区分性逻辑。

支持通过法律概念化而将政治和社会冲突转化为原则冲突的另一个理由是这种概念化可以促成原则间的交汇与理性化。此外，原则也可以为民主话语扮演支持性的角色。④ 采用了原则的权衡的司法判决比一个用封闭的语言来掩盖法院评估的"法律技术"推理更容易为大多数公民所理解。考虑到民主原则，将法律争议转化为原则冲突从而允许其被政治化的过程应当受到欢迎，因为它促进了司法判决的公共话语的发展。

原则，如优先效力原则和直接效力原则，构成了共同体法宪法化的关键。⑤ 如果说关于基本宪法原则的讨论是一个相当近期的现象，那么这可以通过一体化的历史来解释。一体化的道路从未是宪法性的，而是功能性的。⑥ 条约足够清晰地界定了目标，允许

---

① A Bickel, *The Least Dangerous Branch*, 1962; for a comparative view, see U Haltern, *Verfassungsgerichtsbarkeit*, *Demokratie und Misstrauen*, 1998; on the ECJ from an internal perspective, see K – D Borchardt, "Richterrecht durch den Gerichtshof der Europäischen Gemeinschaften", in A Randelzhofer et al. (eds), *Gedächtnisschrift für Professor Dr Eberhard Grabitz*, 1995, p. 29.

② 关于欧洲法院对法律的司法发展，参见 *Entscheidungen des Bundesverfassungsgerichts*, p. 75, p. 223, p. 243（*Kloppenburg*）。

③ 然而，也有一些案例否认法律的司法发展对法院来说是比较好的：Opinion 2/94, *ECHR* [1996] ECR I – 1759, para 30 and Case C – 50/00 P, above n 33, para 44; Case C – 263/02 P, *Commission v Jégo – Quéré* [2004] ECR I – 3425, para 36。更多具体内容，参见 Bast, below chapter 10。

④ L Siedentop, *Democracy in Europe*, Columbia University press, 2000, p. 100.

⑤ Classical E Stein, "Judges and the Making of a Transnational Constitution", *AJIL* 1, 1981, p. 75.

⑥ 更多具体内容参见 S Oeter, "Federalism and Democracg", in Von Bogdandy (eds) *Principles of European Constitutional Law*, Beck-Hart Publisher, 2010, pp. 55 – 78.

欧洲话语以一种实用主义和行政管理性的方式展开而不受到政治伦理主张的负担。这一导向决定性地影响了司法推理的建构。在法学研究中，联邦制概念未能得到更久的延续，经济法路径和行政法路径更为成功——至少在德国是这样。欧洲法院缓慢地发展着并界定了共同体权力的原则。① 最晚在 1986 年，皮埃尔·佩斯卡托尔（Pierre Pescatore）断言，尽管比例性、良善行政、法律确定性、基本权的保障或抵抗权等原则是存在的，但它们其实"没有什么内容"而且"处处皆可反驳"②。后来发生了很大的变化，由于单一市场工程和《马斯特里赫特条约》，关于欧洲基本宪法原则的讨论很快展开了。③ 该讨论促成了 1997 年的《阿姆斯特丹条约》的第 6 条，该条是欧盟基础原则最核心的实证法依据。

最后，还应当指出原则教义在促进欧盟公民对欧盟的共同理解以及在欧盟机构运作的背景共识的形成方面的角色。当然，法律研究所发展的原则教义不能直接在广泛的人口中形成认同④。但是，它可以被认为是公共话语的一部分，通过原则教义欧盟全体公民可以确定欧盟政体的基础。

在关于一体化政治的这一话语中，原则可以被推定为扮演着一种意识形态的角色。⑤ 从原则的视角进行描述之后的欧盟也会具有意识形态的功能性潜力，《里斯本条约》在这方面是有问题的，

---

① P Pescatore, *Le droit de l'intégration*, 1972, pp. 70ff; H Lecheler, *Der Europäische Gerichtshof und die allgemeinen Rechtsgrundsätze*, 1971.

② P Pescatore, "Les principesgénéraux du droit entant que source du droit communautaire", in idem (ed), *Études de droit communautaireeuropéen*, 1962 – 2007, 2008, p. 691.

③ JA Frowein, "Die Herausbildung europäischer Verfassungsprinzipien", in A Kaufmann et al. (eds), *Rechtsstaat und Menschenwürde*, 1988, p. 149; J Gerkrath, *L'emergence d'un droit constitutional pour l'Europe*, 1997, pp. 183ff; JHH Weiler, "European Neo-Constitutionalism", *Political Studies* 517, 1996, p. 44.

④ F Snyder, "Editorial: Dimensions and Precipitates of EU Constitutional Law", *ELJ* 315, 2002, p. 8.

⑤ K Lenaerts, "In the Union We Trust", *CML Rev* 317, 2004, p. 41.

因为它将欧盟的基本原则表达为"价值"，从而被作为欧盟公民的道德信念的一种表达（《欧盟条约》第 2 条）。一项原则教义应当建立在更好的基础上而非建立在关于欧盟公民规范性气质的社会－逻辑的假设之上，并且应当区分法律和道德，这在自由原则中是一条很重要的分界线。① 价值话语可以轻易地在家长式的维度中被评估。

三　欧盟原则教义的一般问题

1. 主题

a）欧盟法中的原则

条约的作者②喜欢"原则"这个术语：它在大多数语言版本中都得到了非常频繁的应用——在《欧盟条约》的英语和法语版本中被用了 22 次，在《欧共体条约》中被使用了 48 次，在《里斯本条约》中则被使用了 98 次，《欧盟基本权利宪章》的英语和法语版本中使用了该词 14 次。该术语使用的背景从民主原则（《欧盟条约》第 6 条）一直到成员国社会保障制度原则［《欧共体条约》第 137（4）条］。有些原则甚至是由理事会规定的（《欧共体条约》第 202 条）。在德语版本中，"原则"一词似乎出现得较少，《欧盟条约》中用了 3 次，《欧共体条约》中用了 4 次，大多数是用在跟辅助性原则相关的部分。"原则"一词在德语中使用得较少是由于如下事实：与英语中使用"Principle"或

---

① E Denninger, "Freiheitsordnung—Wertordnung—Pflichtordnung", in idem (ed), *Der gebändigteLeviathan* 143, 1990, p. 149. Illuminating the comparison with the US debate concerning rights theory versusmoral conventionalism is P Brest, "The Fundamental Rights Controversy", *Yale Law Journal* 1063, 1981, p. 90.

② 根据《欧盟条约》第 48 条，"条约作者"和"立约者"的术语都将成员国描述为集体性的。关于"共同体的奠基权威"之术语，参见 Case T – 28/03 *Holcim vCommission* ［2005］ ECR II – 1357, para 34；Case T – 172/98 *Salamander et al v Parliament and Council* ［2000］ ECR II – 2487, para 75。

法语中使用"Principe"不同，德语中"原则"一词使用的是"Grundsatz"（而非"Prinzip"——译者注）。《欧盟基本权利宪章》的德语版本也是如此。

"原则"一词在条约文本中的使用具有定语特点。条约制定者对相关要素甚至是整个条款都赋予了加强的含义，为读者在那些更难读懂的文本中提供了引导。同时，原则通常规定了一般性要求，例如《欧盟条约》第 6（1）条或《欧共体条约》第 71（2）条。只要它具有反射性内涵，被塑造为原则的概念就应当被整体性地解读。此外，条约制定者通常用相当含糊的内容来将条文的要素认定为原则，即使是像《欧共体条约》第 174（2）条或《欧共体条约》第 274 条中的那些单一议题的原则也是如此。

阿列克西在其深具影响的理论中区分了原则和规则，并将前者阐述为须进行权衡的最优化命令。① 这可能是理事会的法律服务部门为何将共同体法的优先效力在德语版本中翻译为"基本支柱"的原因——这可以使其免于被权衡，而英语版本中则使用了"基石原则"这一术语。② 然而，在该理论中规则和原则之间的概念区分并不都具有说服力，在本文中也不会被用来辨识原则。③

一项规范确立为原则本身不会引发具体的法律后果，这通过对比《欧盟基本权利宪章》第 23 条和第 52（5）条可以得到清楚的认识。《宪章》第 23 条的平等权规则是一项可执行的共同体法

---

① 更多具体内容，参见 R Alexy, *Theorie der Grundrechte*, 2006, pp. 75ff。
② 欧洲理事会法律服务意见，Council Doc 11197/07。更多内容参见 FC Mayer, "Die Rückkehr der EuropäischenVerfassung?", 2007, p. 67, *Zeitschriftfürausländischesöffentliches Recht und Völkerrecht*, p. 1141, p. 1153；关于优先性作为一项原则，参见 M Niedobitek, Der Vorrangdes Unionsrechts, in idem and J Zemánek (eds), *Continuing the European Constitutional Debate*, 2008, p. 63, pp. 55ff。
③ A Jakab, "Prinzipien", *Rechtstheorie*37, 2006.

原则。① 另外，《宪章》第 52（5）条则明确地区分了可执行的权利和原则。条约的作者遗漏了全局性概念这一假设可以通过定语的不规则的分布而得到证实，例如指导性的［《欧共体条约》第 4（3）条］、现行的［《欧共体条约》第 47（2）条］，基础的［《共同体条约》第 67（5）条］、普遍的［《欧共体条约》第 133（1）条］、基本的［《欧共体条约》第 137（4）条］、一般的［《欧共体条约》第 288（2）条］或根本的（《关于欧洲煤钢共同体条约到期的财务后果和煤钢研究基金的附加议定书》第 2 条）。我们要个别性地分析"原则"一词在其每处单独的用法中被附属于规范的法律后果，尤其是关于法律救济和司法审查。②

"原则"一词不只是欧盟法的一个实证术语，也是法理学分析的一个术语。正如在第二部分第 2 点中解释的，它对于法律研究这一任务是不可缺少的。尽管"原则"到底是什么可以讨论，但在该术语背后存在着关于法律的相互竞争的诸概念是不可否认的。③ 毕竟法理学术语的定义并不是关于真理的，而是为了科学目标的方便而已。这让我们导向基本原则。

b）欧盟的基本原则及其宪法特征

本文将"基本原则"用作一个法律研究术语以在宪制主义传统中辨识、诠释那些对于欧盟法律秩序整体具有规范上的基础性功能的基础法的规范。它们根据正当化公共权威行使的需要来决定相关的合法性基础。"基本"原则为所有基础法以及整体欧盟法律秩序提供了一个可供参考的全局性的规范框架。基本原则的

---

① 已决判例法，参见 C Hilson，"Rights and Principles in EU Law"，*Maastricht Journal of European and Comparative Law* 193，2008，vol. 15，p. 215。

② 更多细节，参见 C Hilson，"Rights and Principles in EU Law"，*Maastricht Journal of European and Comparative Law* 193，2008，vol. 15，p. 215。

③ On the debate, see R Guastini, *Distinguendo：Studi di teoria e metateoria del diritto*, 1996, pp. 115ff; ML Fernandez Esteban, *The Rule of Law inthe European Constitution*, 1999, pp. 39ff; M Koskenniemi, "General Principles", in idem（ed）, *Sources of International Law*, 2000, p. 359.

概念并不涵盖条约中的或欧洲法院所有标记为"原则"的全体规范或规范要素，而是只包括一些在成员国宪法中也会被称为基本原则或建构性原则的条款。①

将基本原则理解为宪法原则并以此对待之是有用的。② 欧盟在1990年代成为一个政治联盟。在经过长期辩论后，1997年条约的制定者建立了一个基于"自由、民主、尊重人权和基本自由以及法治等原则"及自由民主宪制主义为核心内容的欧盟。这隐含着宪法语义学上的一个决定，现在将通过宪法教义学对其进行细化。③ 指示性模式的规范内容"被建立"在《欧盟条约》第6（1）条之中，这呼应了《德国基本法》第20（1）条中指示性模式的"是"（德意志联邦共和国是民主的和社会福利的联邦制国家——译者注），后者也规定了规范性毋庸置疑的基本原则。④

与《欧盟条约》中的第F条的对比显示了1997年政治决定的意义。第F条仍完全形成于《欧盟条约》第6（2）条所包含的有限视角中：该条为欧盟提供了一些一般性的法律原则，这些原则没有宪制功能，功能很有限。条约制定者其后在1997年规定了一些规范性的核心内容，《欧盟条约》第6（1）条将其确立为欧盟之基础。在这方面，《欧盟条约》第6（1）条的宪法内容超越了《马斯特里赫特条约》的宪法维度。现在，实证法不仅承认了一种有限的，而且承认了一种宪制性的欧盟立宪主义。⑤ 此处采用的法律路径及其实体内涵（基本原则是什么）阐述了《阿姆斯特丹

---

① 更多具体内容，参见 H Dreier, in idem（ed），*Grundgesetz-Kommentar*, 2006, vol. II, Art 20（Einführung），paras 5, 8；F Reimer, *Verfassungsprinzipien*, 2001, pp. 26ff。

② 欧洲法院自己也提到《欧共体条约》的宪法原则：Cases C–402/05 P and C–415/05 P, above n 33, para 285. Cf。

③ Beutler, in von der Groeben and Schwarze（eds），above n 1, para 1；P Cruz Villalón, *La constitución inédita*, 2004, p. 73, p. 143；HW Rengeling and P Szczekalla, *Grundrechte in der Europäischen Union*, 2004, paras 92ff.

④ 《欧盟条约》第6（1）条慢慢变得可操作了。关于对基础法的原则导向的解释，参见 Cases C–402/05 P and C–415/05 P, above n 33, para 303。

⑤ 关于权力塑造和秩序立基的宪制主义之间的区别，参见 Möllers, belowchapter 5。

条约》中所做出的政治决定：一个欧洲政治联盟应当建立在自由民主宪制主义的前提之下。

因此，基本原则就是那些规定在《欧盟条约》第 6（1）条中的原则以及其他位于《欧盟条约》第一编中关于权能分配、忠诚合作和结构相容性的原则。该路径得到了《里斯本条约》第一编关于欧盟与成员国的联邦主义关系的基本原则的确认。基础法的其他原则不属于这些全局性的基本原则而是旨在具体化它们并从其中衍生出宪法内容。①

《里斯本条约》第 2 条所规定的原则，尽管以"价值"名之，但却仍被认为是法律规范和原则以及基本原则。通常，原则与价值不同，后者指的是基本道德信念而前者指的是法律规范。由于《里斯本条约》第 2 条的价值已经在《欧盟条约》第 48 条的程序中达成一致并且产生法律后果［《里斯本条约》第 3（1）条、第 7 条和第 49 条］，因此它们是法律规范；又由于它们是全局性的和宪制性的，因此它们也是基本原则。②《里斯本条约》第 2 条使用的"价值"而非"原则"这一术语，加上该条第二句的规范功能的模糊性以及前述价值的多样名称，③ 都显示了欧盟在基本原则之确定方面仍存在的不确定性。

由于其分析性（analytical nature），认定一项规范为基本原则并不意味着排除其他的理解。同一原则存在着多种分析思路，例如作为一项行政法原则，④ 在超国家公法方面，宪法和行政法路径存在重叠。人们可能会问，为什么这一研究从法律上确定了基本原则为宪法原则，但是却没有以此名之呢？首先是因为要跟司法

---

① 更多具体内容，见本文第四部分第 1 点。
② 关于与"价值"相关的困难，参见本文第二部分第 3 点。
③ 将《欧盟条约》前言的第三小段与《里斯本条约》第 6（1）条及《欧盟基本权利宪章》前言第二小段进行对比。
④ G dellaCananea，"Il dirittoamministrativoeuropeo e isuoiprincipifondamentali"，in idem（ed），*Diritto amministrativoeuropeo*1，2006，pp. 17ff.

部门保持一致：直到最近，欧洲法院提到"宪法原则"时仍仅指成员国的宪法规范。① 在 Kadi 案②中，"宪法原则"这一术语才明显地与共同体法相联结，③ 形成了该判决的创新性力量。然而，更常见的是"基本原则"这一名称。④ 但是，最重要的是，使用宪法原则这一宽泛术语来指代此处提出的基本原则将会挑战基础法其他原则的宪法性特征，这并不是本文的目标。

必须将欧盟中的原则尤其是基本原则与目标相区分。欧盟是"立基"在原则之上的［《欧盟条约》第 6（1）条］，原则限制了成员国和欧盟的行动。另外，目标规定了意图在社会现实中实现的效果。目标和原则的联结，例如《里斯本条约》第 3（1）条，并没有损害这种区分。一体化目标和宪法原则的分离也暗示了关于欧洲一体化解释的功能主义路径的缺陷。⑤

c）国际公法的原则

国际公法研究也通过"宪法原则"而展开；问题是，国际公法的一般原则、个别条约尤其是《联合国宪章》、《人权公约》或《世贸协议》的原则是否也应当包括在欧盟基本原则的分析之中？对《里斯本条约》第 3（5）条可以做此种理解，而且根据《欧共体条约》第 300（7）条，国际条约已经高于次级法律。这也适用于国际法的一般原则。⑥

---

① Case C – 36/02 *Omega*［2004］ECR I – 9609, para 12；Case C – 49/07 *MOTOE*［2008］ECR I – 0000, para 12. 有时候，佐审官会将这个术语用于欧盟法。例如 AG Kokott in Cases C – 387/02, 391/02 and 403/02 *Berlusconi*［2005］ECR I – 3565, No. 163。

② 关于本章可参见杨国栋《欧盟法的自主性及国际法作为欧盟法之渊源》，《法理》2018 年卷，第 54 – 71 页。

③ Cases C – 402/05 P and C – 415/05 P, above n 33, para 285.

④ Cases C – 46/93 and C – 48/93 *Brasserie du pêcheur*［1996］ECR I – 1029, para 27；Case C – 255/02 *Hailfax*［2006］ECR I – 1609, para 92；Case C – 438/05 *International Transport Workers' Federation*［2007］ECRI – 10779, para 68；Case C – 162/07 *Ampliscientifica*［2008］ECR I – 4019, para 25.

⑤ 详见本文第二部分第 3 点。

⑥ Case C – 162/96 *Racke*［1998］ECR I – 3655, paras 45 – 51.

然而，对司法推理的更进一步的分析显示，除了《欧洲人权公约》这一例外，[①] 国际法规范在欧盟公共权威的行使中并不扮演决定性角色，因此，它们不会在本文中被讨论。这一基本决定已经表达在 Costa v ENEL 案的判决中了：尽管 Van Gend 案判决认定共同体法是"一个国际法的新法律秩序"，但从 Costa 案以来欧洲法院只会简单地提到"新的法律秩序"。[②] 对欧盟宪制主义的主导理解并不认可将其作为整体性的国际宪制主义的下位概念。[③]

2. 关于成员国宪法原则的角色

根据欧盟法的自主性概念，该研究将只会检视欧盟的基本原则。然而，这一关注不能忽略其法律背景，尤其包括其成员国的宪法。欧盟宪法可以被理解为一个部分的宪法或者补充性的宪法，与成员国宪法一道形成了欧盟的宪法领域。[④] 在欧盟实证法角度，这一联结以及与成员国宪法的法律关联来自《欧盟条约》第48（3）条和第6（2）条，或者来自《里斯本条约》第4（2）条和6（3）条。此外，成员国原则也支持着欧盟的原则，例如《德国基本法》第23（1）条。[⑤] 有人甚至认为欧洲宪法的核心在于成员国的一体化条款。[⑥]

欧洲原则教义学的一个核心问题（以及事实上对于整个欧盟宪法）是国家层面的研究在何种程度上以及依靠何种条款才可以

---

① 见本文第五部分第2点和第4点。注意下面案件中对《联合国海洋法公约》直接效力的否定：Case C – 308/06 *Intertanko* ［2008］ECR I – 4057, paras 42ff；关于这一点，另见 R UerpmannWittzack, below chapter 4。

② 最近的例子是 Cases C – 402/05 P and C – 415/05 P, para 316。

③ J d'Aspremont and F Dopagne, "Two Constitutionalisms in Europe", *Zeitschrift fürausländisches öffentliches Recht und Völkerrecht* 939, 2008, p. 68.

④ PM Huber, "Offene Staatlichkeit: Vergleich", in von Bogdandy et al. （eds）, § 26 para 109；APeters, *Elemente einer Theorie der Verfassung Europas*, 2001, p. 209, p. 219.

⑤ 更多细节，特别参见 C Grabenwarter, below chapter 3。

⑥ M Kaufmann, "Integrierte Staatlichkeit als Staatsstrukturprinzip", *Juristen-Zeitung* 814, 1999；Kirchhof, below chapter 20.

被用于发展超国家原则。① 有些人否定这些帮助的可能性，认为新型的治理需要"前所未有的思考"②。然而，这一要求与实践相冲突，甚至跟法律思考的本质相冲突——法律思考的核心是比较式的，有赖于现行制度的全部既有教义。③

否定这种比较也是没必要的，因为在超国家和成员国法律秩序中存在足够的相似性。欧盟和成员国宪法面临同一核心问题：公共权力的压倒性地位现象。④ 欧盟和成员国的公共权威可以在不经公民同意的情况下对其进行限制。这一单方性与现代欧洲的核心原则——个人自由——相冲突，这种冲突构成了当代宪法的核心问题。欧盟以及成员国宪法首要的是通过宪法来处理这一存在问题的单方性的构造、组织和限制问题。从这些议题的同一性来看，确实存在足够程度的相似性使从一个秩序到另一个秩序的转换得以正当化。⑤

尽管如此，在许多情形中，把产生于成员国背景下的概念和见解简单拿来分析欧盟情境下产生的问题是不够的。《欧盟条约》第6（3）条［《里斯本条约》第4（2）条］（即27个成员国宪法的平等性）阻止了将一个单一成员国的宪法概念转换到欧盟上去。然而，探索一个成员国概念的欧洲共性是解决方案的一部分。一方面，这是由于成员国宪法之间巨大的多样性，找到一个一致的答案来回应具体的问题也是不太可能的。⑥ 此外，任何类比和转换

---

① R Dehousse, "Comparing National and EC Law", 1994, p. 42, *AJCL* 761, p. 762 and pp. 771ff; J Ziller, "NationalConstitutional Concepts in the New Constitution for Europe", *European Constitutional Law Rev*, 2005, vol. 1, p. 452.

② GF Schuppert, "Anforderungen an eine europäische Verfassung", in H–D Klingemann and F Neidhardt（eds）, *Zur Zukunft der Demokratie*, 2000, p. 237, p. 249.

③ 关于"储藏库功能"，参见 E Schmidt–Aßmann, *Das allgemeine Verwaltungsrecht als Ordnungsidee*, 2004, p. 4; Dann, pp. 175ff.

④ N MacCormick, *Questioning Sovereignty*, 1999, pp. 138ff.

⑤ T von Danwitz, "Vertikale Kompetenzkontrolle in föderalen Systemen", 2006, p. 113, *Archiv desöffentlichen Rechts*, p. 510, p. 517.

⑥ 更多细节，参见本文第四部分第3点。

必须反映如下事实：欧盟不是一个国家，而是一种新型的政治和法律秩序。宪法原则必须反映这一点。因此，一项欧盟原则的教义必须将构造、组织和限制公共权威之行使的法律概念从其国内所属中解放出来并且参考欧盟的情况来推论它们在欧洲宪政主义中的内容。欧盟不是一个国家（也很可能不应当成为一个国家）这一见解只会促进这一推理而不会确定任何特定的方向。欧盟"独成一格"，本质的具体化取决于发展，也构成了对原则教义的一个特别的挑战。本文第四部分和第五部分应当在这个意义上进行解读。

在理解基本原则时记住如下事实是很重要的：欧盟宪法和成员国宪法的区别在于成员国宪法比欧盟宪法基于高得多的政治统一性而产生，[①] 无论是理论上还是实践中。[②] 当然，欧盟在如下情况中也具有政治统一性：和平，具有法律地位；存在共同的政治组织，即使在多数决的情况下，其法令通常也会得到遵循。然而，政治统一性的概念，涵盖范围远超欧盟层面的那些。因此，欧盟权力的行使很难被解读为是基于一个民主主权实体的意愿或自治。此外，过去几年的全民公决也清晰地显示了欧洲政治联合的局限性。不同公共当局之间的共识性和契约性要素的重要性[③]以及成员国及其人民的主导地位必须决定性地塑造对基本原则的理解和具体化。基本原则"独成一格"的本质是基于如下事实的：欧盟成员国大多是发达的民族国家，它们尽管主张一个欧洲政体，但是仍然对身份认同有意识，它们不想变异为一个欧洲联邦国家的下级地区当局。这一理解在里斯本版本的《欧盟条约》中的第一个

---

① 由于其宪法危机，比利时可能是个例外。

② 更多细节，参见 T Vesting, *Politische Einheitsbildung und technischeRealisation*, 1990, pp. 23ff; C Möllers, *Staatals Argument*, 2000, pp. 230ff。

③ 这可能解释了契约式思考的复兴：G Frankenberg, "The Return of the Contract", *King's College Law Journal*, 2001, vol. 12, p. 39; I Pernice, FC Mayer and S Wernicke, "Renewing the EuropeanSocial Contract", *King's College Law Journal*, 2001, vol. 12, p. 61。

规范性宣言中表达得特别清楚。

成员国宪法原则尤其在两个方面与欧盟原则的话语之间存在关联：（1）成员国原则提出了只能在欧盟层面才能找到答案的问题；（2）成员国宪法教义的多样性提供了众多可能的理解，这对欧盟原则的发展和具体化可能有帮助。因此，成员国宪法原则必须满足一个重要的论述性功能。然而，论述不应当限定于此：复杂联邦制国家如美国和加拿大的宪法也可以提供有价值的刺激。①

3. 多元基础法中的共同基本原则

《欧盟条约》第1条所规定的原则对于整体欧盟法（即《欧盟条约》和《欧共体条约》）是有效的。尽管根据《里斯本条约》第2条这是没有问题的，但是根据现行法尤其是条约所谓的"支柱结构"（《欧共体条约》、《欧盟条约》第5条和第6条），它仍有疑问。事实上，《欧盟条约》第5条和第6条并没有在每个方面都回应所谓的共同体方法，包括超国家性、直接效力和广泛的欧盟司法审查。这些特别的规则是在条约制定过程的情境下对所达成的重要妥协的表达，需要法学研究严肃对待。然而，在许多作者看来，欧盟甚至并没有行使公共权威。他们认为，"实际上"是成员国而非欧盟的机关在根据《欧盟条约》第5条和第6条来运作。因此，要对共同体法和欧盟的法律进行概念上的区分：根据《欧盟条约》第5条和第6条制定的理事会法令不是欧盟法令，而是成员国之间的国际协议。② 因此，一个全局性的原则教义是非常没意义的。③

然而，将欧盟理解为一个公共权威的机关，将欧盟条约法和共同体条约法理解为一个单独的法律秩序——既区别于成员国法律秩序又区别于国际法——也是有道理的。首先应当指出组织上

---

① Cf inter alia K Nicolaidis and R Howse (eds), *The Federal Vision*, 2001.

② A Haratsch, "C König and M Pechstein", *Europarecht*, 2006, paras 79, 83; in this direction, see also *Entscheidungen des Bundesverfassungsgerichts*, p. 113, p. 273, p. 301 (*European Arrest Warrant*).

③ M Pechstein, in R Streinz (ed), *EUV/EGV*, 2003, Art 6 EU, para 2ff.

的融合：从1994年以来，欧盟理事会而非成员国在《欧盟条约》第5条和第6条制定的立法性法令中被称为立法机关。此外，该联合体已被明确赋予了基本权利保障的基本原则［《欧盟条约》第46（d）条］①，这可以进一步基于《欧盟条约》第1条或第48ff条这样的条款而得到证明。② 由此看来，只有在欧洲法院将共同体法原则的范围扩展到涵盖《欧盟条约》第5条和第6条的法令时才是前后一致的。③

欧盟法的法律统一性的假设只能通过一致性原则得到正当化，该原则本身则是基于平等性原则。它构成了学术体系和统一性建构的终点，从而使内在于多元规制逻辑的法律中和法理学中的批判成为可能。平等性原则（《宪章》第20条）和诸如《欧盟条约》第3（1）条、《欧共体条约》第225（2）条和第225（3）条的规定则成为其实证基础。

一致性并不是带有普遍的优先效力的原则，差异性也有好的一面。④ 预设欧盟法律秩序的法律统一性并不意味着宪法实证法或者相关的法理学形成了一个和谐的整体。以共同体法作为其主要部分的欧盟法律秩序存在的预设并不否认如下事实：许多共同体

---

① 关于标准的统一性，参见 Case C – 303/05 *Advocaten voor de Wereld* (*European ArrestWarrant*)［2007］ECR I – 3633，para 45。

② 更多细节，参见 A von Bogdandy, "The Legal Case for Unity", 1999, p. 36 *CML Rev* 887；H – J Blanke, inCalliess and Ruffert (eds), Art 3 EU paras 1 and 3；C Stumpf, in J Schwarze (ed), *EU – Kommentar*, 2008, Art 3 EU para 1。

③ 更多细节，参见 K Lenaerts and T Corthaut, "Towards an Internally Consistent Doctrine on Invoking Norms of EU Law", in S Prechal and B van Roermund (eds), *The Coherence of EU Law*, 2008, p. 495；T Giegerich, "Verschmelzung der drei Säulen der EU durch europäisches Richterrecht", 2007, p. 67, *Zeitschriftfür ausländisches öffentliches Recht und Völkerrecht* 1. Explicitly, see now Case C – 301/06 *Ireland v Parliamentand Council*［2009］ECR I – 0000, para 56；Before, the ECJ occasionally described EU and EC law as "integrated but separate legal orders": Cases C – 402/05 P and C –415/05 P, para 202。

④ 更多细节，参见 F Chirico and P Larouche, "Conceptual Divergence, Functionalism, and theEconomics of Convergence", in Prechal and van Roermund (eds), above n 103, p. 463。

法的法律工具只能被限定性地适用于《欧盟条约》第 5 条和第 6 条，就算有的话。一般性的主张是，共同体法的原则只能在其与《欧盟条约》的具体规则符合的情况下才适用。尽管《里斯本条约》在体系化和减少碎片化方面取得了很大的进步①，却仍没有克服它，正如《关于将〈欧盟基本权利宪章〉适用于波兰与英国的议定书》所显示的那样。②

即使是在基本原则的普遍效力性的前提之下，还是会产生一个问题：其是否回应了欧盟法在不同领域中的统一含义。例如，理事会和欧洲议会的民主合法性双重框架仅仅存在于《欧共体条约》的权能范围里；以及欧洲法院的司法审查——其对于法治原则非常重要——很受限制，甚至在重要的领域中都被剔除了。

这引发了关于全局性的原则教义之有用性的质疑。它甚至可能引发如下怀疑：原则教义不是学术见识的成果而更多的是一体化和联邦主义的政策工具。然而，这些质疑和怀疑并不成立。由于《欧盟条约》第 6 条（《里斯本条约》第 2 条）所规定的原则适用于所有欧盟法领域，一个建立于此并且包含全部基础法的全局性的原则教义就是其逻辑结果。《欧盟条约》第 6 条本质上要求被扩张为一个一般性的原则教义。③《欧盟条约》第 6（1）条宣布欧盟是建立在这些原则基础之上的，它包含一个雄心勃勃的规范性计划。因此，《欧盟条约》甚至可以被解释为一个"规定了发现不足的标准和克服不足的指导方针"④的宪法。

因此，一个全局性的原则教义成为可能。如果这一基本的目标被击败了，考虑到基础法内部的碎片化，它在决定哪个条款可

---

① R Streinz et al. , *Der Vertrag von Lissabonzur Reform der EU*, 2008, pp. 33ff.

② M. Dougan 给出了应对这种情况的建议："The Treaty of Lisbon 2007, 2008", 45 *CML Rev* 617, pp. 565ff; A Hanebeck 认为不是这么例外性的：Die Einheit der RechtsordnungalsAnforderung an den Gesetzgeber, 2002, p. 41, *Der Staat* 429。

③ 《德国基本法》第 23（1）条可以发现相似的关注，该条确保了结构统一性。

④ A von Bogdandy, "The Prospect of a European Republic", 2005, p. 42, *CML Rev* 913, 934ff.

以被理解为对抽象原则的具体化方面可能看上去就是有问题的。从理论上说，《欧共体条约》第 251 条的共决程序和需要全体一致的理事会的自主决策权能可以被理解为民主原则的实现。然而，本文认为，超国家的标准情况，即共同体方法，① 可以被用于欧盟原则教义的发展。《里斯本条约》通过《欧盟运行条约》第 289 条引入的"普通立法程序"证实了这一观点。②

一个欧洲宪制主义传统中的理解会努力将里斯本版本的《欧盟条约》所包含的分权和基本权利保障下的代议制宪法的主张扩张到所有领域和议定书之中。然而，它不会寻求以成员国为代价或者以推翻任何具体规则的方式来扩张欧盟的权能。一个全局性的原则教义不能贬损遵循不同原理的部门性规则，否则将会侵犯一项重要的基本原则：《欧盟条约》第 6（3）条和第 48 条都清晰地显示，核心的宪法驱动力仍然处在各成员国议会的控制之下。③基于与条约具体条款相脱钩的原则之上的论证将误解欧盟宪法的核心要素：欧盟宪法是一个详细的宪法，它回应了其政治和社会基础的多样性；④ 其众多的细节规定表达了这种多样性以及成员国的不信任和寻求控制的欲望。

---

① 在《欧宪条约》中就是如此标识的，参见 C Calliess, in idem and MRuffert（eds），*Verfassung der Europäischen Union*，2006，Art I – 1 VVE，paras 47ff；关于共同体方法，参见 J Bast，"The Constitutional Treaty as a Reflexive Constitution"，*German Law Journal* 1433，1444ff，2005，vol. 6。

② 在这方面，参见 Case C – 133/06 *Parliament v Council*［2008］ECR I – 3189，para 63，关于议会（合作）立法和普通立法之间的新区别。K Lenaerts 是开创性的，参见 Sénat et Chambre des représentants de Belgique（eds），*Les finalités de l'Unioneuropéenne*，2001，p. 14，p. 15。

③ Case C – 376/98 *Germany v Parliament and Council*［2000］ECRI – 8419.

④ JC Piris，*The Constitution for Europe*，2006，59. 这当然没有排除很多方面的精简和抽象：B de Witte，"Too Much Constitutional Law in the European Union's ForeignRelations?" in M Cremona and idem（eds），*EU Foreign Relations Law*，2008，vol. 7，p. 3。

四 欧盟和成员国的关系

1. 基于法治原则的统一性的创建

a) 法治和超国家法

在《欧盟条约》第6（1）条中的基本原则中，法治原则与欧盟法具有最强的运行相关性。与本文的指引性观点一致——欧盟基本原则可以从欧盟和成员国的关系中得到最好的解释——法治原则将在该方向中得到发展。相应的陈述将展示相对于成员国宪法思考的持续性和创新，并且将针对共同体法律汇总产生新的、宪法性的见解。

统一性对于多样性来说是建构性的。① 因此，推进统一性的原则在一体化进程中是首先得到发展的。在宪法主义重建中，法治似乎是促进统一性的最重要的原则。它是共同体法中第一个得到主张的宪法原则。约瑟夫·凯撒（Joseph H Kaiser）在1964年纲领性地宣布建立一个基于法治的欧罗巴国家是"我们时代的任务"②。大多数法律体系都会通过一个等同于或类似"法治国"（Rechtsstaatlichkeit）或"法治国家"（l'etat de droit）的术语来纳入相关的要素；几乎《欧盟条约》所有语言的版本都会类似地使用本国的术语。由于"国家性"要素的纳入，这一术语是有误导性的，③ 因此，似乎使用"法治"这个术语更加准确。④

法治对于一体化所选择的道路是基础性的。它构成了与国际

---

① GWF Hegel, *Wissenschaft der Logik I*, 1932, originally 1812, ed Lasson, p. 59.

② JH Kaiser, "Bewahrung und Veränderung demokratischer und rechtsstaatlicher Verfassungsstruktur inden internationalen Gemeinschaften", *Veröffentlichungen der Vereinigung der DeutschenStaatsrechtslehrer*, 1996, p. 23. With regard to the German constitutional development in the nineteenth century, see E – W Böckenförde, *Recht, Staat, Freiheit*, 1992, pp. 143ff.

③ M Zuleeg, in von der Groeben and Schwarze (eds), Art 1 EC para 4.

④ Gerkrath, above n 54, 347.

法的可区分的特异性。法治原则允许对欧洲法院判决说理进行宪法性解释，其从 1960 年代以来就旨在实现一体化进程的法治化和欧盟法相对于政治和行政当局的自主化。① 作为一项原则，它拥有"自有生命"，并且支持让欧洲得到转型②和宪法化③的法律的长足发展。很明显，拥有相关职权的欧洲法官和成员国法官持有如下意见：他们被赋予了在缺乏清晰法律参考的情况下对一体化进行法治化的职责。

对法治原则持有不同理解的人会提出反对意见：欧洲法院很少在"法治国"的意义上使用"法治"一词，它仅在很少的判决中使用该词。④ 在欧盟法规数据库的搜索中，只发现了 16 个将法治理解为"法治国"的结果。⑤ "共同体法"也是如此——这个著名的概念是瓦尔特·哈尔斯坦（Walter Hallstein）⑥ 创造出来以根据法治基本原理来解释共同体的，同时避开影射国家性要素的争议。即使"共同体法"是法律研究的核心概念⑦，其也仅仅被欧洲法院使用了 78 次（包括在佐审官的意见书中）。

然而，欧洲法院所使用的具体术语以及其历史动力对于学术建构来说是第二位的。教义建构主义的决定性因素在于基于原则的法律材料的概念化所带来的认知价值。下文将证明建立

① 从传统上讲，参见 JHH Weiler, "The Community System", *Yearbook of European Law* 267, 1981, vol. 1。

② Seminal is JHH Weiler, "The Transformation of Europe", *Yale Law Journal* 2403, 1991, p. 100.

③ E Grabitz, "Der Verfassungsstaat in der Gemeinschaft", *Deutsches Verwaltungsblatt* 786, 791, 1977, p. 92.

④ Cp esp Case C – 303/05, para 45.

⑤ 在 www.curia.eu 上搜索 "Rechtstaat", 过去 11 年中共有 30 个结果。尽管 Eur-Lex 数据不太可靠，但作为论据来说已经足够了。

⑥ W Hallstein, *Die Europäische Gemeinschaft*, 1973, pp. 31ff; idem, *Der unvollendete Bundesstaat*, 1969, pp. 33ff; Fernandez Esteban, pp. 154ff.

⑦ For more detail, see S Baer, Schlüsselbegriffe, "Typen und Leitbilder als Erkenntnismittel", in E Schmidt-Aßmann and W Hoffmann-Riem (eds), *Methoden der Verwaltungsrechtswissenschaft*, 2004, p. 223.

共同体法规则的法律概念可以在法治原则中找到它们足够的宪法基础。[1]

b）有效性原则

实际法治的第一个条件是法律的有效性，尤其是对于公共当局而言。为实现这一点，欧洲法院在许多旨在促进成员国（共同体法的最主要针对对象）遵循共同体法的判决中发展了法律概念。迄今为止，欧洲法院已经使用了 10543 次共同体法的有效性这一论据。（有用的、实际的、完整的）有效性可以被解读为一项由司法机关所创设的原则，它比其他原则都更多地塑造了欧盟和成员国之间的关系。[2] 该原则赋予了成员国实现共同体法规定的目标的责任，并在存在冲突的情况下产生相应的法律后果。[3] 该原则包括所有在成员国法律秩序里将有效性传到共同体法的、通过司法发展的法律概念。这些概念反过来构成了重要的规范和原则。最相关的法律概念是：共同体法的自主性[4]、条约规定[5]、决定[6]、指令[7]和其他法律义务[8]的直接效力性，最高性[9]和成员国当局有

---

[1] 最著名的是 Case 294/83 Les Vets v. Patliament［1986］ECR 1339，第 23 段。

[2] S Prechal, "Direct Effect, Indirect Effect, Supremacy and the Evolving Constitution of the EuropeanUnion", in C Barnard（ed）, *The Fundamentals of EU Law Revisited*, 2007, p. 35; R Streinz, "Der 'effet utile' inder Rechtsprechung des EuGH", in O Due et al.（eds）, *Festschrift für Ulrich Everling*, 1995, vol. II, p. 1491.

[3] M Accetto and S Zleptnig, "The Principle of Effectiveness", *European Public Law*, 2005, vol. 11, p. 375.

[4] Case 6/64 *Costa v ENEL*［1964］ECR 585, 593ff.

[5] Cases C – 402/05 P and C – 415/05 P, para 282.

[6] Cases 9/70 *Grad*［1970］ECR 825, para 5; on this, see E Grabitz, "Entscheidungen und Richtlinien als unmittelbar wirksames Gemeinschaftsrecht", *Europarecht*, 1971, vol. 1.

[7] Case 8/81 *Becker*［1982］ECR 53, paras 29ff.

[8] Case 181/73 *Haegeman*［1974］ECR 449, paras 2ff.

[9] Case 6/64, above n 128, 1269; Case 92/78 *Simmenthal v Commission*［1979］ECR 777, para 39; Case C – 213/89 *Factortame*［1990］ECR I – 2433, para 18; Case C – 285/98 *Kreil*［2000］ECR I – 69.

效而统一的适用①，以及共同体法下的国家责任概念。②

从国家宪法角度来看这一建构可能觉得奇怪，因为法治原则通常关系到限制而非权威的建设。然而，由于法治原则的第一要素是法律的实际统治即法律规范的有效性，对欧盟基础法的宪法理解就会推定欧盟实际上是在行使公共权威——暗示欧盟法的有效性不取决于其对象在每个个案中的遵循意愿。同时，该原则也行使一个合法性功能：一方面，有效性对于欧盟所谓的输出合法性而言是不可分割的；另一方面，法律的统一适用对于法律平等的实现是不可分的。③

考虑到共同体法在国际法中的起源，共同体法的有效性并非不证自明的：在国际公法中存在许多条约（《联合国宪章》也是其中之一），其有效性对于其机构和当事国都有问题。

欧盟作为公共权威的承担者和其作为一个国家两种角色之间也存在一个主要区别：由于国家立法和执法权威的共同起源，国家法律规范的有效性通常没有问题。在发达的自由民主国家中，法治的有效性通常是一个边缘化话题或者简单的预设。④ 相反，欧盟则（只）是一个法律的共同体，而非一个强制的共同体。⑤ 很多理论将强制性要素视为一项规则而作为法律的重要内容，⑥ 这是共同体法中法治原则面临的第一个挑战。因此，法治的基本要素

---

① Cases 205 – 215/82 *Deutsche Milchkontor* ［1983］ECR 2633，para 22；Case C – 261/95 *Palmisani* ［1997］ECR I – 4025，para 27.

② Cases C – 6 and C – 9/90，above n 21，para 33ff.

③ M Nettesheim，"Der Grundsatz der einheitlichen Wirksamkeit des Gemeinschaftsrechts"，in Randelzhofer et al.（eds），above n 45，447，448ff.

④ 《德国基本法》第3（1）条。*Entscheidungen des Bundesverfassungsgerichts* 66，331，335ff；*Entscheidungen des Bundesverfassungsgerichts* 71，354，362.

⑤ Hallstein，*Die Europäische Gemeinschaft*，above n 123，33ff；S Bitter，"Procedural Rights and the Enforcement of EC Law through Sanctions"，in A Bodnar et al.（eds），*The Emerging Constitutional Law of the European Union*，2003，p.15.

⑥ J Derrida，*Gesetzeskraft*，1991，p.73；HLA Hart，*The Concept of Law*，1994，pp.20ff；H Kelsen，*Reine Rechtslehre* 2nd edn，1960，p.34.

就构成了 20 世纪 60 年代纳入基础法原则的欧洲宪政主义思想的第一个方面。宪法化话语通常就是从那些旨在强化法律的有效性、规范性和自主性的决定开始的。

有效性原则的联邦主义重要性可以得到充分的把握——只要记住该原则强化了成员国的法律主体地位并将其转换为超国家法律秩序的主体和参与者及市场公民就可以。在法律的跨国共同体中，共同体在其法律的有效性方面的系统利益和在规范执行中的使个人获益的个体相应利益是一致的：立法者（欧盟）和受益者（公民）都需要民族国家的国内法院。欧盟法治的原则不可分割地服务于这两种利益。"欧盟法使'个人具备了工具'来推进欧洲一体化"[1]（以及对侵犯人类尊严行为的默示否定）这一断言表达了对共同体法这一基础的误解。

或许，欧盟比已建成的民族国家更需要法治。哈尔斯坦认为共同体是一个法律的创造物[2]，对这种说法必须通过民族国家语境下的主导观念进行理解——后者认为民族国家是一个"先于法律的基础"。人们可以争辩国家是宪法之前的在先存在[3]，以及仅仅由法律约束力实现的一体化这些看法。[4] 然而，考虑到其他一体化因素如语言或历史的缺乏，共同的法律作为拥抱全体欧盟公民的纽带的突出重要性则是几乎不可争辩的。[5] 此外，正如托克维尔已经指出的，一个国家组织越大，越自由，它就越依赖于法律来实

---

[1] T von Danwitz, *Verwaltungsrechtliches System und Europäische Integration*, 1996, p. 175.

[2] Hallstein, *Die Europäische Gemeinschaft*, above n 123, p. 33; U Everling, "Bindung und Rahmen", in W Weidenfeld (ed), *Die Identität Europas*, 1985, p. 152.

[3] Fundamental Kelsen, *Der soziologische und der juristische Staatsbegriff*, above n 31; H Schulze-Fielitz, "Grundsatzkontroversen in der deutschen Staatsrechtslehre nach 50 Jahren Grundgesetz", *DieVerwaltung*, 1999, p. 241.

[4] 对其的批评，参见 R Dehousse and JHH Weiler, "The Legal Dimension", in W Wallace (ed), *The Dynamics of European Integration*, 1991, p. 242。

[5] F Hanschmann, *Der Begriff der Homogenität in der Verfassungslehre undEuroparechtswissenschaft*, 2008, p. 149.

现一体化。① 法律共同体的概念恰当地反映了法治在建设一个融合的欧洲方面的突出重要性；将欧盟描绘为一个价值共同体的最近的努力最多是补充性的而非对法律共同体这一概念取而代之。

中央集权机构（布鲁塞尔和卢森堡）在欧盟法与成员国规定或实践发生冲突的情况下，在确保法律的有效性方面遭遇的困难显露了欧盟法过于死板——它不能恰当地处理诸原则之间的矛盾。有效性原则和授权性、辅助性以及法律确定性原则之间常常产生冲突。遵循原则冲突的一般性教义来对待这些冲突为达成更为平衡的解决方案开辟了道路。② 欧洲法院在关于与共同体法相反的法令的法律效力问题上所做的缺乏规律的判决原理表明欧洲法院并不必然地捍卫有效性原则。③

将有效性原则解释为法治原则的一部分可能会跟超越职权或殆于履职的相应判决原理产生分歧。例如，Francovich 案就提出了这种问题。④ 法律研究的任务是针对司法发展的权能、连贯性和后果进行审视并且质疑某些判决。然而，就目前而言，相关司法判决原理还没有被条约制定者或成员国法院或学者所质疑。

欧盟的法治原则是通过有效性原则进行具体化的这一点展现了欧盟法律秩序通过与成员国法律秩序的具体关系进行联结的形

---

① A de Tocqueville, *Über die Demokratie in Amerika* 1835, 1985, 78ff, 99ff; G Bermann, "The Role ofLaw in the Functioning of Federal Systems", in Nicolaidis and Howse (eds), above n 98, 191.

② S Kadelbach, *Allgemeines Verwaltungsrecht unter europäischem Einfluss*, 1999, pp. 270ff; M Zuleeg, *Der rechtliche Zusammenhalt in der Europäischen Union*, 2004, pp. 104ff. *Cf*C Kakouris, "Do the Member States Possess Judicial 'Procedural' Autonomy?", *CML Rev* 1389, 1997, p. 34.

③ 关于最终行政决策，参见 Case C–208/90 *Emmott* [1991] ECR I–4269, paras 16ff; Case C–224/97 *Ciola* [1999] ECR I–2517, paras 21ff; Case C–453/00 *Kühne&Heitz* [2004] ECR I–837, paras23ff; 关于确定的司法判决，参见 Case C–234/04 *Kapferer* [2006] ECRI–2585, paras 20ff; Case C–119/05 *Lucchini* [2007] ECR I–6199, paras 59ff。

④ F Ossenbühl, Der gemeinschaftsrechtliche Staatshaftungsanspruch, *Deutsches Verwaltungsblatt* 993, 995ff, [1992].

态。它是一个效力等同于联邦制国家的法律的秩序，但是其工具无法完全从传统的联邦制角度获得。这一点首先是通过优先效力原则体现的，因为它提出了位阶问题——推进统一性最重要的工具。首先，仅仅作为一种自主的法律秩序的表达，[1] 优先效力原则的宪法性[2]和联邦性维度迅速得到了理解；优先效力概念的发展伴随着欧盟演变为超国家邦联（而非一个联邦国家）的进程。法律多元主义是支持共同体法的优先效力（在冲突时国内法不适用）而非最高效力（带有使国内法无效的效力）的原因[3]之一。此外，优先效力不能完全只从欧盟法角度进行理解，因为大多数成员国的高等法院并不完全接受欧盟法的这一优先效力。[4] 优先效力原则并非通过建构一个严格的位阶就可以建立完全的统一性。相反，在宪法互动的核心中，由于相对抗的司法诉求的存在，人们会发现一种"无序"关系。[5] 许多作者认为只要这一开放性为相关法律秩序的原则所包含（即尊重和合作的义务），那么该开放性就是对欧洲法律区域而言足够的宪法结构[6]的表达而不存在缺陷。

c）全面的法律保护原则

有效性原则有赖于司法审查的可能性。这回应了对法治原则的传统理解。自19世纪以来，其发展一直都伴随着对公共权威进行司法控制的制度建设。西耶斯、贝尔、奥斯丁、奥兰多和戴雪都认为，只有通过公正第三方的纠纷解决，法律才能成为现实。[7] 对公共权

---

① 但是佐审官 Lagrange 已经参考宪法了，参见 Case 6/64，605ff。

② E Grabitz, *Gemeinschaftsrecht bricht nationales Recht*, 1966, p. 100.

③ 关于最高性原则，参见 G Hoffmann, "DasVerhältnis des Rechts der Europäischen Gemeinschaften zum Recht der Mitgliedstaaten", *Dieöffentliche Verwaltung*, 1967, p. 433, p. 449；M Zuleeg, *Das Recht der Europäischen Gemeinschaften im innerstaatli- chenBereich*, 1969, pp. 140ff。

④ FC Mayer, *Kompetenzüberschreitung und Letztentscheidung*, 2000, pp. 87ff.

⑤ S Kadelbach, "Vorrang und Verfassung", in C Gaitanides et al (eds), *Europa und seine Verfassung*, 2005, p. 219, pp. 228ff.《里斯本条约》中这一点也没改变。

⑥ See Grabenwarter, below chapter 3.

⑦ A Kojève, *Esquisse d'une phénoménologie du droit*, 1982, p. 13.

威的司法审查的可能性对于法治是根本性的。①

通过进一步的检视可以更明显地发现，前项所描述的大多数法律概念都授予了法院（基本是指欧洲法院）控制成员国行为与共同体法的一致性之权能。司法控制的可能性是促进法律有效性的一个重要因素。在很长一段时间内，《欧共体条约》第 234 条的初步裁决程序的相对扩张在这一发展中扮演了核心角色。②《欧共体条约》第 234 条规定的欧洲法院和成员国法院的合作对于欧洲一体化进程的法治化和宪法化是根本性的，因为它将欧洲法院的法律意见和成员国法官的权威联系起来从而克服了超国家司法管辖权的结构性弱点。另外，共同体法也给成员国法院设定了公民可以在成员国法院因所有成员国违反共同体法的法令而获得有效救济的职责；这一规则也发挥了补充功能。③

尽管《欧共体条约》第 234 条的初步裁决程序已成为欧盟司法控制的核心工具，但是它却很难被纳入传统的（位阶性）范畴。它建立了一个合作性程序而非一个等级性司法体系。有赖于成员国法院的意愿，欧洲法院很难（对其判决）强制执行。④ 这也展现了欧盟的司法性保护的特点。⑤ 简而言之，欧洲法律统一体并未被认为是中心化的，而是多元性的、对话性的。当然，法律保护原则不只体现在《欧共体条约》第 234 条对成员国行为的控制之

---

① L Heuschling, *État de droit*, *Rechtsstaat*, *Rule of Law*, 2002, *passim*, in summary662.

② 这一控制也可能通过《欧共体条约》第 230 条的程序实现，参见 Case C - 64/05 P *Sweden v Commission*［2007］ECR I - 11389, paras 93ff。

③ Case 222/84 *Johnston*［1986］ECR 1651, paras 17ff，《基本权利宪章》第 47 条确认了这一点。

④ 对这一努力，参见 Case C - 224/01 *Köbler*［2003］ECR I - 10239, paras 30ff；《欧共体条约》之下这一义务受到外部支持，尤其是通过《德国基本法》第 101（1）条第 2 句话及 cf*Entscheidungen desBundesverfassungsgerichts* 73, 339, 366ff（*Solange II*）以及 75, 223, 233ff（*Kloppenburg*）等案件。

⑤ R Dehousse, *The European Court of Justice*, 1998, pp. 28ff; U Haltern, *Europarecht*, 2007, paras 13ff。

中，它也要求针对欧盟的措施的法律保护。① 尽管如此，联邦关系还是决定性地受到初步裁决程序的塑造，混杂着其特有的合作性和指导性要素。

2. 政治进程中的原则

a）法治和合法性原则

法治原则的发展成就了法律统一体。它让欧盟和成员国的关系得到了转换、实现了联邦化和宪法化。然而，法律的这一发展有一个清晰的焦点：它便利了成员国在其政治进程中对欧盟制定的法律的遵守和执行。由于对成员国来说有时有点麻烦，它也保证了成员国当局基本遵循这一共同法。② 立法在欧盟不只是一项象征性政治，它也能施加实际影响。

给成员国施加的这一司法限制暗示了在政治进程中原则愈发具有重要性。③ 因此，政治进程的类似原则也在法治的维度上发展起来。法治原则不仅指向法律的适用，还包括欧盟立法。欧洲法院已在权能和程序方面对其进行了具体化，相应的原则由此进一步塑造了联邦制关系和基本法的宪法本质。

法治原则的这个方面可以被标记为欧盟行动的宪法合法性原则。④ 它分为消极合法性和积极合法性。根据消极合法性原则（条约优先性），每个可归因于欧盟的行动必须遵守更高位阶的规范。⑤ 每个次级法法令都必须和所有条约规范以及同级的一般性原则相一致。⑥

---

① 见本文第五部分第 3 点。

② 尽管有很多创新，但是这一发展在国际法中还是少多了。在与国际环境法进行比较方面有指引性的是：R. Michell, "Compliance Theory" and J Klabbers, "Compliance Procedures", both in D Bodansky et al. (eds), *International Environmental Law*, 2007, p. 893 and pp. 995。

③ Pioneering JHH Weiler, *The European Community in Change: Exit, Voice and Loyalty*, 1987.

④ 参见 A von Bogdandy and J Bast, "The European Union's Vertical Order of Competences", *CML Rev*, 2002, vol. 39, p. 227。

⑤ 从比较法的角度，参见 A von Bogdandy, *GubernativeRechtsetzung*, 2000, p. 166。

⑥ Case 294/83, above n 20, para 23; Opinion 1/91, above n 6, para 21。

这产生了严格的内部等级和欧盟法律秩序的层次结构：欧盟机构制定的次级法构成了低于基础法的一个普遍的层级。① 《欧盟条约》第 5 条［《里斯本条约》第 13（2）条对其进行了修改］体现了条约作为欧盟主要机关在所有领域中（即包括《欧盟条约》第 5 编和第 6 编）的所有行动的尺度。消极合法性原则没有例外：欧盟宪法的优先性是绝对的。欧盟机关受到由成员国所批准的欧盟系列条约的约束。

　　当然，欧盟法的优先性并不接受完全的司法控制，尤其是《欧盟条约》第 5 编中的行为：欧盟外交、安全和防卫政策被认为是一项政府秘密，缺乏足够的司法和议会控制。② 《里斯本条约》对此基本没有改变。欧洲理事会的角色也有问题。尽管《欧盟条约》第 4 条对欧洲理事会做出了规定而使其成为一个欧盟机构，但欧洲理事会的自我理解是其是一个在欧盟进行运作的机构，这也可以从其并未（与欧盟理事会、欧委会和欧洲议会一道）宣布《欧盟基本权利宪章》一事上看出来。与 19 世纪的宪法体制中国王的角色类似，欧洲理事会不对其他任何机构负责③，也"不会犯错"④。这个常常决定性地塑造了立法性议程的机构却将自己超越法律和政治责任地置于宪法秩序之外。《里斯本条约》在这方面仍然是"雄心勃勃"的。尽管它将欧洲理事会列为欧盟机构之一［《里斯本条约》第 13（1）条］，但对其的问责机制仍然很弱［《欧盟运行条约》第 263（1）条］。⑤

---

① 例外情况下，欧盟法也认可欧盟机构在无须成员国当局参与的情况下创造基础法的权能（即所谓的自主修正案）。

② 同样的，在成员国法中这也不是完全反常的。然而，欧洲法院通过《欧盟条约》第 47 条的方式发展出了这个领域，参见 Case C－91/05 *Commission v Council*［2008］ECR I－3651，paras 32ff.

③ Case C－253/94 P *Roujansky v Council*［1995］ECR I－7，para 11.

④ C von Rotteck，*Lehrbuch des Vernunftrechts und der Staatswissenschaften*，2nd edn 1840，reprinted 1964，vol. II，pp. 249ff.

⑤ P Dann，below chapter 7；F BotschiOrlandini，"Principicostitutionali di struttura e Consiglioeuropeo"，in M Scudiero（ed），*Il dirittoconstituzionalecomuneEuropeo*，2002，vol. I，p. 165.

尽管如此，条约的宪法化这一标志性的成功仍然通过以下事实得到了显示：《欧共体条约》合法性原则的效力似乎并不重要，尤其是《欧盟条约》第 5 编对其的排除似乎是有问题的。尽管合法性原则今天看上去毋庸置疑，但早期共同体并未把合法性原则当成是理所当然的。① 在国际法中，大多数国际组织不会将其基础条约作为它们所立之法的尺度，因此，合法性原则也不会成为一项国际法律原则。② 这一严格的等级化要归因于欧洲法院。从自主的法律秩序这一前提出发，它演绎出了条约修改程序的独有效力（《欧盟条约》第 48 条），从而阻止了欧盟内部平行法律的发展及其对成员国平行法律的影响；国际组织类似的宪法化仍处于起步阶段。③

合法性原则保护成员国，因为宪法发展和修改的权能保留给了成员国的联合行动。该原则在《欧盟条约》第 48 条、第 49 条以及授权原则中得到表达。它在《欧盟条约》第 5 条和《欧共体条约》第 5（1）条中得到了特别清晰的展示，并且已发展成一个独立的解释原则。④《里斯本条约》中不同的"桥接"条款和条约修改程序的复杂化在这方面没有带来改变。

合法性原则意味着，严格的条约规范性不能通过非正式协议

① K Carstens, "Die kleine Revision des Vertrags über die Europäische Gemeinschaft für Kohle und Stahl", 1961, p. 21, *Zeitschrift für ausländisches öffentliches Recht und Völkerrecht*, p. 1, p. 14, p. 37.

② M Barnett and M Finnemore, "The Power of Liberal International Organizations", in M Barnett and R Duvall (eds), *Power in Global Governance*, 2006, p. 161, p. 182; M Diez de Velasco Vallejo, *Las Organizaciones Internacionales*, 2006, p. 138; G Nolte, "Lawmaking through the Security Council", in R Wolfrum and V Röben (eds), *Developments of International Law in Treaty Making*, 2005, p. 237, pp. 239ff.

③ International Law Association, *Accountability of International Organisations*, FinalReport, 2004, available at www. ila – hq. org/en/committees/index. cfm/cid/9 (9 September 2008).

④ Opinion 1/94, *WTO* [1994] ECR I – 5267, para 9.

进行暂时性中止①，机关的持续性实践也不能推翻基础法。② 理事会全体一致决定所制定的法律也必须遵循基础法，在超国家层面的成员国政府联合行动的动态中保护成员国议会。即使理事会将其决定建立在广泛权能条款的基础（如《欧共体条约》第308条）上，欧洲法院针对成员国的抵抗仍然给出了不带保留的同一说法。③ 但如果不是理事会而是代表全体成员国的国家大会（"成员国政府代表在理事会内的会议"），那么优先性原则仍然适用，执行其消极合法性。④

宪法理论的后果就是成员国地位的显著分化。作为创制和修改条约的参与者，成员国可以在欧盟合法性之外进行广泛运作，⑤但是只能通过《欧盟条约》第48条的程序施加影响力。从核心来说，它意味着欧盟宪法秩序的广泛自主化。与此同时，成员国组成了欧洲理事会作为欧盟的宪法化权威，从而构成了条约宪法化的公共权威的核心，但理事会仍要受到基础法的严格限制。这种对"条约之主"的同时接纳和排除承担了与成员国的宪法合法性相似的职能：尽管议会代表主权，但是它仍然被严格限定于宪法以及其规定的立法程序的规范性之内（英国是例外）。⑥

b）权能秩序原则

欧盟是一个公共权威的承担者，它有让其他人负担义务的单方权力。这种权力在其渊源中已由于积极合法性原则（授权性原则或有限权能原则或赋予权能原则）而宪法化了。每一个次级欧

---

① Cases 90/63 and 91/63 *Commission v Belgium and Luxembourg* ［1964］ECR 625，531；Case 43/75 *Defrenne* ［1976］ECR 455，para 56.

② Case 68/86 *UK v Council* ［1988］ECR 855，para 24；Case C - 271/94 *Parliament v Council* ［1996］ECRI - 1689，paras 24，34.

③ Case 38/69 *Commission v Italy* ［1970］ECR 47，paras 12ff.

④ Case 44/84 *Hurd* ［1986］ECR 29，para 39.

⑤ 见本文第三部分第3点。

⑥ N Luhmann，"VerfassungsalevolutionäreErrungenschaft"，*Rechtshistorisches Journal*，1990，p. 176.

盟法法令必须有一个可以追溯到立盟条约的法律基础。① 该法律基础要么直接源自条约规定，要么必须来自一个可追溯至条约的次级法法令。尽管消极合法性仅关系到限制一个已然存在的公共权威，权能规范的要求则在其效力渊源方面更早了一步。消极和积极合法性原则在其违法的法律后果方面没有区别：在非法情况下，法令会被法院撤销其法律效力（"be declared void"的含义更接近中国法上的"撤销法律效力"——译者注）；只有在特别严重而且明显违规的情况下才会适用（法令效力）不存在（"non-exist-ence"更接近中国法上的"无效"，即一个行为自始不产生法律效力——译者注）的教义（即使在没有法院干涉的情况下，法令也必须被当作不具有法律效力②）。

权能秩序越来越被从捍卫成员国利益的角度来塑造。《里斯本条约》延续了这一趋势。与许多成员国宪法相一致，《里斯本条约》提到了由成员国所"赋予"的权能［《里斯本条约》第1(1)条］，并且规定了授权性原则、辅助性原则和比例性原则（《里斯本条约》第5条）。术语"赋予"一词的选择意味着其区别于联邦制宪法，因为联邦国家通常被认为享有其自有的内在宪法权力。然而，"赋予"一词不能被理解为技术性代理，否则这将使欧盟的公共权威受到成员国宪法的约束从而意味着欧盟法自主性的终结。这肯定不是《欧盟条约》第2条的意图，因为其设定了"维护全部欧盟法律"的目标。

目前针对欧盟机构是否总是尊重这些原则以及欧洲法院对这些原则的执行力是否足够存在疑问。这些疑问是否正当无须在此处回答。③ 重要的是，欧盟的法律秩序描绘了这些原则从而允许其欧洲

① Von Bogdandy and Bast, "the Federal Order of Competences", in von Bogdandg (eds), *Principles of European Constitutional Law*, Beck-Hart Publisher, 2010, 275 – 307.
② Case C – 137/92 P *Commission v BASF* [1994] ECR I – 2555, paras 48 – 53.
③ 欧洲法院提出了一个观点，参见 Case C – 376/98, Case C – 380/03 *Germany v Parliament and Council* [2006] ECR I – 11573, paras 36ff.

法院对这些疑问进行法律概念化（除了《欧盟条约》第5编的例外情况）。不只有欧洲法院承担了这一任务（欧洲法院还受到外部的控制），成员国机构，尤其是某些成员国宪法法院，也在可信地执行着对这些原则的遵循。① 故此，欧盟法律秩序的无等级性和多元性特点再一次被彰显。

由于欧盟的权能是广泛的，当对欧盟权能的限制得到遵循时，成员国的自主性会受到很大限制。对成员国自主性的最重要的捍卫在于这种自主性在本质上是有组织性的：这从成员国在欧盟机构和进程中的角色可见一斑。这角色受到合法性原则的保护，因为只有那些与权能规范相一致并且按照所规定的程序（包括必要的人数）所制定的措施才可以被通过。这种联邦主义的紧张关系不仅指引欧盟和成员国的关系而且也指引其内部结构——包括机构内部规则或者横向机构间的关系。它解释了全局性等级结构的缺乏，或者换言之，它表明了政治制度的多中心性和横向特点。这种多中心性受到机构平衡原则的规范性支撑：它有助于稳定条约建立的责任制②以及对程序规则的遵循③而不会将机构间关系推向任一具体方向。④

这回应了如下政治学判断：欧盟的政治进程是一个开放的谈判进程⑤，这可以通过追求成员国利益的最重要的机构——理事会的多中心性得到印证。理事会没有可供其使用的建立统一性的核心机制——某种等级制度；在许多方面，它似乎更多的

---

① 里程碑式的判决是 *Entscheidungen des Bundesverfassungsgerichts* 89, 155（*Maastricht*），该判决提出了一些有说服力的理由。

② Case 9/56 *Meroni v High Authority*［1958］ECR 133, 152; Case 25/70 *Köster*［1970］ECR 1161, para 9.

③ Case 139/79 *Roquette Frères v Council*［1980］ECR 3333, para 33; Case 70/88 *Parliament v Council*［1990］ECR I-2041, paras 22ff; J-P Jacqué, "The Principle of Institutional Balance", *CML Rev*, 2004, vol. 41, p. 383.

④ 从联邦主义两院制角度的解释：Case C-133/06, above n111, paras 54ff。

⑤ I Tömmel, *Das politische System der EU*（2003）271ff.

是一个包括 28 个不同的政治 - 行政制度（27 个国家和欧委会）的多面和碎片化的建立共识的进程而非一个单一机构。该政治进程不是通过一个等级性的命令而是通过一个在彼此之间高度独立的不同的政治 - 行政制度之间的类契约的合作所建立的。①

然而，在次级法上有许多例子显示，理事会并不总是令人信服地履行这一角色。因此，《马斯特里赫特条约》引入了辅助性和比例性原则来促进权能的行使，更加尊重成员国的自主性。② 但在辅助性方面，成员国的分歧很大。③ 当然，该原则在欧洲法院的司法判决中已取得了很重要的角色。④ 从概念的角度，该原则最初主要是实体意义，但如今已被程序性理解所主导，这主要源于被认为在辅助性方面具有特殊利益的机构被赋予了程序中的地位。其强化了欧盟和成员国之间权能的普遍交叉。

c）自由追求利益的原则

根据法治原则，欧盟的政治进程已被法律化和宪法化了：成员国和欧盟机构都得到了有效的约束，法律对政治机关的规范性也促进了。然而，这一合法化很大程度上限定于权能和程序的框架内，成员国的地位仍然未定。欧盟宪法几乎没有为欧盟政治进程的实体内容提供指向。

成员国在欧盟机构中自由地追求它们的"国家"利益。⑤ 欧

---

① F Scharpf, "Introduction: The Problem Solving Capacity of Multi-level Governance", *Journal of European Public Policy*, 1997, vol. 4, p. 520.

② 这些原则被以创造性的措辞而规定在《关于辅助性和比例性原则适用的附加议定书》中。

③ C Calliess, *Subsidiaritäts - und Solidaritätsprinzip in der Europäischen Union*, 1999.

④ Approaches in Case C − 84/94 *UK v Council* [1996] ECR I − 5755, paras 46ff; Case C − 233/94 *Germany vParliament and Council* [1997] ECR I − 2405, paras 9ff; Case C − 491/01 *British American Tobacco Investments* [2002] ECR I − 11453, paras 177ff; Case C − 114/01 *AvestaPolarit Chrome* [2003] ECR I − 8725, paras 54ff; CaseC − 154/04 *Alliance forNatural Health* [2005] ECR I − 6451, paras 101ff.

⑤ Case 57/72 *Westzucker* [1973] ECR 321, para 17.

洲法院还没有以一种决定政策的方式来细化条约的目标，尤其是《欧共体条约》第2、第3条。这一限制并不是命令性的，毕竟条约之缔结目的是实现这些目标并且克服施加在许多生活领域中的国家限制且使各国社会欧洲化。欧洲法院也没有从欧盟基本权利中推论出实施具体规则的责任。此外，欧洲法院也没有将《欧共体条约》第10条发展为一项要求成员国在欧盟机构中为促进共同体利益而合作的义务。忠诚合作原则并不要求成员国在理事会中妥协或者放弃在少数派反对立法性项目时动用多数决的可能性。①人们也可以做相反主张。毕竟，当部长们参与到理事会中或者根据《欧共体条约》第10条当依据本国规定而行动时，他们直接受到欧盟目标的约束（《欧盟条约》第2条、《欧共体条约》第2条和第3条）。该规范要求他们推进全体成员国公民的利益。此外，在"国家"利益和"超国家"利益冲突的情况下，优先效力原则可能会适用。无论如何，法律从未拒绝"国家立场"。这可以通过对前述欧盟政治制度的理解来解释：欧盟共同福祉是由成员国政府将其经常性地带入欧盟进程中的多种立场并将之综合而实现的。因此，该原则仅要求参与到欧盟政治进程中。②

这些考量也对欧盟法的一体化原则预设带来了影响：一体化被认为是将国家组织的社会生活领域融合为欧盟的一个维度。一些作者认为存在一个作为"更多的统一性"的"更多的欧洲"的

---

① Case 13/83 *Parliament v Council* [1985] ECR 1513, 1576; see also B Schloh, "Institutioneller Aufbau der EG", in M Dauses (ed), *Handbuch des EU – Wirtschaftsrechts*, looseleaf, last update Apr 2008, s A II paras 205, 209ff.

② A Hatje, *Loyalität als Rechtsprinzip in der Europäischen Union*, 2001, p. 67, p. 77; An "empty chair policy" as practised by France in 1965 probably infringes Art 10 EC; JH Kaiser, Das Europarecht in der Kriseder Gemeinschaften, *Europarecht*, 1966, p. 4; see further U Everling, "Überlegungen zur Struktur derEuropäischen Union und zum neuen Europa – Artikel des Grundgesetzes", *Deutsches Verwaltungsblatt*, 1993, p. 936, p. 946.

抽象法律原则。①《欧共体条约》前言的第一句，即"一个欧洲人民之间更紧密的联盟"，似乎确实将统一性作为条约的目标之一。② 然而，这一原则有很大问题。首先，它在条约规定中缺乏足够的基础。此外，欧盟宪法的一个核心功能，即欧盟和成员国关系的稳定化，无法通过该原则得到很好的实现；相反，应当考虑是否可以形成一个与欧盟的主题一致的多样性的一般原则，③约瑟夫·韦勒（Joseph Weiler）的宪法宽容原则就指向这一方向。④

4. 欧盟和成员国的复合/联盟关系

a）复合/联盟作为一个新的视角

法律研究中的一个新的主线旨在实现欧盟和成员国整体的概念化。⑤ 最重要的是"多层"和"网络"这两个政治学概念。⑥通常特别注重概念自主性的德国法学界所提出的"联盟"（Verbund）一词可能最好翻译为两个英文单词：Composite（复合）和 Compouad（复合物）。

---

① Cf AG Reischl in Case 32/79 *Commission v UK* ［1980］ECR 2403, 2460ff；J Isensee，"Integrationsziel Europastaat?" in Due et al（eds），above n 126, 567, 568；J González Campos，"La posición del TribunalConstitucionalen la articulación entre Tribunalescomunitarios y Tribunalesnacionales", in E García de Enterría and R Alonso García（eds），*La Encrucijada Constitucional de la Unión Europea*，2002, p.493, p.494.

② 《里斯本条约》维持了"建立一个欧洲人民之间更紧密的联盟"的目标。

③ Affirmative A Leisner-Egensperger，*Vielfalt—einBegriff des öffentlichenRechts*，2004, p.78, pp.137ff；repudiating A von Bogdandy，"The European Union as Situation, Executive, and Promoter of the International Law of Cultural Diversity", *European Journal of International Law*，2008, vol.19, p.241, p.275.

④ JHH Weiler，"Federalism without Constitutionalism", in Nicolaidis and Howse（eds），above n 98, 54, 55ff.

⑤ L Besselink，*A Composite Giacinto della Cananea*，2003, esp 6, 146；M Ruffert，"Von derEuropäisierung des Verwaltungsrechts zum Europäischen Verwaltungsverbund", *Die öffentlicheVerwaltung*，2007, p.761. For adiscussion of the conceptual problems, see A von Bogdandy and P Dann，"International Composite Administration", *German Law Journal* 2013, 2008, p.9.

⑥ 关于网络的概念，参见 M Goldmann，"Der WiderspenstigenZähmung，oder：Netzwerkedogmatischgedacht", in SBoysen et al.（eds），*Netzwerke*，2007, p.225。

"联盟"一词首先包括两个竞争性的宏大解释——保罗·科尔西霍夫（Paul Kirchhof）的（政府间主义的）国家的复合（Staatenverbund）和英高夫·彼尼斯（Ingolf Pernice）的（更为联邦主义的）宪法的复合（Verfassungsverbund），但是此后该话语一直未受到这两种解释相对抗的影响。①

将欧盟和成员国整个概念化意味着对欧洲法学研究的重新定向。欧洲法律共同体作为一个自主的法律秩序而发展着。② 其自主性不只是众多原则之一，而且还是一项规范公理，欧洲法院甚至用了最高的手段来捍卫它：为了保护该原则，欧洲法院甚至在柏林墙倒塌后拒绝了一部旨在对欧洲大陆进行重新安排的条约。③ 事实上，自主的法律秩序这一概念对于超国家法律秩序的建构是根本性的。法律秩序的自主性回应了莫内对共同体的政治 - 行政制度的设想。然而，政治 - 行政和法律领域里的实际发展并没有导致欧盟和成员国的分离而是将其紧密联系或网络化。④ 《里斯本条约》推进了这一点，例如，将成员国议会纳入欧盟的立法程序中（《里斯本条约》第 12 条）。为实现这一联结产生了鼓吹超国家和国家领域统一性的诸概念。⑤ 然而，大多数概念是更为多元主

---

① E Schmidt-Aßmann, "Verfassungsprinzipien für den Europäischen Verwaltungsverbund", in W Hoffmann-Riem et al. (eds), *Grundlagen des Verwaltungsrechts*, 2006, vol I, p. 241; A von Bogdandy, *Supranationaler Föderalismus als Wirklichkeit und Idee einer neuen Herrschaftsform*, 1999, p. 11.

② Case 26/62, above n 20, 12; Case 6/64, above n 128, 593; Case C – 287/98 *Linster* [2000] ECR I – 6719, para 43.

③ Opinion 1/91, above n 6, paras 30ff; further Opinion 1/00, *Aviation Agreement* [2002] ECR I – 3493, paras 5ff; Case C – 459/03 *Commission v Ireland* [2006] ECR I – 4635, paras 123ff.

④ 更多内容，参见 Phillpp Dann, The Political Institution, in von Bogdandy (eds) Principles of European Constitutional Law, Beck-Hart Publisher, 2010, 235 – 272。

⑤ I Pernice, "Europäisches und nationales Verfassungsrecht", 2000, p. 60, *Veröffentlichungen der Vereinigung der Deutscher Staatsrechtslehrer*, p. 148, p. 163 with further references; W Wessels, *Die Öffnung des Staates*, 2000, pp. 122ff, pp. 413ff; for a qualification of this position, see Pernice, "Europarechtswissenschaft oder Staatsrechtslehre?" *Die Verwaltung*, 2007, suppl 7, 225, 226.

义的。

在法律上和实际上，欧盟宪法对成员国宪法的依赖都比联邦国家对其联邦单位的依赖更大。[①] 从实证法角度而言，这一点源自《欧盟条约》第6（2）条、第6（3）条和第48条以及概念性地来自双重合法性原则——它意味着欧盟的合法性取决于其成员国宪法所提供的合法性。《里斯本条约》部分则通过第1（1）条、第10（2）条和第12条这些关键条款强调了其补充性。然而，如果不考虑欧盟宪法就无法全面地把握成员国宪法，因为在成员国宪法的适用范围内它们无法将所有的公共权力宪法化。[②] 对这种互相依赖性的认知产生了补充性宪法的概念。尽管该命题并未被接受，毋庸置疑的是欧盟根本性地改变了成员国的整体法律，更为具体的表述是欧盟的宪法根本性地决定了成员国的宪法。在这些决定因素中，《欧盟条约》第6（1）条对于联邦关系尤其重要，因为其唤起了联邦宪法对同质性的要求。

b）结构兼容性原则还是同质性原则

在一体化进程的早期，成员国之间在市场经济、民主、法治等方面享有的结构特定的兼容性是共同体运行所必需的这一点得到了承认。这些条件是作为规范性要求而形成的，尽管它们仅具有底线特点。[③] 伴随着共同宪法空间的实现，是否应根据推进宪法统一性的法律原则来收紧这些要求的问题就产生了。[④] 许多作者都

---

① JA Frowein, "Die Verfassung der Europäischen Union aus der Sicht der Mitgliedstaaten", *Europarecht*, 1995, p. 315, p. 318; P Häberle, *Europäische Verfassungslehre*, 2006, pp. 220ff.

② 更多内容，参见 Christoph Cuabenuarter, "National Constitutional Law Relating to the European Union (83 - 130)", Frans C Mevjer, "Multilevel Constitutional Jurisdiction (399 - 438)" in von Bogdandy (eds), *Principles of European Constitutional Law*, Beck-Hart Publisher, 2010.

③ HP Ipsen, "Über Verfassungs - Homogenität in der Europäischen Gemeinschaft", in H Maurer (ed), *Das akzeptierte Grundgesetz*, 1990, p. 159.

④ C Schmitt, *Verfassungslehre*, 1928, 8th edn, 1993, p. 65.

从《欧盟条约》第 6（1）条和第 7（1）条推论出了这一点。[①]

但是，上述原则也遭遇了很多反对意见。首先，考虑到成员国宪法之间的多样性，该宪法原则现在几乎不具有现实性，尤其是考虑到现实中存在的共和制和君主制、议会制和半总统制、强议会和弱议会、竞争性和共识性民主、强弱政党制度、强弱社会机构、单一制和联邦制、宪法法院的强弱或存在与否以及基本权利保障在内容与程度上的明显多样性。[②] 欧盟的东扩和南扩增加了这种异质性。该原则的预设也无法衍生自《欧盟条约》第 6（1）条和第 7（1）条。这两条规范的词句仅仅意味着在相当抽象层次上的结构性一致而非宪法上的同质性。从体系上说，该同质性原则几乎无法用《欧盟条约》第 6（3）条予以正当化，因为国家认同恰恰就在《里斯本条约》第 4（2）条所确认的独特的、个别化的宪法安排[③]上得到了表达。这种观点尤其得到了两个事件的支撑：2000 年 14 个成员国对奥地利发起的制裁和关于《欧盟基本权利宪章》第 51 条的细化问题的讨论。[④] 此外，将《基本权利宪章》确定为一项具有法律约束力的文件以及在《里斯本条约》谈判过程中进行的修订也对宪法的同质性原则造成了妨害：许多欧盟公民担心欧盟宪法会发展为一种他们不欲的同质化力量，类似于《德国基本法》或

---

① S Mangiameli, "La clausola di omogeneità", in idem（ed）, above n 1, 17; T Schmitz, *Integration in derSupranationalen Union*, 2001, pp. 301ff; F Schorkopf, in Grabitz and Hilf, above n 1, Art 7 EU, para32; Communication from the Commission on Article 7 TEU, COM, 2003, p. 606.

② P Cruz Villalón, "Grundlagen und Grundzüge staatlichen Verfassungsrechts: Vergleich", in A vonBogdandy et al.（eds）, *Handbuch Ius Publicum Europaeum*, 2007, vol. I, p. 13.

③ M Hilf, "Europäische Union und nationale Identität der Mitgliedstaaten", in A Randelzhofer et al.（eds）, above n 45, 157, 166ff.

④ J Kühling, below chapter 13, "R Alonso García, Las cláusulashorizontales de la carta de los derechosfundamentales", in García de Enterría and Alonso García（eds）, above n 207, 151, 158ff.

者《美国宪法》中的基本权利条款。①

将《欧盟宪法》第 6 条的原则具体化为三种不同的情况似乎更有希望：第一种关系到欧盟自身的设计，具有很强的规范强度；第二种是给成员国设定的一般性要求，规范强度就弱了很多；第三种则关系到贯穿于欧盟外交政策的最低规制。② 由于欧盟宪法区域宝贵的多样性，第二种情况不能被类似地当作联邦国家的同质性原则。这应当在术语中得到体现。因此，从《欧盟条约》第 6（1）条和第 7（1）条中应当仅仅能推导出结构兼容性原则。反过来，成员国对欧盟的结构性决定因素，例如《德国基本法》第 23 条，也不应当按照同质性原则来解释。

然而，结构兼容性原则并不完全涵盖那些能够全面性地决定欧盟和成员国关系的基础法律规范。尤其是在共同体法的范围内国家公共权威的行使，基于《欧共体条约》第 10 条的司法判决原理旨在超越结构兼容性而追求可比肩联邦制国家的融合性——其可以被视作同质性原则。欧洲法院近来已将从欧盟自身的行政行为中发展出来的程序性原则适用到成员国的行政活动中了。③ 在适用共同体法的范围中，成员国行政主体也受到共同体法的基本权利、平等和有效性原则的约束，现在也受到原本是为欧盟自己的行政管理而发展出的原则的约束：一个彻头彻尾的联邦集群。同样的，针对任何公共权威的一致性的法律保护原则也适用于共同体法的适用对象。④

---

① A Knook，"The Court，the Charter，and the Vertical Division of Powers in the European Union"，*CML Rev*，2005，vol. 42，p. 367.

② A von Bogdandy，"The European Union as a Human RightsOrganization?"*CML Rev* 1307，2000，p. 37；从教义学的角度，这也可以通过"边际裁量"教义来实现，参见 Jürgen Kühling，"Fundamental Freedoms"，in von Bogdandy（eds），*Principles of European Constitutional Law*，2010，Beck-Hart publisher，515 – 550。

③ Case C – 28/05 *Dokter*［2006］ECR I – 5431，paras 71ff.

④ Cfeg Cases C – 46/93 and C – 48/93 *Brasserie du pêcheur*［1996］ECR I – 1029，para 42；for more detail，see C Nowak，"Recht auf effektivenRechtsschutz"，in S Heselhaus and C Nowak（eds），*Handbuch derEuropäischenGrundrechte*，2006，paras 51，63；Bast，below chapter 10，section II. 3，II. 4（c）.

与这些决定因素相比，有一项事实越发清晰：为成员国法律秩序整体性地设定了尺度的《欧盟条约》第 6（1）条和第 7（1）条（即共同体法适用范围之外的要求）在强度上远远不足。仅仅由于术语清晰度方面的原因它们就不应当被标示为同质性原则。①

c）忠诚和联邦主义平衡原则

由于成员国法带有制裁权力这一威胁②，于是人们努力寻找欧洲层面的对应物。许多欧盟法——就其核心而言代表着不同公共权威之间交流的全部法律规范——甚至不能通过可能的强制来进行象征性制裁。这意味着忠诚性在欧盟法中扮演着核心的或基本性的角色。

作为一项法律原则的忠诚性原则在塑造欧盟法律领域的公共权威之间的多样关系方面扮演着一个开创性的角色。③ 除了关于这个复合/联盟中合作的一系列具体规则外，这些关系也必须被嵌入确保法律的有效性和可以解决冲突的补充性义务中。忠诚性原则——欧洲法院通常将其描述为合作原则——产生了这些义务。④相关判决主要是基于《欧共体条约》第 10 条，但是该原则已被延伸到了欧盟的所有活动⑤，现在由《里斯本条约》第 4（3）条所

---

① 在《里斯本条约》第 12 条的要求中可以发现一个新的维度。

② C Möllers, Staat als Argument（2000），272 ff.

③ RA Lorz, *Interorganrespekt im Verfassungsrecht*, 2001, pp. 72 ff, pp. 526 ff.

④ Case 230/81, *Luxembourg v Parliament* [1983] ECR 255, para 37; Case 2/88 ImmZwartveld [1990] ECR I – 3365, para 17; Case C – 135/05 *Commission v Italy* [2007] ECR I – 3475, paras 31 ff; CasesC – 231 – 233/06 *Jonkman* [2007] ECR I – 5149, para 37; Case C – 215/06 *Commission v Ireland* [2008] ECRI – 0000, para 59; 3rd declaration on Art 10 in the Final Act to the Treaty of Nice; O Due, 'Article 5 du traitéCEE'（1992）II（1）*Collected Courses of the Academy of European Law* 15, 35; J Mischo, *Der BeitragdesGerichtshofeszurWahrung der föderalen Balance in derEuropäischen Union*, 1999.

⑤ Case C – 105/03 *Pupino* [2005] ECR I – 5285, paras 39 ff; Case C – 354/04 P, above n 33, para 52; CaseC – 355/04 P, above n 33, para 52; U Everling, "From European Communities to European Union", in A vonBogdandy et al（eds）, *European Integration and International Co – ordination*, 2002, p. 139, p. 157.

明示规定。它既可以推进统一性也可以保护多样性。

忠诚性原则也构成了许多重要教义的基础，通常带有强大的统一性效果，例如关于司法合作或者欧盟法的国内执行的要求。[①]在保护多样性方面，必须强调该原则仅保护那些在后续为个别成员国所不遵循的欧盟立法结果的完整性。相反，制定"亲联盟政策"的义务则并不源于此。[②]

忠诚性原则也在处理与成员国的关系上为欧盟机构施加了义务，正如《里斯本条约》第4（3）条所明确表示的那样。[③] 它包括对多元性的保护，尽管其准确内容仍待进一步厘清。作为忠诚性原则之表达的《欧盟条约》第6（3）条要求欧盟将成员国的宪法原则和核心利益纳入考虑［《里斯本条约》第4（2）条］。[④] 然而，这并不意味着禁止欧盟对成员国基于国内宪法立场的违法行为采取行动。否则，独立于成员国宪法的欧盟政治是不可能的。相反，该原则只能在欧盟对成员国国内宪法的核心要求构成具体而严重的干预时才适用。

因此，忠诚性原则似乎是理解欧盟的另一把钥匙。由于欧盟法律秩序在终极意义上取决于成员国的自愿遵守以及其忠诚性，因此，忠诚性原则在对开放性问题提供解决方案从而容纳那些可能在解决一个多中心和多样的政治组织中产生的冲突方面具有核心价值。

五　个人和欧盟的关系

该节讨论有关私人法律主体与欧盟公共当局之间关系的欧盟

---

① 见本文第四部分第1点。
② 见本文第四部分第2点。
③ 这一条款只是将司法说理成文化：Case 230/81, above n 233, paras 37ff; Case C – 263/98 *Belgium v Commission* ［2001］ECR I – 6076, paras 94ff。
④ *Entscheidungen des Bundesverfassungsgerichts* 89, 155, 174 (*Maastricht*); C Schmid, *Multi – Level Constitutionalism and Constitutional Conflicts*, 2001, pp. 222ff.

宪法的基本原则。当然，第4部分讨论的原则也涉及私人法律主体：基于法治原则的统一体的创设主要是通过将个人和企业转换为超国家法律秩序的主体（即市场公民）而实现的。① 但是，这些原则并不涉及欧盟和公民关系中公共权威与自由的传统辩证关系。这一状况跟政治权力的分配原则比较类似：尽管它们都关系到成员国宪法之下公民的政治权利问题，② 但它们也避开了经典辩证关系。接下来将把这些辩证关系的欧盟原则（即经典自由、平等和博爱原则）当作欧盟宪法原则来考察。

1. 平等的自由原则

《里斯本条约》时代的《欧盟条约》第6（1）条和序言的第四项将自由列为欧盟立盟原则的第一项。③ 该原则要具有独立规范性含义必须超越几种具体的自由，因为后者完全可以从"尊重人权和基本自由以及法治"这一条款后面的词句中演绎出来。自由的单数形式可以在自由安全和公正领域的目标中找到（《欧盟条约》第2条第4款）。然而，根据《欧盟条约》第2条第4款所表达的自由的简化主义概念来解释《欧盟条约》第6（1）条的自由概念几乎没有说服力。④

与欧盟立宪主义传统更契合而且一致的是根据其最重要的文件对自由这一术语进行解释。1789年8月26日颁布的《人权和公民权宣言》在第1条中将平等自由作为核心并且在第2条中要求公共权威服从该原则。根据第4条，这一自由包括"从事一切无害于他人的行为的自由"。现在，这些条款已构成了最重要的原则

---

① 关于个人和企业在欧盟法形成中的核心角色，参见 C Harding, "Who Goes to Court in Europe?", *European Law Review* 105, 1992, p. 17。

② *Entscheidungen des Bundesverfassungsgerichts* 89, 155, 182ff (*Maastricht*).

③ 关于该原则的宪法教义，参见 E Grabitz, "Freiheit als Verfassungsprinzip", 1977, 8*Rechtstheorie* 1; for more detail, see idem, *Freiheit und Verfassungsrecht*, 1976。

④ Jörg Monar, "The Area of Freedom, Security and Justice", in von Bogdandy (eds). *Principles of European Constitutional Law*, 2010, Beck-Hart Publisher, 551 – 586.

哲学教义的终点。[1]

作为一般原则的自由应当解释为：在欧洲法院的司法管辖权范围内每个人都是自由的法律主体，在该法律秩序中所有人与其他人在法律上都是平等的。对人的这一理解并不是自然而然就有的，其是欧洲历史上最重要的成就之一；对西方世界中大多数个人的自我认知而言，这一理解是根本性的。有人可能会反对说，这一自由是最重要的普遍原则。也许是，但是人们无法否认这一原则并不是在所有的法律秩序中都能找到立足点。欧盟法是唯一一个在广阔的范围内和具体法律关系中有效地实现了该原则的法律秩序。

根据该原则，一些根本性的但是常被技术性误解的欧盟法概念被紧密地联系到了欧盟宪法传统中去。第一个概念是直接效力概念。[2] 根据该概念，个人不仅是欧盟法的客体也是其主体：它不仅服务于法治原则，也服务于个人自由原则。[3]

个人自由原则自初期就已成为一体化的核心要素。瓦尔特·哈尔斯坦（Walter Hallstein）根据一体化对边界的拆解而将一体化理解为一个个人自主行动的空间不断扩张的过程。尽管早期共同体实际上没有涉及私法的规则，但是自其肇始以来就具有重要的私法维度，其重要性来自私法作为个人自由的真正秩序这一概念。[4] 从这一角度来看，人们可以理解市场自由和竞争法以及《欧共体条约》第 4（1）条的重要性。毕竟，欧洲大陆范围内的个人自由活动的目标不能通过国内法来实现——这个领域只能通

---

[1] Cf I Kant, *Metaphysik der Sitten*, edited by K Vorländer, 4th edn 1922.

[2] 对这一技术性理解的批评，参见 A von Bogdandy，"Pluralism, Direct Effect, and the Ultimate Say"，*International Journal of Constitutional Law* 397，2008，p. 6。

[3] 见本文第四部分第 1 点。

[4] Hallstein, *Der unvollendeteBundesstaat*, above n 123，45ff；E－J Mestmäcker，"Die Wiederkehr der bürgerlichen Gesellschaft und ihresRechts"，*Rechtshistorisches Journal*，1991，p. 177.

过一体化的独特价值来实现。[1]

在一个像欧盟这样的几乎包括整个欧陆范围的多元政治共同体中,私人自主的机会具有特别的意义。一个政治共同体越大、越多元,就越难以将政治和法律理解为政治自主的工具。因此,私人自主的空间就变得更为必要。尽管欧盟已超越了单一市场的终局性,个人自由的经济方面比起在国内语境下仍然得到了更多的强调。

自由原则不限定于私人自主,[2] 在西方宪法传统中它要求所有法律主体同等的自由。平等自由原则使欧洲法院可以对歧视进行宪法解释,只要它旨在实现欧洲法律秩序内所有主体法律地位的平等化。[3] 因此,该原则也意味着工人自由流动、对歧视的普遍禁止、源自欧盟公民身份的权利和源自联系协议的权利,尤其是与土耳其的联系协议。[4] 这一司法原理的转换性潜力是很大的,特别是因为平等的自由是一个具有特别强大的中央集中化趋势的原则。[5]《里斯本条约》第 2 条第 2 段的社会政治目标强化了这一转换性趋势。

当一个国家根据《欧盟条约》第 49 条和第 7(1)条加入欧盟并成为其一部分时,这意味着该国的社会和法律秩序必须建立在个人的自由主义理解的基础上,不能存在内部细分,即以顽固

---

[1] *Entscheidungen des Bundesverfassungsgerichts* 89, 155, 174(*Maastricht*);这也解释了经济宪法的特殊相关性,参见 Amin Hatje, "the Economic Constitution within the InternMarket", in von Bogdandy(eds), *Principles of European Constitutional Law*, 2010, Beck-Hart Publisher, 587 – 622;对这一点的批评,参见 Florian Rödl, "The Labor Constitution", in von Bogdandy(eds), *Principles of European Constitutinal Law*, 2010, Beck-Hart Publisher, 623 – 658。

[2] G – P Calliess, "Die Zukunft der Privatautonomie", in B Jud et al(eds), *Jahrbuch junger Zivilrechtswissenschaftler* 2000, 2001, p. 85, pp. 90ff.

[3] 因此,《里斯本条约》将平等性列为其自身价值之一。

[4] Case C – 268/99 *Jany*〔2001〕ECR I – 8615;Cases C – 317/01 and C – 369/01 *Abatay*〔2003〕ECR I – 12301.

[5] A von Bogdandy and S Bitter, "Unionsbürgerschaft und Diskriminierungsverbot", in C Gaitanides et al.(eds), *Europa und seine Verfassung*, 2005, p. 309.

的宗教、种族和社会集团来阻止个人作为平等的法律主体进行交往。如果私人自主性产生了社会的不平等和依附关系，该原则支持欧盟对其进行干预。

根据自由原则可以发展出对欧盟政治问题的一个批判性视角。欧盟确实对其公民展示了一种家长式的姿态，这可能是由于其通过立意良好的政策来提升其合法性的愿望所致。① 根据自由原则，欧盟的伦理诉求也是类似批判性的，例如《欧洲科研人员宪章》② 规定，科研人员应当赞成"这些受到认可的伦理原则"，尤其是想从欧盟获得资助的话。这种不加选择的要求对自由不利，如果公共当局想从其对象处有所获得，其必须使用法律形式。这构成了宪法自由的核心要求。就自由原则而言，对法律和道德－伦理话语进行区分是必不可少的。③ 因此，《里斯本条约》（第 2 条）中对价值和原则的合并无法说服任意一方。

《里斯本条约》将自由原则从第一位降级为第二位。根据《欧盟基本权利宪章》的逻辑，自由原则被尊重人类尊严的原则所取代。这就跟《世界人权宣言》以及《基本法》中对德国宪法的理解保持了一致。④ 其是否将导致对欧盟采取的行动的再定位以及盎格鲁－撒克逊式的自由为"德国式"的人类尊严所取代，仍有待观察。

2. 基本权利保障的原则

《欧盟条约》第 6（1）条规定了尊重人权和基本自由的原则。《欧盟条约》第 6（1）条中的基本自由指的不是《欧共体条约》的市场自由⑤而是权利，根据《基本权利宪章》所采用的术语，

---

① A Somek, *Individualism*, 2008, pp. 245ff.

② Commission Recommendation 2005/251/EC, [2005] OJ L75, 67.

③ E Denninger, "Freiheitsordnung-Wertordnung-Pflichtordnung", in idem (ed), *Der gebändigte Leviathan* (1990), 149.

④ S Rixen, "Würde des Menschen als Fundament der Grundrechte", in Heselhaus and Nowak (eds), above n 230, 335ff.

⑤ T Kingreen, in Calliess and Ruffert (eds), above n 1, Art 6 EU, para 3.

这些自由应当被称为基本权利。① 除了这一突出地位外，基本权利保障原则并不在欧盟法中具有多少特别的相关性。当然，基本权利并不构成欧盟法律秩序最重要的参照点；它们的意义并没有达到《德国基本法》中基本权利的程度。此处可以列出关于欧盟宪法的几个见解。

第一，要注意到，条约制定者在制定《欧盟条约》第 6（1）条和第 6（2）条时采取了明显的含蓄态度。尊重仅仅是"尊重、保护、实现"中的第一个要素。② 尽管欧洲法院有时候会从基本权利中衍生出保护和参与的权利，而且最近的某些判决显示了更清晰的权利导向框架，但后者并没有决定性地影响欧洲法院的司法原理。这回应了一体化所采取的路径。个人权利是欧盟宪法化的核心③，然而其很少被认为是基本权利：一体化遵循着一条功能主义而非宪法主义的道路。

一开始，分权原则就被认为旨在对来自共同体的侵害提供保护④，然而从欧洲法院 1960 年晚期开始发展保护个人的一般原理以来，分权就逐渐失去了意义。除了行政性原则之外，那些一般原则还包括基本权利⑤，这也解释了制定《欧盟条约》第 6（2）条的原因。但整体而言，欧盟法的基本权利维度在很长时间内还是很苍白。

基本权利保护的塑造可以从联邦主义的紧张关系的角度进行解释。首先，如果不考虑成员国最高法院对欧洲法院施加的压力，

---

① Jürgen Kühling, "Fundamental Freedoms", in von Bogdandy（eds）, *Principles of European Constitutional Law*, 2010, Beck-Hart Publisher, 515 – 550.

② M Nowak, *UN Covenant on Civil and Political Rights*, 2005, Introduction, para 3.

③ 见第四部分第 1 点。直接效力原则导向个人权利。参见 S Beljin, "Dogmatik und Ermittlung der Unionsrechte", *Der Staat*, 2007, vol. 26, p. 489。

④ Case 9/56, above n 195, 152; H – J Seeler, *Die europäischeEinigung und das Problem der Gewaltenteilung*, 1957; D Sidjanski, *L'originalité des Communautéseuropéennes et la séparation de leurspouvoirs*, 1961.

⑤ 然而，行政法原则通常作为独立的标准而被适用，不在基本权利的审查范围之内：Case C – 453/03 *ABNA*［2005］ECRI – 10423, paras 67ff.

这一点就很难理解。① 此外，这个问题也可以从欧洲法院对欧洲人权法院的司法判决原理的紧密依赖②这一角度进行解释，即欧盟并不形成其自有的基本权利共同体，因此也不会在这方面挑战成员国法院。目前欧洲一体化的前提是：成员国在构建国家统一性的核心机制方面以及与此相关的国内基本权利保障设计方面相对于欧盟仍然是自主的。欧洲法院对基本权利的考虑通常无法被很好地区分出来或者被感觉到，但是这一状况至少具有如下优点：欧洲法院不会被归类为一个基本权利保障的具体机关。因此，欧洲法院就不会与成员国法院在角色建构的过程中产生非要将自身凸显出来的那种竞争。

然而，增强基本权利保护原则的趋势也是有的。在欧洲议会于 1999 年主持的一项开创性的工作中，菲利普·阿尔斯通（Philip Alston）和约瑟夫·韦勒（Joseph H Weiler）③ 呼吁欧盟发展为一个具有连贯性的、生机勃勃的和未来导向的执行基本权利政策的国际模范。少数群体政策、移民政策和普遍的反歧视政策应当汇集在这一进步主义的基本权利政策之中，更多地通过专门的官僚机构和非政府组织而非通过法院来执行。④ 这一主张在讨论中扮演着相当边缘化的角色，但是在欧盟基本权利署设立之后，事情发生了变化。⑤ 这方面最重要的是《基本权利宪章》的公布。我

---

① 参见 Christoph Cuabenuarter，"National Constitutional Law Relating to the Eurepean Union（83 - 130）"，Fran 2 C. Mevyer，"Multilevel Constitutional Jurisoliction（399 - 438）" in von Bogdandy（eds），*Principles of European Constitionel Law*，Bcek-Hant Publisher，2010。
② 关于欧洲法院和欧洲人权法院的关系，参见 L Scheeck，"The Relationship between the EuropeanCourts and Integration through Human Rights"，2005，p. 65，*ZeitschriftfürausländischesöffentlichesRecht undVölkerrecht* 837。
③ P Alston and JHH Weiler，"An 'Ever Closer Union' in Need of a Human Rights Policy"，in P Alston（ed），*The EU and Human Rights*，1999，p. 3.
④ 在这个意义上，参见 P Alston and O de Schutter（eds），*Monitoring Fundamental Rights in the EU*，2005。
⑤ Council Reg 168/2007，"Establishing a European Union Agency for Fundamental Rights"，[2007] OJL53, 1.

们可以把《基本权利宪章》的第二段理解为基本权利应当构成欧盟法的核心，并且这部分内容带有突出的政治象征性意义。① 然而，将其转换为具有法律约束力的工具的难度则显示欧盟实证法并不支持这一导向。

目前在基本权利原则中还没有出现一个明显的一般性趋势。一方面，许多影响基本权利的欧盟措施让这一话题比在（20 世纪——译者注）90 年代显得更为突出。因此，许多判决都显示了更大的审查力度。② 此外，也有迹象显示，欧洲法院意图使用基本权利来发展联邦主义的统一性。③ 还要注意到的是，从基本权利的角度对个人法律地位进行再解释的司法判决原理也促进了基本权利导向的宪法化。在立法层面上，许多成员国已通过了关于基本权利的具体方面的法令；④ 另一方面，也有许多明显的迹象显示，建立在基本权利原理基础上的普遍的统一性将遇到成员国相当的抵抗。《基本权利宪章》清晰地指出，欧盟基本权利首要的是使欧盟作为一个整体去承担义务；根据第 51（1）条，成员国只是执行阶段的对象。⑤ 在《里斯本条约》的谈判过程中，这一点得到了进一步的确认。

因此，这一具体的联邦主义紧张关系就解释了欧盟尊重基本权利原则的很多方面。目前受到宪法保护的多元性限制了欧盟建立一个基于原则或价值的同质性的司法主体的努力。此外，欧盟

---

① ［2000］OJ C364，8.

② Case C－540/03，paras 35ff.

③ Case C－60/00 *Carpenter*［2002］ECR I－06279，paras 41ff；U Mager，"Dienstleistungsfreiheit und Schutz des Familienlebens"，*Juristen－Zeitung*，2003，p. 204.

④ 除了《建立基本权利署的条例》之外，后续法令还包括："Directive 2000/43/EC of the Council implementing the principle of e qual treatment between persons irrespective of racial or ethnic origins"，［2000］*OJ L*，180，22；"Directive 2000/78/EC of the Council establishing a general framework for equal treatment in employment and occupation"，［2000］*OJL* 303，16。

⑤ 这比目前的判决说理要狭窄：Case C－260/89 *ERT*［1991］ECR I－02925，paras 41－5；Case C－479/04 *Laserdisken*［2006］ECR I－8089，para 61。

组织体制的特殊性，即缺乏一个有权修改宪法的立法者，在决定原则的范围与深度时也需要纳入考虑。

3. 法治原则

法治原则的重要方面已经讨论过了。在欧盟和个人的关系方面，更进一步的维度要求欧盟采取措施保护个人。[①] 尽管这一法律保护在很多方面仍然不令人满意，但是已获到了普遍的认可（《宪章》第47条）。在处理这些不足时，欧盟和成员国法院的一整套法律保护机制应当根据法治原则而逐步发展。[②]

4. 民主原则

a）发展和基本特点

在过去几十年间，欧盟法律研究一直没有关注民主原则，而是关注法治原则。对于后者，从一开始就有共识认为该原则应当直接适用于超国家机关的法令，即欧共体需要其适当的法治合法性。仅仅间接性地适用——通过参与到欧盟政治进程中的成员国官员执行或者在成员国领域中执行其结果——是不够的。适用于共同体的民主合法性原则的发展却与此形成了鲜明对比。在很长一段时间内，它只是一项欧盟联邦主义者的政治要求而非一项法律原则。直到20世纪90年代，主流观点一直是超国家权威在法律上并不需要其自有的民主合法性。[③] 然而，随后发生了两项导致其迅速发展的焦点问题：欧盟公民身份和欧盟机构组织。[④]

从对独立的民主合法性的政治要求到一项法律原则的发展是很艰难的。很明显，即使关于以普遍直选方式产生欧洲议会议员

---

① L Heuschling, Etat de drait, Relhtsslaat, *Rule of Law*（2002）Passim, in summary.

② 更多参见 Bast, below chapter 10, section II. 4（a），II. 4（c）。

③ A Randelzhofer, "Zum behaupteten Demokratiedefizit der Europäischen Gemeinschaft", in P Kirchhof and P Hommelhoff（eds），*Der Staatenverbund der Europäischen Union*, 1994, p. 39, p. 40.

④ 更多参见 Stefan Kadelbach, "Union Citizenship", in Von Bogdandy（eds）*Principles of European Constitutional Law*, 2010, Beck-Hart Publisher, 441 – 478。

的 1976 年法令也并未包含"民主"一词。① 从 20 世纪 80 年代开始，欧洲法院开始非常谨慎地将民主原则作为一项法律原则来使用。② 随后，《马斯特里赫特条约》使用了这一术语，尽管它的内容仅仅在前言的第五段中才与超国家层面联系起来。"马约时代"的《欧盟条约》第 F 条，民主进入了条约条文——尽管其并不是指向欧盟，而是指向成员国的政治制度。这一漏洞最终在《阿姆斯特丹条约》中被补上，《欧盟条约》第 6 条规定民主原则也适用于欧盟。

内部宪法发展会受到外部规定的影响，特别是欧洲人权法院对《欧洲人权公约》第 1 号附加议定书第 3 条的解释③以及成员国条款如《德国基本法》第 23（1）条中对此稍欠清晰的规定。④《欧洲宪法条约》的制宪大会草案试图在导论部分通过将民主确定为欧盟最高价值而实现大的跨越，但是失败了。

《欧盟条约》第 6 条的"民主"一词没有定义。没有能比《宪法条约》第 1 部分第 6 编和第 2 部分第 5 编更好地描述在理解欧盟民主原则方面存在的不确定性的了。在"欧盟的民主生活"和"公民权利"的标题下聚集了大量的混杂条款。欧洲法院在其司法判决说理中努力地避免发展出民主主体的定义，这种极其谨慎的方式表明了这一难度。跟其他大多数欧盟法术语不同，欧洲法院避免做出自主决定并将该领域留给了成员国。⑤《里斯本条

---

① Act and decision concerning the election of the representatives of the Assembly by direct universal suffrage，［1976］OJ L278，1.
② 民主原则主要是使司法审查可行：Case 138/79 *Roquette Frères vCouncil*［1980］ECR 3333，para 33；Case C – 300/89 *Commission v Council*［1991］ECR I – 2867，para 20；CaseC – 392/95 *Parliament v Council*［1997］ECR I – 3213，para 14. Howeve，see Case T – 135/96 *UEAPME v Council*［1998］ECR II – 2335，para 89。
③ ECtHR（GC）App No 24833/94，*Matthews v UK*（1999）28 *EHRR* 361；G Ress，"Das EuropäischeParlament als Gesetzgeber：Der Blickpunkt der EMRK"，1999，p. 2，*Zeitschrift für europarechtliche Studien*，p. 219，p. 226.
④ 其他宪法中的类似条款，参见 Grabenwarter，below chapter 3。
⑤ Case C – 145/04 *Spain v UK*［2006］ECR I – 7917，para 71；Case C – 300/04 *Sevinger*［2006］ECR I – 8055，para 44.

约》在这方面跨出了很大一步：《里斯本条约》第 2 编的四个条款更为一致，关于欧盟民主复杂性的跨学科讨论也产生了一些成果。①

很多在成员国法律话语中非常突出的关于民主原则具体化的概念在界定欧盟民主原则时被废弃了。尤其是将民主理解为"人民"（das Volk）（与英文中的 people 相比，德语中的 Volk 多了些强调民族身份的"族民"色彩——译者注）意义上的"人民治理"的理论——只要该术语仍被理解为实体性、整体性概念的话语。这种理解在欧盟层面几乎没有实证基础。尽管可以将"人民"（das Volk）形式性地推进并理解为康德意义上的全体欧盟公民的集合②，但考虑到《欧盟条约》第 1（2）条和第 6（3）条以及《欧共体条约》第 189 条，这种理解是没有说服力的。这些规范表明，欧盟语境下的民主原则必须独立于"人民"的概念来进行理解。欧盟公民身份的概念可能是一个替代方案。《里斯本条约》第 9 条就采纳了这种共和主义平等传统的观点。欧盟民主应当从公民平等的角度进行理解。这一点本来可以在《里斯本条约》第 9 条中得到更明确的表达，但是它目前的形式仍然包含了一些不幸的家长式意义。

如果认为欧盟民主原则仅仅将欧盟个体公民置于中心位置，这将是一个误解。欧盟并未否定欧盟公民在成员国并经由成员国所形成的民主组织［《欧共体条约》第 17（1）条］。因此，在成员国内以民主方式组织起来的人民［《欧盟条约》第 1（2）条和第 6（3）条、《欧共体条约》第 189 条］得以作为有组织的联合

---

① F Schimmelpfennig, "Legitimate Rule in the European Union", 1996, p. 27, *Tübinger Arbeitspapiere zurInternationalen Politik und Friedensforschung*, available at www. uni-tuebingen. de/uni/spi/taps/tap27. htm（22th April, 2008）; H Bauer et al. （eds）, *Demokratie in Europa*, 2005; B Kohler-Koch and B Rittberger（eds）, *Debating the Democratic Legitimacy of the European Union*, 2007.

② A Augustin, *Das Volk der Europäischen Union*, 2000, p. 62, pp. 110ff.

参与到欧盟的决策过程中。欧盟的民主原则应当建立在两项要素之上：条约中提到民主原则时，一方面指的是成员国公民，另一方面是指欧盟公民。在这一基本层面上决定欧盟民主原则的核心要素就这样被命名了。欧盟建立在双重合法性结构之上：全体欧盟公民和根据各国宪法组织起来的欧盟各国人民。这一概念可以通过《里斯本条约》第10（2）条清晰地看出来。

在这一点上就产生了欧盟宪法理论的核心问题：是否这预设了两种结构上不同的合法性主体的存在，或是要在不同的理论传统中去理解，抑或是否存在单一的合法性基础。① 这种双重路径似乎在主张一种基于个人的、民主的理解和基于人民的、宏观主体的全局性理解之间的妥协的政治设计。② 然而，这样一种调和的概念似乎在理论层面上就有问题。仅仅将既是成员国公民也是欧盟公民的个人作为合法性的唯一主体似乎在理论上更有说服力，③ 然而，这种理论定位在法律发展中需要仔细运用。

但到底是怎么回事呢？有些作者像理解其他民主一样将欧盟民主理解为政治自决的一种方式。④ 事实上，欧盟可以被解读为一个保护欧洲人免于美国或俄罗斯控制的机构。但是这并不符合后殖民时代政治自决的定义。政治自决可以首先在个人自决的意义上理解。然而，在这个意义上解释欧盟那些很难让人理解的程序超越了传统的想象，或至少超越了作者的想象。此外，这种理解可能会鼓励那些排斥他者的不宽容行为。另一个方案就是将民主

① J von Achenbach, "Theoretische Aspekte des dualen Konzepts demokratischer Legitimation für die Europäische Union", in S Vöneky et al. (eds), *Legitimation ethischer Entscheidungen im Recht*, 2009, p. 191.

② S Dellavalle, "Between Citizens and Peoples", 2 – 3 *Annual of German & European Law*, 2004, vol. 5, p. 171.

③ I Pernice, *Europäisches und nationales Verfassungsrecht*, 2001, p. 60; *Veröffentlichungen der Vereinigung der Deutscher Staatsrechtslehrer*, p. 148, pp. 160ff and p. 176.

④ C Möllers, *Gewaltengliederung*, 2005, pp. 28ff; mostprominently, Habermas, above n 16, 90, 315ff and *passim*.

解释为集体自决。这在一个强大的民族概念基础上的民族国家中似乎是可行的。然而，它无法转换到欧盟层面，因为这样一个集体、这样一个政治联合的形式、这样一个"我们"是没有的。因此，这一概念的后果是欧盟现在无法被视为是"民主的"。尽管这一结论在理论上是可以争辩的，但是对于法律教义是没用的，因为它无法给出一个实证法术语［《欧盟条约》第6（1）条中的"民主"］的含义。

因此，政治自决对于理解成员国的民主也是不太可能的。考虑到它们在欧盟的成员身份，成员国公民或人民无法行使自决权。因此，这种民主概念对于欧盟民主只有批判潜力，却无助于为《欧盟条约》第6（1）条提供含义。相关的哲学概念则与"规制性观点"相关，① 其效果限于实证法分析，而不应当与法律原则纠缠不清。因此，我们需要概括一个不那么宏大的、关注于代议制和控制的民主概念。

b）民主原则和机构结构

民主原则在代议制机构中得到了最重要的表达，《里斯本条约》第10（1）条就是基于此。近20年的讨论显示，议会制是唯一选择，但是要适应当前的需要。② 根据双重合法性的基本前提，选举提供了两项民主合法性。在机构上，这两项分别由欧盟公民全体所选举的欧洲议会和成员国公民通过理事会和欧洲理事会所代表［见《里斯本条约》第10（2）条］。在目前的宪法情况下，存在着成员国议会对合法性的清晰的主导［正如《欧盟条约》第48条所显示的］以及理事会和欧洲理事会在欧盟程序中的优势地位。从这一点来看，人们就会理解《里斯本条约》第12条所列的对成员国议会的要求。

---

① J Habermas, Between Facts and Norms（reprint 2008），215ff.
② A von Bogdandy, "Parlamentarismus in Europa", *Archiv des öffentlichen Rechts* 445，2005，p. 130.

　　人们可能会怀疑作为民主原则之具体化的双重合法性原则是否可以完全形成，因为欧洲议会的共决程序并未被纳入所有权能领域，也不是所有的重要决议都需要其批准，其他机构更不是就其所有法令都要对欧洲议会做出答复。鉴于目前的法律状况，该原则可以被理解为欧盟法令的民主合法性源自理事会和欧洲议会，这在立法性行动方面是正常情况。① 然而，法律原则并不决定某一情况是否是正常情况（即某一情形中哪个机构应当负责做出决定）②；这取决于各自的权能。③ 对议会权力扩张的需求仍然存在于政治领域中。

　　如果说民主原则的法律影响是有限的，那么其意义则是巨大的。即使不能代表一个人民，跨国议会还是可以被赋予民主合法性；此外，一个政府机构也可以这么做。这和成员国宪法形成了鲜明对比。即使在联邦制宪法中，联邦组成单位的政府代议制机构也极少被认为在赋予民主合法性方面扮演着角色。④ 单一人民的观念太强大了。相反，根据欧盟的民主原则，欧盟行政联邦主义⑤则具有其自有的民主意义。民主原则常常通过议会在整体宪法结构中的具体地位来得以具体化。对欧洲议会的研究和欧洲议会自身都仍在寻求一个指引性模式。

　　c）透明性、参与性、审议性和灵活性

　　民主原则在欧盟中比在民族国家语境下面临更大的挑战。这可能是获得更大的私人自由的代价。与民族国家相比，欧盟的面

---

① Case C - 133/06, above n 111, para 63, explicitly regarding Art 289 TFEU.
② 这与如下政治诉求无关：在理事会多数决的情形中欧洲议会至少应当共同决定。
③ 因此，民主原则并不是权能划分的标准：Case C - 300/89, above n 284, paras 20ff；然而，佐审官的意见是有误导性的。
④ A Hanebeck, *Der demokratische Bundesstaat des Grundgesetzes*, 2004, pp. 199ff, pp. 279ff, pp. 312ff.
⑤ 更多内容，参见 S oeter, Federalism and Democracy, in von Bogdandy (eds) *Principles of European Constitutional Law*, Beck-Hart Publisher, Publisher 2010, 235 - 272。

积和宪制的多样性，中央机构与欧盟绝大多数公民的物理距离以及那些机构的复杂性只是针对民主原则而施加的部分限制。有鉴于此，实现民主原则的深化战略受到了比在国家背景下更大的关注。然而，过去 20 年间讨论的一个重要结果是这些深化战略只能补充而不能取代议会制。透明性、受影响者的参与性、审议性和灵活性都具有特别的意义；《里斯本条约》第 11 条就反映了这一点。

第一个议题，政府行动的透明性，也即可理解性和究责的可能性。本原则在成员国背景下仅与民主原则存在很边缘化的联系。当法律要求决定"尽可能公开做出"（即透明）时，欧盟宪法就会将其置于宪法发展的最前沿了。《阿姆斯特丹条约》就在《欧盟条约》第 1（2）条中宣布了这一点并将其置于显眼位置。欧盟法中透明性的具体民主含义在《里斯本条约》第 11（1）条和第（2）条中得到了确认。

透明性要求对动机的知晓。从一开始，共同体法就规定了对立法性法令提供理由的义务（《欧共体条约》第 253 条），这在成员国法律秩序中很少见。这一义务首先被认为是来自法治原则的视角，[①] 然而其跟民主原则的联系也很快得到了普遍认可。《欧共体条约》第 255 条中规定的获得文件的权利对于透明性的实现也特别重要，它已成为很多案例法的主题。[②] 更进一步的是理事会对立法性措施的投票记录的公开性。[③] 这方面涉及选举之外的政治参与的形式。民众咨询似乎是一个明显的工具，全民公决有时候也被用来对成员国在欧盟议题上的决定进行合法化（例如加入欧盟

---

① H Scheffler, *Die Pflicht zur Begründung von Maßnahmen nach den europäischen Gemeinschaftsverträgen*, 1974, pp. 44ff, pp. 66ff.

② J Heliskoski and P Leino, "Darkness at the Break of Noon", *CML Rev*, 2006, vol. 43, p. 735.

③ Fourth Sentence of Art 207 (3) EC; C Sobotta, *Transparenz in den Rechtsetzungsverfahren derEuropäischen Union*, 2001, pp. 144ff, pp. 198ff.

或批准欧盟新条约）。将这一工具拓展到欧盟层面的建议已多次被提出。① 在《里斯本条约》中进行了限制性设计的公民倡议没有达到这一要求。② 作为一种实现民主原则的方式，现在很难评估其可能的重要性。

尽管欧盟在民众咨询方面没有经验，但是它在允许特定利益集团参与政治过程方面有很多经验。研究显示，允许利益相关方或者受影响者参与可能会是深化民主原则的途径。③《里斯本条约》第 10（2）条就是基于这种理解。然而，政治平等原则必须得到尊重，对参与必须进行设计以避免政治僵局或者因强大、有组织的集团而导致的所谓的代理俘获问题。

此外，让欧盟更加灵活也跟民主相关。④ 它允许一个民主的全国多数派得到尊重，但是如果这个全国多数派在欧盟范围内是少数派，则它无法挫败欧盟多数派的意愿。然而，如何确保内部市场的竞争性和平等性以及如何在更加复杂的决策过程中确保民主透明性的难题依然存在。⑤ 此外，《欧盟条约》第 50 条规定的退出欧盟的可能性也服务于民主原则，因为，当欧盟的主导地位不再具有或被认为不再具有合法性时，该条款为进行民族自决提供了支撑。⑥

---

① H Abromeit, "Ein Vorschlag zur Demokratisierung des europäischen Entscheidungssystems", 1998, *Politische Vierteljahresschrift* 80.

② A Epiney, "Europäische Verfassung und Legitimation durch die Unionsbürger", in S Kadelbach (ed), *Europäische Verfassung und direkte Demokratie*, 2006, p. 33, pp. 46ff.

③ B Kohler-Koch, "The Organization of Interests and Democracy", in idem and Rittberger (eds), *Debating the Democratic Legitimacy of the European Union* (2007), 255.

④ D Thym, "Supranationale Ungleichzeitigkeit im Recht der europäischen Integration", *Europarecht*, 2006, p. 637.

⑤ J Wouters, "Constitutional Limits of Differentiation", in B de Witte et al. (eds), *The Many Faces of Differentiation in EU Law*, 2001, p. 301.

⑥ J - V Louis, "Le droit de retrait de l'Unioneuropéenne", *Cahiers de Droit Européen*, 2006, p. 293.

d）超国家民主：一个评估

前述讨论显示民主原则正在欧盟层面缓慢成形，其建立在既有概念的基础上同时进行了许多创新性的尝试和深度修正以推进欧盟层面的可行的民主。对既有国家宪法教义的最重要的概念修正就是一个民族的政治联合概念——大多数学者认为这个概念对于民主宪政国家而言是基础性的（即使对联邦制也是如此）。欧盟缺少这种政治联合；相反，它是建立在独立的、在国家层面上组织起来的人民这一基础上的。① 这一理解在保证对成员国人民的尊重以及保障人民在欧洲理事会和理事会决策过程中的核心角色等方面可找到其宪法表达。《里斯本条约》第2条中一个欧洲社会的预设也没有在这方面带来改变。

因此，尽管民主原则在成员国宪法中——在全体公民的政治平等性的意义上——极大地影响了组织体制②，但是欧盟的组织必须在同一层面上展现多样性。这并非全然的创新，而是可以用民主原则来调整。③ 这一特点可以解释甚至正当化对政治平等性原则的某些限制④以及欧洲议会的相对弱势地位。或许，这些要素甚至可以被视作对民主的超国家理解的界定性要素。⑤

另一个法律问题是，民主原则是否鼓励了司法能动主义。在组织体制和机构间关系尤其是理事会和欧洲议会的关系中，司法

---

① RM Lepsius, "Die Europäische Union alsHerrschaftsverbandeigenerPrägung", in C Joerges et al. （eds）, *What Kind of Constitution for What Kind of Polity?* 2000, p. 203, pp. 210ff.

② K Hesse, *Grundzüge des Verfassungsrechts der Bundesrepublik Deutschland*, 20th edn, 1999, paras 125, 130.

③ G Frankenberg, in E Denninger et al（eds）, *AK-Grundgesetz*, 2001, Art 20 （1 - 3）I, para 37; C. Schmitt, *Verfassungslehre* （1928, 8th edn, 1993）388ff.

④ F Arndt, "Ausrechnen statt aushandeln", *Zeitschrift für ausländisches öffentliches Recht und Völkerrecht*, p. 247, p. 251, 2008.

⑤ P Magnette, "European Democracy between Two Ages", in Barnard（ed）, *The Fundamentals of Eu Law Revisted* （2007）, 13; "MNettesheim, Demokratisierung der Europäischen Union und Europäisierung der Demokratietheorie", in Bauer et al. （eds）, *Demokratie in Europa* （2005）, 143.

能动主义只在最小的限制范围内是可能的。事实上，理事会是一个实现了民主原则的机构，欧盟宪法中没有任何规定支持欧洲议会的优势地位。或许《里斯本条约》第 10 条可以被理解为支持双重合法性的预设；这一预设可能允许更多的司法能动主义。即使在今天，该原则在透明性、受影响者的参与性[①]和机构间法律等领域中的运作也是建立在该意义之上的。[②]

5. 团结原则

欧盟宪法主义的最后一个经典原则是团结。根据团结原则，公共权威组织的公民之间应结合与互助。[③] 该原则的宪法基础不是《欧盟条约》第 6 条而是第 1（3）条和第 2 条。还有一个值得注意的文本上的发展。在最初形成阶段，《欧洲经济共同体条约》仅主张成员国之间更深层次的关系，这跟第一前言之间仅存在很弱的联结——其规定条约旨在实现"一个欧洲人民之间日益紧密的联盟"。但其后续的发展逐渐接近了前言的崇高目标。《马斯特里赫特条约》引入了现在的文本。用"团结"一词取代"关系"可以被理解为从基于国际关系的联盟到作为联邦实体的联盟的概念转换。《欧盟基本权利宪章》强调了团结原则的核心性，并为该原则分配了一编的内容。其发展还受到使欧洲得以积极地与美国区别开来的欧洲社会模式的观念的影响；这一点构成了《里斯本条约》第 3（3）条的背景。

尽管如此，团结并未列入《欧盟条约》第 6 条和里斯本版《欧盟条约》第 2 条的基本原则之中。这里存在一个重要的紧张关系：在欧洲内部再分配中负责"给与"的那些成员国和得以"获

---

① Case T – 135/96, UEAPME v. Counal［1998］ECR Ⅱ – 2335, paras 88 ff.

② Cases T – 222/99, T – 327/99 and T – 329/99 *Martinez et al v Parliament*［2001］ECR Ⅱ – 2823, para 195.

③ T Kingreen, *Das Sozialstaatsprinzip im Europäischen Verfassungsverbund*, 2003, pp. 22 ff, pp. 128 ff; M Lais, *Das Solidaritätsprinzip im europäischen Verfassungsverbund*, 2007, pp. 25 ff.

取"的那些成员国之间的紧张关系。《里斯本条约》第 2 条增加了这一紧张关系——它没有将团结规定为欧盟的价值之一（条约本可以做如是规定），而是将其规定为复杂的欧洲社会的价值之一。为了描绘欧洲社会模式，第 3（3）条和第 3（2）条引入了社会平等的目标，这一平等被认为是成员国之间的平等而非公民之间的平等。在共同外交和安全政策中的团结原则 [《欧盟条约》第 11（2）条，即《里斯本条约》第 24 条] 也是如此。与民族国家相比，欧洲共同体在团结方面的限制包括缺少完全的防卫共同体、《欧共体条约》第 100 条和 103 条（《欧盟运行条约》第 122 条和第 125条）所包含的责任排除以及由欧盟负责组织并通过欧盟实现的再分配规模的过小。① 从这些可以看出，作为团结原则最重要方面的再分配并未被列入欧盟的合法性基础之一。成员国在实现其民族联合的社会制度方面的自主性仍在很大程度上未被触及。

更狭义一点来说，团结是一项欧盟法原则，其设计再一次表明欧盟既不是一个国际组织也不是一个联邦制国家。尽管成员国之间的团结还未构成太多司法能动主义的基础②，但它已强化了很多重要的法律概念，如法律的共同体和忠诚合作原则。③ 从宪法角度来看，更有意思的是欧盟法也旨在促进成员国内的人际团结。特别是，欧盟公民身份要求在成员国制度中对成员国公民的平等对待，也要求"成员国本国公民和其他成员国公民之间一定程度的财政团结"④。有迹象显示欧盟旨在促进欧洲民族的发展，并建

---

① Council Decision 2007/463/EG on the system of the European Communities' own resources，[2007] OJ L163，17.

② Cp Case C – 149/96 *Portugal v Council* [1999] ECR I – 8395，paras 83ff；Case 126/86 *GiménezZaera* [1987] ECR 3697，para 11.

③ Case 39/72 *Commission v Italy* [1973] ECR 101，paras 24ff.

④ Case C – 184/99 *Grzelczyk* [2001] ECR I – 6193，paras 31，44；K – D Borchardt，Der sozialrechtliche Gehalt der Unionsbürgerschaft，2000，*Neue Juristische Wochenschrift* 2057；T. Kingreem，Das Sozialstaatsprunzip im Europaisdnen Verfassungsverbund（2003），414ff.

立一个基于团结的、可在全球竞争中获胜的包容性社会（注意多元性）。① 这让人们想起 20 世纪 80 年代当成员国政府通过欧共体实施大规模经济现代化计划时启动的单一市场计划。今天，在社会现代化背景下边缘性族群被纳入人们关注的焦点。它服务于强化欧洲竞争力的里斯本战略（排斥和歧视是昂贵和不经济的）以及一个与全球化相容的新的欧洲社会模式的发展。《里斯本条约》第 3（3）条要在这个背景下来解读。

六　结语

将欧盟和成员国宪法的基本原则进行对比可以同时发现连续性和创新性。如果成员国原则从统一性的前提中脱钩，即如果人民、国家和主权等概念不再是核心的而是边缘性的，如果代议制不是某些实体的具象化而是利益集合的工具，如果法律规范规定的不是公意的至高真理而是谈判的结果，如果法律不是共同价值的表达而是共同价值的功能对等物，那么这种连续性就会增加。成员国宪法越多地被视作社会和政治多元主义的宪法，成员国和超国家基本原则的对话就会越好。

民主原则及促进团结的原则与保护多元性的原则之间的关系已被证明在哲学上是二律背反的。② 在哲学原则的术语中，这种矛盾可以被诠释为由欧盟法所保证的平等自由与通过成员国组织起来的多元性之间的紧张关系。在这一点上，卡尔·施密特很可能是对的：实质稳定在一个真实的（质化的）邦联中是非常不可能的。③ 然而，更可能的是，在一个快速变化的、互相依存的世界

---

① A Somek, *Individualism* (2008), 245 ff.

② I Kant, kritik der reinen Vernunft (2nd edn, 1787) 392, 444; S Oeter, "Federalism and Democracy", in Von Bogdandy (eds) *Principles of European Constiutional Law*, Beck – Hart Publisher, 2010, pp. 55 – 78.

③ C Schmitt, Verfassungs lehre (1928, 8th edn, 1993) 370 ff.

中，实质稳定只是一个过时的、虚幻的白日梦。幸运的是，真正
重要的问题不是实质稳定性，而是本文所讨论的这些原则的实现。
它们的实现似乎是艰难的，但最终会是光明的。

Principles of European Constitutional Law:
A Doctrinal Analysis
By Armin von Bogdandy

Translated by Yang Guodong

Abstract: Since the integration of Europe from the economic com-
munity to the political community, the question of the constitutionaliza-
tion of the EU as a supranational organization has emerged. Starting from
the doctrinal theory of constitutional science, this article first reviews the
important theoretical issues of the existing legal doctrinal research on
constitutional principles. On this basis, this article refines the general is-
sues of the principles and doctrines of the EU Constitution, and continues
to examine the possible role of the basic principles of the EU Constitution
from two aspects: the relationship between the EU and the member states
and the relationship between the individual and the EU. The concepts of
this role expound its legitimacy and possibility as a basic principle of the
EU Constitution. The tension between the unity of the community and the
diversity of the member states forms a context that must be paid special at-
tention to when examining these concepts. Finally, this article points out
that in this era, substantial stability may be an outdated idea, and the im-
plementation of these basic principles of the EU Constitution is the focus.

Keywords: Principle Doctrine; Unity; Pluralism; Constitutional-
ization

《法律和政治科学》（2021 年第 1 辑·总第 3 辑）

第 074~095 页

© SSAP，2021

新中国成立初期平抑物价工作中的政府与市场关系

——基于国家能力理论

曲冠青[*]

【摘　要】政府与市场关系是中国经济发展中的重要问题，然而已有研究之间缺乏联系，现实感弱，在方法和理论应用方面存在空白。本文在概述新中国成立初期平抑物价这一历史事件的基础上，结合历史分析方法和国家能力理论，归纳政府与市场关系的相关概念，并建立概念框架，说明其作用和联系。平抑物价工作分为四个阶段，这项工作体现了政府与市场关系中的能力、制度、人民立场三个概念。概念框架中，能力决定政府与市场关系的实现；制度承载能力对市场起导向作用；人民立场代表政府与市场关系的价值追求。本文认为，对于政府与市场的关系问题应当结合中国经济史做进一步研究。

【关键词】平抑物价；国家能力；政府与市场关系

＊　曲冠青，中国社会科学院研究生院博士研究生。

一 引言

政府与市场的关系是中国经济发展的重要现实问题，也是中国经济学理论探索的重要着力点。① 共和国七十余年的经济发展历程，可以看作政府与市场关系不断协调、不断创新的过程。十一届三中全会以来，市场在我国资源配置中的作用愈发明显，2020年4月，中央发布要素市场化配置意见②，"市场化"的重要性进一步提升。但总体而言，社会主义市场经济仍然处于初期发展阶段，政府与市场的关系仍需梳理。特别是近年来在经济转型升级过程中，国企改革、环境保护、产业政策、金融去杠杆等一系列问题，均涉及政府与市场的关系。研究好、处理好政府与市场的关系，对中国经济发展具有重要意义。

已有众多学者对中外政府与市场关系问题进行研究。例如林毅夫运用新结构经济学解释中国经济增长过程中政府与市场的互动，③ 周黎安运用"政治晋升锦标赛"解释中国地方经济发展，④ 聂辉华对政企合谋的关注，⑤ 等等。无论是日本的通商产业省、韩国的经济企划院等政府机构，还是我国台湾地区的尹仲容、严家淦等官员，都在经济发展中扮演了重要角色。对此外国学者多有

---

① 谢伏瞻：《中国经济学的理论创新：政府与市场关系的视角》，《经济研究》2019年第9期。

② 新华社：《中共中央国务院关于构建更加完善的要素市场化配置体制机制的意见》，资料来源：http://ww.xinhuanet.com/politics/zywj/2020 – 04/09/c_1125834458.htm，最后访问时间：2020年4月9日。

③ 林毅夫、蔡昉、李周：《比较优势与发展战略——对"东亚奇迹"的再解释》，《中国社会科学》1999年第5期；林毅夫：《新结构经济学的理论基础和发展方向》，《经济评论》2017年第3期。

④ 周黎安：《中国地方官员的晋升锦标赛模式研究》，《经济研究》2007年第7期；周黎安：《"官场+市场"与中国增长故事》，《社会》2018年第2期。

⑤ 聂辉华、李金波：《政企合谋与经济发展》，《经济学（季刊）》2006年第1期；聂辉华、张雨潇：《分权、集权与政企合谋》，《世界经济》2015年第6期。

关注，例如查默斯·约翰逊的《通产省与日本奇迹》从政府角度解读日本现代经济发展。[①] 而对于欧洲近代资本主义的兴起与繁荣，查尔斯·蒂利、琳达·维斯和约翰·霍布森等学者亦从国家层面进行了阐述。[②]

然而本领域研究，特别是有关中国政府与市场关系的研究仍有不足。第一，已有研究之间缺乏有机联系。现阶段本领域内众多成果在理论层面存在相似性，例如对"能力""制度"等概念反复提及，但学者之间少有沟通，总体处于各自为政的状态，即便同为强调政府作用的学者，对政府作用的认识也大相径庭[③]。第二，国内目前主要采用数理模型和计量方法研究政府与市场关系问题，但政府与市场关系不仅是一个理论问题，更是一个现实问题，单纯应用数量方法，则相关研究难以呈现政府与市场互动过程中的具体环节和必要细节，削弱了研究的现实感。第三，方法和理论层面，部分外国学者在比较政治经济学领域研究政府与市场关系，采用"历史分析/历史比较"方法，并形成了"国家能力"等理论创设。[④] 上述方法及理论的应用不仅在日本和西方国家的研究中产生了相应成果，而且在俄罗斯等转轨国家中[⑤]乃至现代中国的研究中[⑥]产生

---

① 参见〔美〕查默斯·约翰逊《通产省与日本奇迹》，戴汉笠等译，中共中央党校出版社，1992。

② 参见〔美〕查尔斯·蒂利《强制、资本和欧洲国家（公元990–1992年）》，魏洪钟译，上海人民出版社，2012；〔澳〕琳达·维斯、约翰·霍布森《国家与经济发展》，黄兆辉、廖志强译，吉林出版集团有限责任公司，2009。

③ 曼瑟·奥尔森认为应当建立一个"强化市场型政府"，政府的作用在于维护市场秩序，参见〔美〕曼瑟·奥尔森《权力与繁荣》，苏长和、嵇飞译，上海人民出版社，2005。而查默斯·约翰逊笔下通商产业省的行政指导职能显然不限于此，甚至涉及银行贷款发放、企业产量协调等方面内容。

④ 朱天飚：《比较政治经济学》，北京大学出版社，2006，第100页；朱天飚：《比较政治经济学与比较历史研究》，《国家行政学院学报》2011年第2期。

⑤ 参见〔俄〕阿莉娜·莱德尼娃：《俄罗斯社会的潜规则：后苏联时代政治与商业领域中的寻租行为》，王学东等译，吉林出版集团有限责任公司，2009。

⑥ 参见 Yuen Yuen Ang, *How China Escaped the Poverty Trap*, Ithaca: Cornell University Press, 2016。

了相应成果。但是目前，国内学者一方面对历史分析方法和国家
能力理论的应用十分少见（较为难得的例子如郝煜结合国家能力
理论探讨"中华帝国"晚期的经济社会问题）;① 另一方面在其他
研究中，学者们又涉及类似方法和概念，例如吕铁和贺俊过程性
地回顾了中国高铁的发展，认为"对政府干预效果的完整理解需
要同时纳入激励和能力两个维度"②。总体上，在政府与市场关系
领域，国内尚未出现对相关方法及理论的系统应用。

恰当选取历史事件并结合国家能力理论进行分析，能够弥补
既有研究的不足。历史研究注重对事件的叙述与挖掘，从特定历
史事件出发，可以还原政府与市场完整的互动过程；借助国家能
力理论，能够归纳相关概念，进而梳理不同概念之间的联系，构
建概念框架，最终得以在保持研究现实感的同时，提升对中国政
府与市场关系问题的认识。

本文选取新中国成立初期平抑物价工作这一历史事件，对其
进行具体分析，并结合国家能力理论，归纳事件中所体现的相关
概念，旨在构建政府与市场关系的概念框架。本文后续安排如下：
第二部分说明事件选取的原因及事件主要经过；第三部分说明理
论选取的原因，并归纳事件中所体现的相关概念；第四部分在事
件及理论的基础上，说明各个概念的作用及相互关系，构建政府
与市场关系的概念框架；第五部分总结全文。

二 新中国成立初期平抑物价工作的研究价值及主要经过

新中国成立初期平抑物价工作指 1949 年至 1950 年，陈云及中

① 郝煜:《中华帝国晚期的一个政治经济学框架》,《经济资料译丛》2016 年第 3 期。
② 吕铁、贺俊:《政府干预何以有效:对中国高铁技术赶超的调查研究》,《管理世界》2019 年第 9 期。

财委采取经济、行政等措施，平抑大中城市连续上涨的物价的完整过程。毛泽东曾高度评价此次工作，指出"其功不下于淮海战役"。

已有对新中国成立初期平抑物价工作的研究侧重于控制通胀方面，[①] 而对这一事件的认识亦可从政府与市场关系角度予以发掘。市场经济条件下，价格由供求关系决定，价格决定的过程属于市场自发行为；当货币超发使市场力量无法有效调节物价时，政府介入价格决定过程、完成平抑物价目标，体现了政府与市场二者的互动。新中国成立初期属于新民主主义社会，社会主义改造尚未进行，国营经济初步建立的同时，金融投机势力仍有活力，经济运行包含政府与市场两个要素，可以将平抑物价工作看作处理政府与市场关系的具体范例。

除可比性外，平抑物价工作还在两方面具有独特价值。首先，新中国成立初期是构建国家能力的重要时期，平抑物价工作是其中的重要环节，应用国家能力理论对其进行阐释，"历史"和"理论"彼此契合。[②] 其次，新中国成立初期尚未形成既得利益群体，也不存在纷繁芜杂的经济理论，平抑物价各项政策完全从实际出发，目标明确、效果明显，这令这一事件体现出鲜明的现实意义。

总体而言，平抑物价工作的既有研究成果丰富，历史事实总体清晰，研究具备可行性。本部分按时间顺序，分四个阶段概述

---

① 参见周太和《建国初期经济战线上的"三大战役"（上）》，《党的文献》1988 年第 3 期；龚建文《建国初期抑制通货膨胀的措施和经验》，《中国经济史研究》1990 年第 3 期；邹荣庚《其功不下于淮海战役——建国前后陈云平抑物价的历史启迪》，《上海党史研究》1995 年第 3 期。

② "无论在民族国家层面还是跨国地缘背景之中都有一类特殊的'重组事件'值得我们进行研究。考察在重大战争完结之时出现的国家重组，特别能启发人们理解有关国家结构的诸多基本问题"，参见〔美〕彼得·埃文斯、迪特里希·鲁施迈耶、西达·斯考克波编《找回国家》，方力维、莫宜端、黄琪轩等译，生活·读书·新知三联书店，2009，第 491 页。已有学者应用国家能力理论研究美国早期的国家构建，参见包刚升《强国家抑或弱国家？——联邦党人的国家理论与美国早期国家构建》，《复旦学报（社会科学版）》2014 年第 5 期。

平抑物价事件的主要经过。

（一）上海财经工作会议

新中国成立前后出现过四次物价上涨，仅前三次上涨即使全国 13 个大城市的批发物价指数从 1948 年 12 月的基期 100，攀升至 1949 年 10 月的 7484.2。[①] 物价大幅上涨对人民群众生产生活造成极大干扰，1949 年 7 月，中央财经委员会（以下简称"中财委"）成立，陈云就任主任后立刻在上海召开会议，研究、部署以稳定金融物价为中心的经济工作。物价连续上涨的根本原因在于战争导致的货币超发，"从根本上解决这一困难，要靠军事上的彻底胜利"[②]。此外长期通胀还造成两个遗留问题：第一，投机猖獗，形成了专门的投机资本；第二，对纸币不信任，普遍使用实物货币和外币。[③] 这加大了平抑物价的难度。

上海财经工作会议全面分析了财经工作面临的困难，并归纳了后续工作方针。首先要实现货币统一，"在处理金融问题时，必须有全局观点……像抗战时期那样，发几种票子，既可照顾后方，又可照顾前方的办法，已经不再适用"[④]。货币统一后才有条件解决收支不平衡问题，收支不平衡是经济秩序混乱、长期恶性通胀的根源。通过公粮、税收、发钞、发债的安排，"努力求得收支大体平衡，以便使经济走上健全发展的道路"[⑤]。考虑到物价上涨形势急迫并直接影响人民群众对新中国经济工作的评价，通胀问题不能完全依赖货币和收支进行调节，还需要进行物资调运和投放，采取直接措施平抑物价。总之，一切工作都是为了恢复生产、发

---

① 吴承明、董志凯：《中华人民共和国经济史（1949-1952）》，社会科学文献出版社，2010，第 221~222 页。
② 《陈云文选》第 2 卷，人民出版社，1995，第 1 页。
③ 薛暮桥、吴凯泰：《新中国成立前后稳定物价的斗争》，《经济研究》1985 年第 2 期。
④ 《陈云文选》第 2 卷，人民出版社，1995，第 5 页。
⑤ 《陈云文选》第 2 卷，人民出版社，1995，第 9 页。

展经济、照顾人民生活。

（二）以人民币占领市场

与上海财经会议不同，以人民币占领市场是一个持续过程。1949年初，人民政府即开始金圆券兑换工作，首先在京津地区兑换，其后在宁沪、华南和西南地区兑换，均较为顺利。对解放区地方币，人民政府坚持负责到底的方针，兑换过程也较为顺利。实际上，人民币占领市场的主要对手是"黄白绿"，即以黄金、银圆、美钞为代表的实物货币和外币。由于国民党政府滥发纸币，民间不得不以金银外币作为流通手段。这在一方面形成了庞大的金融投机势力——1948年上海一地即有50余万人参与金融投机活动；[①] 另一方面也加剧了物价波动——从上海解放到6月9日，银圆价格上涨五倍，进而刺激物价上涨。[②]

由于此时金银外币既有投机性，又有流通性，因此，在以人民币占领市场的过程中，中财委及各级人民政府采取了多种方式、若干步骤予以应对。对投机行为，人民政府坚决打击：1949年3月北京市军管会缉查银圆黑市，三天拘捕银圆贩子380人；上海市人民政府6月查封证券大楼，缉获投机分子1000人，拘捕犯罪情节严重的200人。[③] 与行政打击相配合，人民银行对金银外币挂牌兑换。为防止集中兑换导致人民币超发，人民银行还采取了先低价兑换，再逐步调高牌价的方式，稳妥完成相关工作。收兑完成后，人民政府进而推行政策提升人民币信用、扩大人民币流通：宣布人民币为唯一法定货币；在铁路交通、完粮纳税等事务中以

---

① 吴承明、董志凯：《中华人民共和国经济史（1949—1952）》，社会科学文献出版社，2010，第218页。

② 薛暮桥、吴凯泰：《新中国成立前后稳定物价的斗争》，《经济研究》1985年第2期。

③ 吴承明、董志凯：《中华人民共和国经济史（1949—1952）》，社会科学文献出版社，2010，第218页。

人民币进行支付结算；人民银行推广折实储蓄，减少群众对人民币通胀的顾虑。通过采取上述措施协调配合，到 1951 年 10 月，新中国建立起全国统一的人民币市场。

（三）调运物资、平抑物价

1949 年下半年至 1950 年上半年，中财委领导了全国范围内的物资调运，并在各大城市进行物资抛售以平抑物价，其中尤以 1949 年应对第三次物价上涨的措施最具代表性。1949 年 10 月第三次物价上涨之始，中财委即急电东北，要求每天向北京发出一列运粮火车，粮食运抵后立即在天坛打席囤储，同时北京公安惩处不法粮商，基本稳定了北方粮食市场。上海在调运物资后曾尝试平价抛售，但由于物资有限和投机资本迅速买入，国营部门再次丢失定价权、商品牌价重新跟随市价涨落。11 月中旬中财委具体分析了货币和商品情况，预计综合物价指数与 7 月底相比，约上升了 2～2.2 倍。[1] 在此情况下，中财委 11 月 13 日发出指示，在各地紧急调运物资的同时，仅保持必要的门市销售。另外，中财委设法紧缩通货：规定国营企业现金必须存入人民银行，不准存入私营钱庄或进行投机交易，指示人民银行除特批外一律暂停贷款和支付，部分地方经费推迟发放，继续推广折实储蓄。[2] 在完成物资和通货两方面准备后，11 月 25 日各大城市统一进行物资抛售，十天的抛售使物价下降了 30%～40%，物价水平回到 7 月底的 2 倍多。[3] 物价大幅下降令投机商不得不抛货还债，仅上海就有数十家粮食批发商倒闭。第三次物价上涨迅速平息。"荣毅仁事后表示，中共此次不用政治力量，而能稳住物价，

---

[1] 参见《陈云文选》第 2 卷，人民出版社，1995，第 30 页。
[2] 薛暮桥、吴凯泰：《新中国成立前后稳定物价的斗争》，《经济研究》1985 年第 2 期。
[3] 柳随年、吴群敢：《恢复时期的国民经济（1949—1952）》，黑龙江人民出版社，1984，第 27 页。

给上海工商界一个教训。"① 第四次物价上涨时，中财委调控经验更为丰富，产销安排、公债发行等工作相互配合，最终平息了物价波动。

（四）统一财经

物价上涨的根本原因在于财政收支不平衡，统一财经是平抑物价工作的必要组成部分。1949 年 12 月陈云提出统一财经意见，1950 年 3 月政务院通过了《关于统一国家财政经济工作的决定》（以下简称"《决定》"）。统一财经包括统一收支、统一物资调度、统一现金管理等方面，例如，除批准项目外，公粮税收统一解缴中央粮库或中央金库；由中央贸易部及其他部门统一管理贸易与物资调度；人民银行总揽资金调度，除留存现金外，机关事业单位必须通过人民银行进行往来结算。为保证统一财经工作顺利推进，中共中央专门下发通知，要求各级党委完全、迅速地执行《决定》内容。在此情况下，统一财经工作仅用四个月左右即告完成，财政收支接近平衡，从而彻底结束了抗战以来连续 12 年的物价上涨局面。但是物价稳定后，财经工作"过于统一"、经济建设活力不足的问题开始出现，于是中央在 1951 年再次调整财政收支体制。

三　国家能力理论及平抑物价工作中体现的相关概念

20 世纪 70 年代，由于石油危机和东亚奇迹等因素的影响，国家主义在政治学和政治经济学领域重新得到重视，国家能力则成为对国家进行研究的重要概念和理论。乔尔·米格代尔将国家能力定义为"国家领导人通过国家的计划、政策和行动来实现其改

---

① 《陈云文选》第 2 卷，人民出版社，1995，第 52 页。

造社会的目标的能力"①；西达·斯考克波将国家能力定义为国家实施官方目标的能力，特别是在不利的经济社会环境下。② 虽然不同学者对国家能力的定义存在不同看法，但多数学者都认为国家能力并非一个只关注国家的单一概念，而是包含经济、社会等多方面因素。

既有对国家能力理论的应用集中于国家与经济发展领域，这和政府与市场关系问题的本质相同。国家能力理论中，国家相当于广义政府，或者说政府作为国家行政机构代表了国家权力的中心；市场则是当代资源配置和经济发展的重心。③ 因此应用国家能力理论探讨政府与市场关系问题，不仅符合新中国成立初期这一历史阶段的行为特征及时间特征，在逻辑上也是一致的。

国家能力理论发展过程中，既有对"国家自主性"的探求，也有对"国家能力制度基础""国家与社会互动"的商讨。④ 本部分从能力、制度、人民立场三个方面，归纳平抑物价工作中体现的相关概念。

（一）能力：自主性和协调性

如果将国家作为行为主体，自主性对能力而言是必不可少的，同时协调性也起着重要作用。国家自主性意指国家能够独立提出某种目标——这一目标不代表任何特殊阶层或团体的利益。⑤ 所谓

① 〔美〕乔尔·米格代尔：《强社会与弱国家：第三世界的国家社会关系及国家能力》，张长东等译，江苏人民出版社，2009，第5页。
② 〔美〕西达·斯考克波：《找回国家——当前研究的战略分析》，载彼得·埃文斯、迪特里希·鲁施迈耶、西达·斯考克波编《找回国家》，方力维、莫宜端、黄琪轩等译，生活·读书·新知三联书店，2009，第10页。
③ 朱天飚：《比较政治经济学》，北京大学出版社，2006，第5页。
④ 李剑：《转变中的"强"国家——国家能力的理论逻辑及其演进》，《国外理论动态》2014年第6期。
⑤ 〔美〕彼得·埃文斯、迪特里希·鲁施迈耶、西达·斯考克波编《找回国家》，方力维、莫宜端、黄琪轩等译，生活·读书·新知三联书店，2009，第10页。

国家能力，就是实现自主性目标的能力。国家凭借能力实现目标的过程，同样也是影响经济社会的过程，因此，能力的发挥需要与经济社会相协调，这就是能力的协调性。

新中国成立初期，虽然中共尚未形成对全国的有效控制，但此时新中国政府已体现出自主性。物资调运过程中，解放战争仍在继续，相关工作面临敌机轰炸、特务破坏等危险，仅 1950 年即有 3000 余名干部牺牲、匪特抢劫焚烧公粮 6500 万斤。[1] 尽管如此，中财委及各级政府仍坚决克服困难、完成任务。上海财经工作会议中，陈云亦曾强调，"旧上海那种公务人员与商人勾结起来，贪污舞弊，投机倒把的局面，不能再让它存在了"[2]。无论是面对敌对势力的直接威胁还是旧政府遗留的腐败官商关系，中财委都能克服负面影响，保证自身政策的执行，体现出了相应的自主性。

平抑物价工作同样体现出国家能力的协调性，这种协调性具体表现为：根据市场环境中的不同情况，科学制定差异化政策。例如，在以人民币占领市场阶段，对银圆投机分子进行缉查，对正常使用的金银外币则挂牌兑换，照顾了人民群众的利益，减少了收兑阻力；在挂牌兑换过程中，又充分考虑到银圆兑换和人民币发行的替代关系，通过逐步提高兑换牌价的方式，防止人民币投放速度过快从而引发二次通胀。在调运物资平抑物价阶段，中财委在北京进行粮食调运、天坛打席囤储，对投机资本进行预期管理；在上海则直接进入市场，利用大规模抛售迅速平息通胀。整个平抑物价过程中，中财委各项政策准备充分、配合密切，堪称教科书般的公开市场操作。

---

[1] 吴承明、董志凯：《中华人民共和国经济史（1949—1952）》，社会科学文献出版社，2010，第 225 页。

[2] 《陈云文选》第 2 卷，人民出版社，1995，第 5 页。

（二）制度：组织和规则

国家能力与制度关系密切。即便在封建国家，专制权力的普遍推行也需要制度支撑。对现代国家而言，制度建设更是其内在组成部分。国家能力理论在关注传统制度问题的同时，延续了韦伯的传统，强调官僚组织的重要作用。此时制度具有双重含义：既包括人为设计的体制与原则，也包括体现相应体制与原则的组织机构。制度建设在平抑物价工作的首尾两端分别有所体现：中财委及其工作人员的确立属于定义后半部分的组织问题，而统一财经则属于定义前半部分的规则问题。

平抑物价工作开展前，中共中央和陈云首先确立了负责这项工作的政府机构和工作人员，为实现国家能力奠定了行政组织基础。制止通货膨胀、稳定社会经济是新中国成立初期的工作重点之一，在此背景下，中共中央决定建立财经工作领导机构——中央财经委员会，并调任陈云任中财委主任、薄一波任副主任，完成了政府机构的设立。[①] 上海财经工作会议中陈云提到中财委要设置金融、财贸等部处和专门的研究机构，"没有专门的研究机构应付不了。人员从哪里来？由上面派不可能，要从业务机关抽。抽二三等的不行，要抽一等的。"[②] 其后工作人员得到进一步充实，包括党外人士马寅初任副主任、黄炎培任委员等。[③] 经由上述环节，政府机构和工作人员的确立基本完成。

平抑物价后期，陈云主导完成统一财经工作。政府机构及工作人员是国家能力的载体，能力的长期维系需要规则支撑。物价波动结束后，陈云上收财经管理权限、建立财经管理制度。"如果

---

① 薄一波：《若干重大决策与事件的回顾》，中共中央党校出版社，1991，第67~70页。
② 《陈云文选》第2卷，人民出版社，1995，第18页。
③ 薄一波：《若干重大决策与事件的回顾》，中共中央党校出版社，1991，第71页。

国家收入不做统一使用，如果国家支出不按统一制度并遵守节省原则，如果现有资金不加集中使用，则后果必然是浪费财力，加剧通货膨胀"①。通过统一财经的具体制度建设，财经工作中原本分散的各项权力得以规范，财政收支实现平衡，彻底结束了长期通胀。

（三）人民立场

国家能力理论并非一个"只谈国家"的极端范式，恰恰相反，国家与社会互动的分析模式与研究理念，是其最大的贡献所在。② 绝对权力不能保证国家成功，国家能力的过度增长反而会导致国家丧失有效性。③ 国家能力理论的关键在于：既保持国家自主性，解决个人与市场无法解决的问题；又保持与社会的联系，避免国家与社会脱节乃至对社会造成破坏。因此探求政府与市场关系中国家与社会的联结与国家能力理论相符合。

在平抑物价工作中，国家与社会的联结体现在陈云及中财委始终坚持人民立场。平抑物价工作本身就是为了保障人民生活。在上海财经工作会议上陈云提出，"现在是我们管理国家，人民有无饭吃就成了我们的责任"④。其后陈云谈道："在上海解放后两个月中，曾连续发生了两次物价的大跳跃，这对经济恢复工作和人民生活是重大的打击。这时上海等地人民对我们的经济工作颇感失望，各地财经工作同志也感到形势严重，必须迅速采取有效办法。"⑤ 工作过程中，人民立场也得到了具体体现，例如人民银行挂牌收兑金银以保护人民财产，推行折实储蓄以防止存款受到通胀损害等。无论是在工作初期明确"人民有无饭吃就成了我们的责

---

① 《陈云文选》第 2 卷，人民出版社，1995，第 71 页。

② 朱天飚：《比较政治经济学》，北京大学出版社，2006，第 100 页。

③ 庞金友：《国家为何不能超限——当代西方国家限度理论的逻辑进路》，《国外理论动态》2015 年第 7 期。

④ 《陈云文选》第 2 卷，人民出版社，1995，第 15 页。

⑤ 《陈云文集》第 2 卷，中央文献出版社，2005，第 2 页。

任"、将人民立场作为开展工作的出发点,还是在工作期间留意"上海等地人民对我们的经济工作颇感失望"、将人民立场作为评价工作的落脚点,都体现出人民立场在平抑物价工作中的重要性。

四 政府与市场关系概念框架

能力、制度、人民立场三者共同体现在平抑物价工作中,相关概念显然并非孤立。在平抑物价事件和国家能力理论的基础上,本文构建了政府与市场关系的概念框架,如图 1 所示①:点画线左侧代表市场,市场自发运行;点画线右侧代表政府相关概念要素,包含能力、制度、人民立场三者。本部分说明能力、制度、人民立场在政府与市场关系中所发挥的作用及其联系。

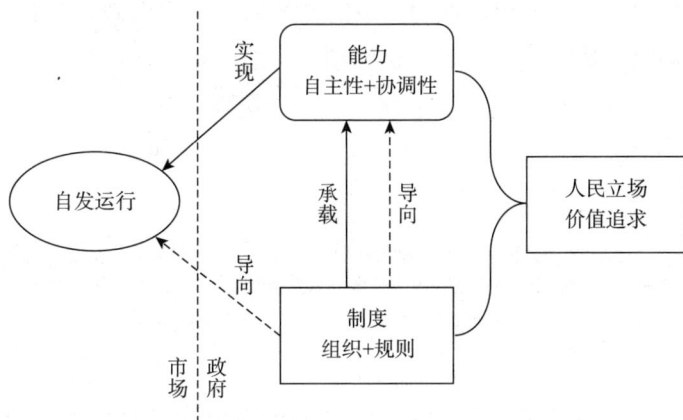

图 1 政府与市场关系的概念框架

(一)能力:政府与市场关系的实现

虽然国家能力理论早已得到学界普遍认可,但在政府与市场

---

① 本图说明相关要素的主要作用,图中箭头皆为单向;所有作用均存在反向影响,本文不再进一步说明。

关系问题中，能力仍是一个颇具争议的话题。政府明显不是毫无能力的，即便美国也长期存在干预行为，① 现代宏观经济实践亦可以证明这一点；与此同时政府干预存在局限，也是众所周知的发展经验。能力是连接政府与市场的桥梁，能力决定了政府如何"实现"政策、影响市场。

能力的"实现"作用，是指政府需要借助相应能力，实现对市场的政策目标。第三世界国家现代化转型没有带来普遍的经济增长——仅凭制度，无法解决经济发展的复杂问题。市场经济条件下，政府不需要控制市场，但需要保持解决市场问题的能力。国家能力理论中政府能否实现自主性目标意味着是否具备能力。现实中政府与市场关系是一个具体问题，在恶性通胀情况下，经济社会需要政府介入市场以稳定物价，政府对政策目标的制定与执行反映了政府的相应能力。国民党政府和新中国政府均试图采取措施遏制通胀，双方政策目标相同，但新中国政府最终能够实现这一目标而国民党政府无法实现，原因在于能力不同——国民党政府军事上的溃败使其无力完成物资调运，内部腐败又导致经济

---

① "政府干预一直保留在地方和州政府的层面上，到了 19 世纪晚期又进入了国家层面。现代经济生活在很大程度上依然受到这一传统的有力影响"；"殖民地政府还在很多方面进行行政干预，我们今天称之为公用事业管制。这种做法同样起源于英国，并且很快在殖民地付诸实践。车夫、搬运工和旅店老板都要申请营业执照，他们的收费也要受到公众机构的控制。同样，在受到自然条件制约而缺乏竞争的地方——码头、收税桥或者渡口——服务的收费和内容也受到古老的英国规则的限制：必须向所有需要的人提供称职的服务，并且价钱要公道……17 世纪，因为发现'波士顿和查尔斯敦的搬运工经常强收超过他们应得的费用'，所以马萨诸塞殖民地政府成立了相关的委员会，赋予委员'监管的权力'。今天的联邦航空管理局、联邦通讯委员会和联邦电力委员会不过是其现代翻版。现今，美国有各种公共服务委员会将公共服务的价格控制在'合理的'范围内。不论对与错，当年这类服务的价格并没有留给市场来客观决定——今天依旧如此"。参见〔美〕乔纳森·休斯、路易斯·凯恩《美国经济史》，杨宇光等译，格致出版社、上海人民出版社，2013，第 44、46 ~ 47 页。近年来在产业政策方面，美国政府在尊重市场机制的前提下，同样发挥着越来越积极的作用，参见沈梓鑫、江飞涛《美国产业政策的真相：历史透视、理论探讨与现实追踪》，《经济社会体制比较》2019 年第 6 期。

社会运行不畅、弊病丛生；而中共的高度组织纪律性和各级党员干部的清廉作风，使中财委得以凭借周密果断的措施介入市场机制，最终完成政策目标。能力使政府能够实现自身对市场的影响。

进一步而言，能力的实现作用需考虑多方面因素——这也是能力协调性的意义所在——平抑物价工作至少体现出其中两点：统筹利益和尊重规律。第一，有效统筹各方面利益是实现政策目标的首要条件。在人民币占领市场过程中，中财委对金圆券、解放区货币、银圆外币均采取收兑政策；大规模投放物资之前，中财委进一步推广折实储蓄，回笼货币的同时、保证人民币购买力稳定。正是由于相关政策照顾了人民利益、统筹了各方面利益，才使平抑物价工作最终顺利完成。第二，政府发挥能力介入市场机制，并不意味着政府必然违背市场规律，换言之，政府能力的发挥应当尊重市场规律。物资抛售前，陈云及中财委没有盲目设定目标物价水平，而是在详细统计市场中货币与物资比例的前提下，事先估计物价大约应当上涨 2 ~ 2.2 倍，以此为准展开抛售。在上海财经工作会议上陈云更提道：赤字财政会越搞越大，必须用增税和举债弥补，最后还是落在人民头上①——这一近似"李嘉图等价"的观点说明陈云已然认识到赤字财政的局限性，这使其最终通过统一财经解决财政收支不平衡问题，彻底完成平抑物价工作。政策目标实现的过程，不是一个强制的过程，而是一个平衡、协调多方面因素的过程。

（二）制度：承载与导向

政府能力无法凭空产生，背后需要制度支撑。与能力相比，制度在一定时期内保持稳定，并且影响着能力和市场。制度起到承载与导向的作用。

首先，制度承载能力，或者说制度相当于能力的"容器"。

---

① 周太和：《陈云与上海财经会议的重大决策》，《中共党史研究》2000 年第 3 期。

政府调控市场，需要明确执行调控的主体并赋予其权力。平抑物价工作开始前，中财委的成立完成了政府机构设置，满足了调控的基本条件。中财委具备相应权力后，其实际调控能力主要取决于机构内的工作人员。国家能力越强、政府介入市场的程度越深，对官僚组织专业性和洞察力的要求就越高。陈云在中财委设立之初，就有意识地吸收"党内外、各方面有知识的人来共同工作"[1]，并设置研究机构，为中财委相关能力的发挥奠定基础。而能力的长期发挥有赖于规则的进一步完善。平抑物价波动后，统一财经使中财委和全国财经体系的相关工作得以规范，权力和能力的运用有章可循。上述两个层面的制度建设完成后，新中国在财经领域已形成较为稳定和完整的常规治理体系，这一体系对国家能力起到了承载作用。

其次，制度不仅承载能力，也在能力发挥和市场运行中起导向作用。这可以从三方面理解。第一，制度的影响是静态的。能力和制度都可以对市场运行产生影响，但是与能力相比较，制度在一定时期内保持稳定。实际上，制度为政府和市场塑造一种模式，通过模式的稳定性提升政府和市场的运作效率，但这也导致模式本身难以应对特殊情况。制度的静态影响不同于能力，因此在图 1 中用虚线表示。第二，制度应当起导向作用，而导向作用又具有双重含义——既有规范性又有激励性。威廉·鲍莫尔在微观层面论证了"对不同经济体，企业家才能会根据游戏规则的差异、在一定程度上改变配置方向"[2]。考虑到政府与市场关系问题包含政府与市场两个要素，二者涉及面广且内在逻辑不同，因此无论对能力发挥抑或是对市场本身而言，制度的缺失都不仅会为政府干预行为留有腐败空间，还会放大市场自发运行过程中存在

---

[1] 《陈云文选》第 2 卷，人民出版社，1995，第 19 页。

[2] William J Baumol，"Entrepreneurship：Productive，Unproductive，and De-structive"，*Journal of Political Economy*，vol. 98，1990.

的失灵现象。政府能力和市场运行均需借助制度予以规范。另外，统一财经环节中的一个现象值得注意：统一财经完成后，地方积极性难以调动，中央再次对财经体制进行调整。可见如果将"制度"单纯等价于"规范"，会阻碍经济发展。对能力和市场而言，制度当然是必要的，但其不应仅发挥规范作用，还应同时起到激励作用——二者共同构成导向作用。周黎安的"政治晋升锦标赛"理论在其逻辑框架内说明了这一点。在将经济增长指标作为地方官员晋升主要依据的情况下，地方政府具有促进地方经济增长的动力，同时地方经济增长结果也会对地方政府的相关政策提出反馈从而修正其后续行为——简言之，经济增长考核制度对地方政府既有激励性又有规范性。制度在政府与市场关系中的导向作用即是如此。第三，制度能够对市场和能力双方造成影响。无论是政府还是市场，均有相应制度维系其运作，统一财经工作还体现出市场运行中存在的通货膨胀问题可能经由规范政府行为得到最终解决，这说明了制度对双方的共同影响。

（三）人民立场：价值追求

政府与市场关系中，能力和制度分别发挥作用，但问题在于能力和制度从何而来、向何而去？国家能力理论认为，强大的国家和政府建立在强大的社会支持之上，人民立场反映国家与社会之间的联系，在政府与市场关系中发挥价值追求的作用，与中国特色社会主义理论内在一致。

人民立场首先是能力与制度二者共同的价值追求。国家能力理论强调国家自主性，国家或政府能够凭借自身能力实施其所认为必要的政策；国家能力理论同样重视国家与社会的联结，强大的国家和政府必然建立在强大的社会支持之上。上述两个维度体现出国家能力理论中的"嵌入自主性"概念——"找回国家，但不踢走社会"①。国家能力理论中，能力构建偏向于自主性方面，因此，无论是在制度构建中还是在能力的具体运用时，均需回归人民立场，将人民立场作为能力与制度的价值追求，保持国家与社会的联系。

其次，与"经济发展"相比，将"人民立场"作为处理政府与市场关系的价值追求更为恰当。已有研究通常将处理政府与市场关系的目标等同于经济发展，这与人民立场不完全相同。经济发展与人民立场没有根本矛盾，平抑物价过程中，陈云同样提到"眼光要放在发展经济上"②。但是经济发展与人民立场仍然存在差异，例如对国民党政府人员施行"包下来"政策对财政造成很大负担，陈云却表示"对旧人员要训练、改造和使用，这个包袱不能不背，不能光从财政着想"③。近年来广受关注的环保问题即存在部分地方政府片面追求经济增长、忽略人民利益，从而引发争端的情况。在普遍意义上，现代国家追求经济发展不是"为了发展而发展"，而是因为发展能够改善人民福利，中国长期重视经济发展的原因与此相同。人民立场可以体现经济发展所蕴含的根本意义。把人民立场作为处理政府与市场关系的价值追求，还能跳出政府与市场的二元对立，从政府与市场之外审视二者关系，从而避免对政府干预或市场调节的片面推崇。

并且，中国不仅是一个经济高速增长的发展中国家，更是一个社会主义国家。中国共产党的领导是中国特色社会主义的最本质特征，④ 而中国共产党的宗旨正是全心全意为人民服务。2003年 7 月在全国防治"非典"工作会议中胡锦涛就提出"坚持在经

---

① 〔澳〕琳达·维斯、约翰·霍布森：《国家与经济发展》，黄兆辉、廖志强译，吉林出版集团有限责任公司，2009，第 10~11 页。

② 《陈云文选》第 2 卷，人民出版社，1995，第 18 页。

③ 《陈云文选》第 2 卷，人民出版社，1995，第 15 页。

④ 习近平：《在庆祝全国人民代表大会成立 60 周年大会上的讲话》，资料来源：http://jhsjk.people.cn/article/25615123，最后访问时间：2014 年 9 月 6 日。

济社会发展的基础上促进人的全面发展"①。随着中国经济社会持续发展，人民立场在处理政府与市场关系中的价值追求意义业已凸显，例如在煤矿事故治理方面，中央政府通过监管权上收、安全生产一票否决等措施显著降低了煤矿事故死亡人数。② 党的十六大以来，中央政府已着力缩小城乡差距、加大教育投入、加强资源节约和环境保护的力度；党的十八大以来，中国共产党更加重视政府、市场关系和人民定位问题，探索如何用好政府和市场两只手，实现以人民为中心的发展。③ 在中国特色社会主义这一大背景下，将人民立场作为处理政府与市场关系的价值追求，进而构建政府与市场关系中的能力与制度，当属应有之义。

五　结语

本文在新中国成立初期平抑物价这一历史事件的基础上，结合国家能力理论，归纳相关概念，构建了政府与市场关系的概念框架。本文的创新性主要表现在如下三方面：第一，在国内率先应用历史分析方法和国家能力理论，对政府与市场关系问题进行研究；第二，以新中国成立初期平抑物价工作为基础，分析归纳了政府与市场关系中能力、制度、人民立场三个概念，并构建概念框架、说明相互关系，其中能力决定政府与市场关系的制度承载能力并对市场起导向作用，人民立场代表政府与市场关系的价值

① 胡锦涛：《把促进经济社会协调发展摆到更加突出的位置》，载胡锦涛《论构建社会主义和谐社会》，中央文献出版社，2013，第 4 页。

② 参见 Shaoguang Wang，"Regulating Death at Coalmines：changing mode of governance in China"，*Journal of Contemporary China*，vol. 15，2006；聂辉华、蒋敏杰《政企合谋与矿难：来自中国省级面板数据的证据》，《经济研究》2011 年第 6 期；肖兴志、陈长石、齐鹰飞《安全规制波动对煤炭生产的非对称影响研究》，《经济研究》2011 年第 9 期。

③ 武力、张林鹏：《改革开放 40 年政府、市场、社会关系的演变》，《国家行政学院学报》2018 年第 5 期。

追求；第三，特别在"人民立场—价值追求"方面，本文结合国家能力理论的自身特征和中国特色社会主义理论，突破以经济发展为目标的政府与市场关系的普遍看法，凸显了人民立场在处理政府与市场关系过程中的重要意义。本研究在提升对政府与市场关系问题的理论认识的同时，较好地保持了内在具体性和现实感。

虽然前文已探讨了平抑物价工作的普遍意义，但是单一历史事件仍然无法反映中国长期政府与市场关系的演变和发展，概念框架仍需完善。习近平总书记提出，"新时代坚持和发展中国特色社会主义，更加需要系统研究中国历史和文化，更加需要深刻把握人类发展历史规律，在对历史的深入思考中汲取智慧、走向未来"①。如果想更好地理解中国的政府与市场关系，探求二者长期的演变过程与发展轨迹，应当结合历史方法和相应理论，对中国经济史进行更加全面、深入地研究。

The Government and Market Relation in the Anti-inflation Event during the Beginning of PRC: Based on the State Capacity Theory

Qu Guanqing

Abstract: The government and market relation is an important issue in Chinese economy development. However, the existing researches lack the essential connections and the sense of reality, and should be improved in the application of method and theory. Based on the anti-inflation event in the beginning of PRC, this paper induces the conceptions

① 习近平：《致中国社会科学院中国历史研究院成立的贺信》，资料来源：http://ww. xinhuanet. com/politics/leaders/2019 – 01/03/c_1123942672. htm，最后访问时间：2019 年 1 月 3 日。

concerning government and market relation, and creates a conceptual framework to illustrate their effects and links, with adopting historical analysis method and state capacity theory. The anti-inflation event could be divided into four phases, and reflect three conceptions: capacity, regulation and the interest of people. In the conceptual framework: capacity determines the realization of the relation; regulation sustains the capacity and provides guidance; and the interest of people signifies the pursuance of value in the relation. This paper argues that, the research of government and market relation need be advanced by combining the Chinese economic history.

Keywords: Anti-inflation; State Capacity; Government and Market Relation

《法律和政治科学》（2021 年第 1 辑·总第 3 辑）
第 096～115 页

农村低保资源精准分配的实践困境及其解释*

——基于国家认证能力的探讨

王裕根**

【摘　要】农村低保资源的精准分配是提升福利治理效能的重要
举措，但其是建立在国家认证能力基础上的。作为国家能力
的基础，国家的认证能力可从认证的事实和认证的规范层面
具体分析，前者体现为信息提取和信息整合，后者表现为认
证标准的分类清晰度及其执行力。具体在实践中，由于村庄
社会人口流动性不断增加，农户家庭收入难以通过社区瞄准
机制得到量化，流动的社会成员信息乃至客观存在的分散化
的信息系统影响了国家的福利认证能力；而政策规范层面的
分类标准难以涵盖变动着的社会事实，乃至标准执行过程的
低度科层化和半正式化，影响到规范标准与潜在低保对象的

---

*　基金项目：本文系国家社科基金重大项目“社会主义核心价值观融入基层社
会治理研究”（17VHJ006）的阶段性成果。
**　王裕根，法学博士，江西师范大学法治乡村研究中心研究员。

精准匹配度。在这些因素的共同作用下，农村低保资源的精准分配存在实践困境，其实质上反映了国家在基层社会福利认证方面的能力不足。改进国家在基层社会的福利认证体系，需加强信息基础能力建设，建立规范认证标准与社会变动事实信息相统一的开放认证体系，不断提升规范认证标准与社会事实的精准匹配度。

【关键词】 低保资源；精准分配；国家能力；国家认证能力

一 文献回顾与问题提出

脱贫攻坚取得重大胜利后，如何巩固脱贫攻坚成果并与乡村振兴战略衔接是当前乡村建设中的重要问题。健全和完善政府兜底保障的精准扶贫政策体系是其中的关键一环。由此，涉及农村低保资源的精准分配问题始终是学术界探讨精准扶贫政策执行的基础性问题。农村低保资源的精准分配关系到精准扶贫效果的长期性和稳定性，也涉及农村社会基本的公平正义。关于农村低保资源精准分配涉及的问题，既有研究主要从以下三方面探讨。

首先，治理的视角。立足于田野调查经验，有学者认为农村低保资源之所以难以实现精准分配，主要原因在于低保资源分配被当作一种治理手段。[1] 而分配环节的信息垄断，[2] 加之乡村社会中权力关系网络的影响，导致出现"关系保"和"维稳保"的现

---

[1] 贺雪峰、刘勤：《农村低保缘何转化为治理手段》，《中国社会导刊》2008 年第 3 期；刘燕舞：《作为乡村治理手段的低保》，《华中科技大学学报》2008 年第 1 期；郭亮：《从"救济"到"治理手段"——当前农村低保政策的实践分析：以河南 F 县 C 镇为例》，《中共宁波市委党校学报》2009 年第 6 期。

[2] 袁松：《基层组织的信息垄断与低保制度在村庄场域的实践——以税改后的鄂中顾村为个案》，《天津行政学院学报》2009 年第 3 期。

象。① 从政策执行环节来看，低保申请者的家庭情况及其所处的社会结构影响政策执行，② 实践中常常出现"治理消解行政"③ 的现象。基层社会福利治理结构与机制导致"上有政策，下有对策"的政策变通，④ 以致低保资源分配不可避免地存在偏差。

其次，识别技术的视角。低保对象难以被精准识别影响低保制度的实施效果。⑤ 建立家庭经济状况核查机制是农村低保制度运行的必要环节，⑥ 它能有效瞄准救助对象，促进社会救助制度的公正、持续发展。⑦ 在绝大多数农村，低保对象识别主要靠社区瞄准机制，即通过村庄社会自我认证的方式区别贫困对象和非贫困对象，然而这种社区瞄准机制的效果需要进行实证分析。⑧ 有学者认为福利配额制是导致当前社区瞄准枫制出现偏差的重要原因。⑨ 也有学者认为低保瞄准机制的规范化与农村社会的不规则化是客观存在的矛盾，农村低保的社区瞄准机制应从"基于量的精准"转为"基于质的精准"⑩。还有学者基于发达地区农村低保技术治理产生的实际效果，认为各地用技术识别低保对象的能力以及村级

---

① 魏程琳：《权力与关系网络中的农村低保》，《青年研究》2014 年第 3 期。

② 刘磊：《基层社会政策执行偏离的机制及其解释——以农村低保政策执行为例》，《湖北社会科学》2016 年第 8 期。

③ 印子：《治理消解行政：对国家政策执行偏差的一种解释——基于豫南 G 镇低保政策的实践分析》，《南京农业大学学报》2014 年第 3 期。

④ 李迎生、李泉然、袁小平：《福利治理、政策执行与社会政策目标定位——基于 N 村低保的考察》，《社会学研究》2017 年第 6 期。

⑤ 邓大松、王增文：《"硬制度"与"软环境"下的农村低保对象的识别》，《中国人口科学》2008 年第 5 期。

⑥ 刘晓梅：《农村低保家庭收入核查机制研究》，《农业经济问题》2010 年第 9 期。

⑦ 李迎生、李泉然：《农村低保申请家庭经济状况核查制度运行现状与完善之策——以 H 省 Y 县为例》，《社会科学研究》2015 年第 3 期。

⑧ 刘凤芹、徐月宾：《谁在享有公共救助资源？——中国农村低保制度的瞄准效果研究》，《公共管理学报》2016 年第 1 期。

⑨ 仇叶：《从配额走向认证：农村贫困人口瞄准偏差及其制度矫正》，《公共管理学报》2018 年第 1 期。

⑩ 陈文琼：《基于质的精准与农村低保瞄准偏差的矫正》，《华南农业大学学报》2020 年第 4 期。

治理的模式都不一样，因而依靠技术识别低保对象的治理效果也不一样。①

最后，福利体系的视角。有学者注意到，与城市低保制度存在"福利捆绑"② 一样，在农村低保制度运行过程中也存在"泛福利化"倾向。③"泛福利化"在制度体系方面表现为各种福利制度交叉和重叠。而配额制主导的"社区瞄准"之偏差和社会救助政策捆绑执行形成的福利叠加，导致农村低保政策在执行过程中出现"走样"④。也有学者认为，随着国家基础性能力不断提高，基于行政区域的福利配额制要逐步转为基于个体的福利认证制。⑤

综合来看，上述三种视角在理论上解释了影响农村低保资源精准分配的某方面因素，对理解农村低保资源精准分配面临的实践困境具有重要启发意义，但结合实践层面来看，有些经验还需寻找更加综合的视角进行深入探讨。治理视角的研究虽分析了农村低保资源的治理资源属性，回应了转型期乡村社会治理资源不足的问题，但对低保资源的公共属性和国家意志实现程度探讨不够。而从识别技术标准的视角切入农村低保资源精准分配的困境，看到了低保识别的认证体系在精准分配过程中的重要作用，但没有结合乡村社会实际深入分析现代福利认证技术运行的具体条件、现实可能性及其区域差异问题。福利体系视角的研究从制度规范层面分析了精准分配农村低保资源的制度保障问题，并注意到福利资源精准分配要以强有力的国家基础性能力为前提条件。但是，

① 孙明扬：《技术治理的运行条件与治理效果——以苏南地区农村低保政策实践为例》，《学习与探索》2020 年第 9 期。

② 谢勇才：《城市低保制度的"福利捆绑"问题及其治理路径》，《中国行政管理》2020 年第 7 期。

③ 仇叶、贺雪峰：《泛福利化：农村低保制度的政策目标偏移及其解释》，《政治学研究》2017 年第 3 期。

④ 印子：《农村低保政策"走样"及其整体性治理》，《西北农林科技大学学报》2019 年第 2 期。

⑤ 仇叶：《从配额走向认证：农村贫困人口瞄准偏差及其制度矫正》，《公共管理学报》2018 年第 1 期。

这套福利认证体系在乡村社会中到底是怎样，以及如何运行这套体系，还需从规范体系和社会事实两方面深入分析。通过规范体系的分析，可以思考低保资源的国家意志在表达层面是否精准，而分析社会事实，可以看出国家意志的公共属性与潜在低保对象的精准匹配度。

在农村低保资源的分配实践中，要实现其分配的公共属性及公平正义，需要建立在相应的技术识别和分类清晰的福利制度体系的基础上，而这涉及国家在乡村社会的福利认证能力。① 作为一项国家公共资源，农村低保资源的分配体现了国家意志，但国家意志的实现需要相应的配套基础设施。最为关键的是，保障国家低保资源精准分配，需要以国家认证能力作为基础。国家认证能力是国家基础能力的基础，② 其既包括社会事实和信息层面的提炼与获取能力，也涵盖国家福利制度体系的规范建构清晰度及其执行能力。而在经验现实层面，国家认证能力在农村低保资源分配过程中具有基础性地位，它既涵盖了社会成员事实信息认定和比对的过程，也能反映低保对象识别的规范标准是否精细的问题，并在规范构建与执行层面体现出国家意志落实的精准性问题。因此，国家认证能力的视角作为一种整合视角，能够容纳上述三种视角的分析。本文接下来拟从国家认证能力的角度探讨农村低保资源精准分配的实践困境。文章的经验材料主要基于笔者于 2017 年 6 月在江西林县的调研经验，③ 通过访谈乡村干部、低保对象以及查阅相关档案资料获得。而在分析的过程中，又有湖北宜昌、重庆涪陵等乡镇调查经验作为研究基础。因此，本文的探讨不限于个案，而致力于揭示个案当中的一般性问题。

---

① 王裕根：《福利资源法律配置中的国家认证》，《中国社会科学报》2020 年 7 月 29 日第 4 版。
② 参见欧树军《国家基础能力的基础》，中国社会科学出版社，2013。
③ 按照学术惯例，文章所涉人名、地名都做了匿名处理。

二 国家认证能力的理论基础与分析框架

（一）理论基础

国家认证能力是国家能力的重要组成部分。国家能力指的是"国家作为一个重要行动者，更进一步说，就是要解释国家在执行政策目标的能力，特别是国家在面临实际或潜在的社会团体势力或者身处艰难的社会经济环境之中执行政策目标的能力"。[1] 国家能力理论源于"国家学派"。[2] "国家学派"是在二战后自由主义政策无法有效改革西方国家政治经济军事现状的背景下逐渐兴起的，这个学派从现实层面指出了"社会中心论"的不足，并提出"国家中心论"。"国家中心论"的主要代表人物是彼得·埃文斯和斯考切波，她们认为应该把研究中心放在国家的自主行为、利益和偏好上，放在国家执行政策、实现预期目标的能力上。国家能力和国家自主性是"国家学派"的核心概念，前者主要体现在国家政策执行层面，后者主要体现在国家独立自主制定政策的能力上。而在实践中，国家政策的制定和执行往往无法有效分开，因此，二者的概念内涵存在一定的模糊性。[3] 不过，国家能力理论的提出揭示了国家在与社会互动的过程中也有自己的利益和意志，并希望通过提高自己的自主性来实现国家的公共目标。这为理解体现国家能力的认证属性及其意义具有重要启发，即不能在抽象层面去理解国家能力，而必须在现实层面去理解为实现国家意志和利益需要哪些基础设施作为配套。按照迈克尔·曼对国家基础

---

[1] Skocpol T, Evans P, Rueschemeyer D, *Bringing the State Back In*, New York and Cambridge: Cambridge University Press, 1985, p.9.

[2] 曹海军：《"国家学派"评析：基于国家自主与国家能力维度的分析》，《政治学研究》2013年第1期。

[3] 曹海军：《"国家学派"评析：基于国家自主与国家能力维度的分析》，《政治学研究》2013年第1期。

性权力和国家专制性权力的划分，基础性国家权力是指现代国家将其命令贯彻全境、协调社会生活的能力。① 借助迈克尔·曼的基础性权力理论，王绍光把国家能力具体分为强制能力、汲取能力、濡化能力、国家认证能力、规管能力、再分配能力、统领能力以及吸纳和整合能力八个方面，并认为上述八个方面的能力是基础性国家能力。② 这就把国家能力的多方面要素具体化，对在现实层面理解国家的行为具有重要意义。后期欧树军的研究还发现，在八个基础性国家能力的要素中，国家认证能力是国家基础性能力的基础。③

　　而从现实层面考察国家和社会的互动关系发现，分析国家认证能力是把国家能力具象化进而从多个侧面认识"社会中的国家"的具体实践。米格代尔在反思"社会中的国家"时发现，国家存在观念和实践层面的背离，也即国家作为一种全体的、统一维度的整体存在与国家作为社会中现实的支离破碎的实践之间的背离，并认为如果不能兼顾上述国家矛盾的两面性，则要么因将国家能力过度理想化而误将虚夸的言辞当作高效的政策，要么便是将国家视为一群以自我为中心的腐败官僚组成的混杂体。④ 米格代尔对国家的界定，把马克斯·韦伯把国家界定为垄断国家暴力机器并拥有合法支配地位的组织的定义向前推进了一步。因此，在现实层面考察国家的一些项目资源为何没有在社会中得到精准分配，就需要把国家能力具象化理解，其中国家的福利认证能力在基层社会的运行情况能够清晰地表明国家观念与实践的背离。因此，深入分析农村低保资源分配过程中的国家认证能力，进一步深化国家与

---

① 〔英〕迈克尔·曼：《社会权力的来源：阶级和民族国家的起源》（第二卷），陈海宏等译，上海人民出版社，2015。
② 王绍光：《国家治理与基础性国家能力》，《华中科技大学学报》2014年第3期。
③ 参见欧树军《国家基础能力的基础》，中国社会科学出版社，2013。
④ 〔美〕乔尔·米格代尔：《社会中的国家：国家与社会如何相互改变与相互构成》，李杨、郭一聪译，江苏人民出版社，2013，第23页。

社会关系的理解,是国家能力理论具象化运用的生动体现,有助于避免认识一些基层现象的泛国家能力化。

回到现实层面,为了实现国家意志和国家的公共目标,往往需要识别国家项目所针对的对象是否与申领项目设定的标准存在一一对应关系。国家判定社会事实与国家制定的规范标准之间是否存在一一对应关系,往往需要依靠认证。詹姆斯·斯科特在分析东南亚国家的一些国家项目实践时,最早关注了国家认证在国家管理社会中的重要意义。与此同时,他还反思了国家对社会事实的强制认证无法回应现实社会的真实需求状态的原因,进而分析了为什么改善人类状况的国家项目在落地的过程中总是存在失败。[1] 从某种意义上讲,农村低保资源分配也是一种国家项目,有自己的国家意志属性和公共目标。[2] 低保资源下乡,目的是改善村庄社会中处于正常生活标准线以下的农民生活,提升农民对国家的政治认同感。因此,在国家向农村持续性输入低保资源的背景下,保障低保资源精准分配到政策目标所针对的低保对象,是国家低保资源下乡过程中关注的重点问题。这个过程的关键是要确保规范文件所确立的政策标准与社会事实信息之间能够无缝对接。从国家的视角来看,低保资源是国家的重要公共资源,通过把低保资源精准化分配给政策对象,既体现了国家的公共意志属性,也体现了社会救助的伦理属性。为了实现国家的公共意志,国家在低保政策文件中设定了相应的低保对象资格标准,但在识别低保政策所针对的目标群体过程中,还需有效识别低保对象的社会事实和信息,而这就需要建立在完备的国家认证能力基础之上。

其实,无论是古代还是现代,任何一个国家都涉及认证,认证的内容包括赋税、户籍、土地、身份和财产等方面。例如,在

---

① 参见〔美〕詹姆斯·C. 斯科特《国家的视角:那些试图改善人类状况的项目是如何失败的》,王晓毅译,北京:社会科学文献出版社,2011。
② 王裕根:《项目制重塑国家与农民关系的机制分析——基于浙西北 Z 乡的调查》,《中国研究》2019 年第 1 期。

中国古代，有"编户齐民"的户籍政策，有"摊丁入亩"的赋税政策，这些政策的实施都需要建立在国家对户口、土地、财产和身份的清晰记载和有效统计基础之上，而清晰记载和有效统计就体现了国家对社会的认证能力。如果没有强有力的国家认证能力，会影响国家管理社会的能力以及国家从社会汲取财政资源的能力。而在现代，征缴个人所得税是税务部门依照法律规定采取的行政行为，但是征缴的基准是什么、个人收入情况怎么确定、如何监控个人收入等，都需要建立在国家认证能力的基础上。还比如现代社会面对突发的传染性疾病，要有效防止传染病蔓延，识别社会成员的身份地址、流动信息以及是否感染疾病就很关键，而通过现代信息技术建立"健康码"、"通行码"等形式进行识别和认证就是一种国家认证能力的体现。可以说，"一部国家机器，如果不确认、识别和掌握国土上人口、财产、产品、行为和事务的基本事实、流动方向、真假优劣和利弊得失，就无法恰当的行动，无法实现目标"。① 因此，认证是国家行为最为基础的环节。没有国家认证会影响国家调控社会的能力。

（二）分析框架

实现农村低保资源精准化分配需建立在国家认证能力的基础上，国家认证能力是指国家在可靠事实基础上，建立和执行明确、精细和统一规范的能力。在低保资源分配的过程中，体现国家认证能力的要素主要包括事实和规范两个层面。"事实与规范，共同构成国家行动的知识基础，只有二者都得到改善，才能提高认证能力。"② 事实是认证的前提，规范是认证的标准，只有建立符合事实发展和变化的认证体系，才能不断强化国家认证能力。

在认证的事实层面上，农村低保资源分配过程中主要包括低

---

① 欧树军：《国家基础能力的基础》，中国社会科学出版社，2013，第 39 页。
② 欧树军：《国家基础能力的基础》，中国社会科学出版社，2013，第 16 页。

保申请对象的收入符合低保申领标准的客观条件以及支撑认证体系的技术条件，也即事实信息的提取识别与事实信息的技术整合。（1）事实信息的提取识别。是否能有效识别低保对象是对接政策目标的前提条件。如果核查的信息符合政策文件所确定的对象标准，那么才有资格进入低保对象的评定环节。由此，确定低保对象事实信息的可靠性尤其是家庭收入情况是关键问题。家庭收入核查的目的是确定低保申请对象是否生活在基本生活标准以下。然而，家庭收入情况包括哪些内容、该如何调查和计算，都会影响低保对象事实的可靠性。（2）事实信息的技术整合。有效整合流动社会成员的事实信息也是国家认证的事实范畴。如果各类身份信息、财产信息、社会保障信息散见于各种不同的信息系统中，那么容易形成"数据孤岛"，会影响国家的事实认证能力。特别是，随着村庄社会流动性不断加大，许多村民的身份信息、财产信息以及行为信息无法通过一个信息系统全部显示出来。一般而言，社会流动性越大，社会成员的身份、财产、行为等方面的信息越难以通过一个整合的系统进行认证，国家的福利资源就越难以通过认证的方式实现精准分配。这就需要国家在技术层面整合各类信息系统，支撑国家福利认证体系的有效运作。

在认证的规范层面上，国家认证能力包括政策分类标准的清晰度以及执行政策标准的专业技术人员的素养，也即主要考察国家设定的分类标准是否符合社会事实，以及执行国家规范标准的专业性技术基础设施是否完备。（1）低保对象分类标准的清晰度。通常而言，政策制定过程中，如果越能估计到社会事实的复杂性，并根据不同的分类标准进行细化规定，就越能反映政策的可操作性和可执行性。农村低保资源分配过程中，实现精准分配的目标的重要前提是低保政策标准本身是分类明确的。（2）执行低保标准人员的专业素养。如果低保对象识别者具备专业的信息提取能力以及专业的技术识别能力，并在执行标准过程中能够通过技术治理的方式识别低保对象，那么就具备相应的国家认证能力，国家意志的实现可能性就越大。与此相对应，如果一线政策执行者具备明确的组织管理和技术分工，那么所受的社会因素就越小，排除社会因素从而贯彻国家意志的可能性也就越大。

三　流动的身份财产信息、分散化的信息系统与国家认证

确定低保对象的识别标准是农村低保资源分配过程中的关键问题，而有效识别低保对象又是建立在客观事实的基础之上。如何有效识别低保对象是否符合政策文件的标准往往需要依靠国家认证。国家认证是建立在事实真实唯一的基础之上。然而，随着村庄社会流动性不断增加，农村社会成员的身份财产信息乃至行为信息都无法准确掌握，以致确定低保申请对象的家庭收入情况存在困难，再加上既有的身份、财产以及行为信息又散见于不同信息系统中，因而影响低保对象的精准认证。

（一）村庄社会成员的身份财产信息认证困难

一个国家的认证能力往往与社会成员的流动性大小有关。随着现代交通系统的完善，村庄社会的成员流动性不断加大。许多村民在外面务工，一般在春节的时候回来，而有些甚至已经在发达城市买房定居。传统乡村社会是信息比较透明的社会，村民之间相互走动比较频繁，对各家的家庭收入情况、子女生活情况、债务负担情况都比较熟悉。但随着村庄社会的流动性不断增加，对于村庄内部而言，传统上的熟人社会的信息透明机制对认定低保对象的家庭收入情况所起到的作用越来越式微。当前，尽管乡村社会相比城市工商社会而言比较封闭，村民日常生活的交往还处于熟人社会的结构之中，但随着乡村社会结构不断转型，社会

人口的流动性不断加大，村民之间财产信息、房屋信息和行为信息等与低保对象识别有关的信息也处于流动之中，这给国家识别低保对象带来了很多困难。

通常而言，低保申请人到底通过什么材料来反映自己的生活水平低于政府制定的标准，需要依靠计算家庭收入的方式。根据笔者在江西林县的调研，按照江西省林县人民政府《关于做好2017年度低保年审和听证工作的通知》①要求，认定为低保对象的主要标准包括户籍状况、家庭财产和家庭收入三个基本条件。只有符合这三个条件才能有资格申请。然而，具体申请人的户籍状况、家庭财产以及家庭收入等客观事实如何被精准识别，以及乡村社会的家庭收入的计算周期、计算范围以及计算标准等问题往往具有不确定性。例如，在计算家庭收入的过程中，就涉及哪些指标项目属于家庭收入，家庭收入是否包括家庭财产以及家庭财产收入，家庭财产是否包括不动产等，这些计算项目的取舍直接影响低保申请对象是否符合政策文件的标准。而在实践中，家庭收入往往具有不可量化性，这主要有两方面原因：一方面，随着新业态经济的出现，农村家庭成员的收入来源变得日益多元，应该把哪些劳动收入作为计算标准，实践中往往难以用统一的标准计算，也就难以匹配国家的政策标准。另一方面，村庄社会成员的流动性带来家庭成员的身份财产信息的流动性，这给基层组织带来许多工作上的麻烦，因而实践中村级组织无法有效统计家庭成员的全部收入。由此可看出，国家在确定低保资源分配过程中无法精准计算家庭收入的范围及其具体数值。相应的，如果缺乏建立在国家认证体系基础之上的家计调查模式，也就无法提供有效数据反映一个家庭的基本生活水平，那么农村低保资源要在村庄社会中实现精准化分配注定是非常困难的。

---

① 参见林县人民政府《关于做好2017年度低保年审和听证工作的通知》（永府办字［2017］91号）。

（二）信息数据系统的分散化影响认证的统一性

随着现代信息技术的发展，乡村两级组织电子化和信息化办公能力也逐步提升。可以说，现代信息技术优化了管理模式，提高了管理效率，这主要体现为从过去总体性支配到技术性治理模式的转变。① 这种技术治理模式最明显的特征就是技术治理催生了科层组织结构的快速转化和生成。科层制下，每个科层机构的职责分工都非常明确，任务目标也相对清晰。与此同时，与科层机构决策相关的信息系统也建立起来了。例如，人力资源部门建立了本系统内部的就业数据和社会保障数据，公安部门建立了流动人口的监测数据，房屋管理部门建立了房产系统数据，等等。这些部门的数据是日常行政管理的重要依据。但是，从整体性治理的角度来看，这些数据又都呈现分散化特征。例如，对农村低保申请人的身份财产信息的核查，往往牵涉到各个部门数据信息的共享和联动，否则对虚假低保申请人的治理就会陷入碎片化治理中，从而影响国家治理目标的实现。

国家认证是建立在客观真实的事实基础上。然而，如何保证低保申请人提供的信息是客观真实的，进而精准化识别低保申请对象，这往往建立在一套整合的数据信息系统之上。从理论上讲，一套整合的数据信息系统，要涵盖当事人的身份信息、家庭成员信息、家庭成员收入信息、家庭成员的流动信息、家庭成员的工作状况、身体健康状况、教育情况等，而农村低保资源的分配实践，往往需要建立在国家对低保申请人身份、财产和行为等数据信息的比对和核查的基础上。并且，只有通过整合这些关键信息才能有效识别低保申请对象是否符合政策标准。但从现实层面来看，这套整合的信息系统还没有完全建立于乡村社会中，这主要因为：一方面，从上往下看，乡村两级组织的政策执行性功能比

---

① 渠敬东、周飞舟、应星：《从总体支配到技术治理——基于中国30年改革经验的社会学分析》，《中国社会科学》2009年第6期。

较凸显而决策性功能较为弱化，如此，乡村两级组织掌握数据信息进行决策的可能性较低，进而影响了乡村两级组织的信息提取与识别的能力；另一方面，乡村两级组织在客观上也无法掌握这些分散化的数据信息系统。这些现行的相关数据系统客观上没有得到有效整合，并且各类数据信息的统计标准不一，且由多个部门掌握，因而在低保评审过程中，往往形成某种"数据孤岛"现象。数据系统的分散性影响国家对低保申请对象信息认证的统一性，这影响国家的认证能力。

四　分类标准的模糊性、低度科层化的认证组织与国家认证

国家的认证能力在规范层面表现为认证的规则标准越清晰，认证的精准度就越高，国家认证能力就越强，就越能够实现国家低保资源精准化分配的目标。反之，当政策标准的分类越模糊，并且经由低度科层化的认证组织去执行，国家低保资源的精准分配就越难实现。

（一）纸面上的分类标准无法涵盖社会变动中的事实

在农村低保资源分配过程中，大多以基层政府出台的规范性文件作为操作指南。规范性文件不仅规定了不同辖区的低保配额，也表达了申请对象的资格条件。在资格条件设定方面通常包括低保资格的肯定条件和否定条件①。肯定条件主要设定了获评低保的

---

① 根据林县人民政府《关于做好 2017 年度低保年审和听证工作的通知》（永府办字［2017］91 号）的规定，肯定条件主要包括 6 类常见的大病［患恶性肿瘤、尿毒症（肾衰竭）、重症肝病（肝硬化或急性重型肝炎）、重性精神病（精神分裂症、双相情感障碍、器质性精神障碍）、脑性瘫痪、白血病］，6 种大病属于必保的范围，否定条件包括故意隐瞒财产、有较多的家庭财产、三个以上的儿子家庭、财政供养人员等。

显著性社会事实信息，例如大病的救助和保障，而否定条件主要包括不能获评低保的社会事实。实践中，肯定性条件争议较少，因为其设定的资格条件相对比较罕见，并且容易在村庄社会中得到认可。例如，农户患有某种疾病有医院的认证，并且大多为广大农户所知晓，因此争议较少。但是否定性条件则存在较大争议，因为否定性条件直接排除了农户申请的资格，而实践中农户申请低保都不愿意承认自己属于否定性条件之中，并且否定性条件也无法完全列举村庄社会的事实且每项规定都相对模糊，由此就有很多潜在的低保申请人申领低保。而事实上，一个辖区范围内的指标配置与潜在的低保申请对象数量之间总是存在差异，在此情况下，严格按照政策文件规定的贫困户的识别标准和分类标准确定低保对象才能体现为国家的福利认证能力。

理论上讲，如果政策文件设定了贫困对象的区分标准，那么直接依照政策文件就可以区分和认证村庄社会中谁是贫困户，也就可能减少"人人都低保、户户争贫困"的现象。然而现实是，纸面上的区分标准总是与现实社会中的变动的事实存在差距。这表现为，政策制定者最初设想的识别标准无法涵盖多元化的社会保障诉求，并且政策分类标准所设定的条件总存在模糊地带。这种模糊地带的存在使潜在的低保申请人不断涌现，这在以下情况中尤为突出：当低保政策制定者所预设的社会现实已发生变化时，而现实的政策区分标准还停留在僵化的规定。例如，按照政策制定当年制定的申领标准，农户因患某种大病可以直接申请低保，实践中有些农户没有患该种病也成功申请低保。但是，村庄另一个农户刚好是在第二年或第三年患某种政策文件中所认定的疾病，并且属于肯定条件的保障对象，这是本应该纳入低保对象，但在名额有限或者压缩的情况下，这就需要乡村两级组织谨慎依照政策文件标准认定。这不仅会因低保分配不公带来后续的上访问题，也涉及上级部门的督察问责问题。因此实践中为了避免制造这些问题，村干部和低保户之间可能产生"共谋"，进而可能造成低保资源存在错配。① 一旦低保资源错配，必然导致精准化分配目标无法实现。

（二）低度科层化的认证组织与精准化的认证实践存在差异

从实践米看，农村低保对象的识别和认定主要是县级民政部门委托乡镇政府协同村级组织完成，但乡村两级组织并非一种科层化组织。按照马克斯·韦伯对科层制的理想界定，科层制下每个官僚都有明确的分工和责任制度，并依照上级发出的指令做出行动，能够运用专业的技术能力执行国家意志。国家是由科层官僚和技术人员组成的执行公共意志的暴力机器，这里面就要凸显作为实现国家意志的科层官僚的专业性和技术性本质，因为只有具有专业性和技术性才能真正把国家的意志执行到社会之中。在科层制下，执行国家意志的公务人员大多是一些技术官僚，他们有明显的分工和合作制度，能够根据自己的专业判断独立执行国家政策，因此，在科层制下的技术官僚，往往具有较强的国家能力，并能够有效实现国家公共政策的目标，维护国家意志在社会中的权威。与之相对应的是，科层制下的技术官僚依照政策文件标准用专业化的技术能力采集、收取低保对象信息，并对信息整合和比对，实现一种精准化的认证实践。但是，马克斯·韦伯的科层制和官僚制理论并不能反映中国基层政府组织运行的结构模式。在基层政府治理活动中，往往是一种权威治理的组织模式②，呈现出临时性和半正式化的组织③，而低度科层化组织与精准化的

① 耿羽：《错位分配：当前农村低保的实践状况》，《人口与发展》2012年第1期。
② 周雪光：《权威体制与有效治理：当代中国国家治理的制度逻辑》，《开放时代》2011年第10期。
③ 黄宗智：《集权的简约治理——中国以准官员和纠纷解决为主的半正式基层行政》，《开放时代》2008年第2期。

认证实践之间存在的反差导致农村低保资源无法得到精准分配。

在村庄社会中，国家大多数公共政策的落实都需要依靠乡村干部去执行。乡村干部的行为在普通农户眼中就是一种代表国家的行为。但是，乡村干部在执行国家政策时，常常具有非专业性，也不具有科层化的技术治理优势，尤其在中西部地区的一些乡镇，有时候为了完成政策执行的任务，常常需要采用"正式权力的非正式化运作"的方式开展工作。① 而在低保资源认证实践中，乡镇干部往往主持召开低保评审会，主要是宣传和解释国家政策。而一些家庭收入情况调查、家庭财产情况往往需要依赖村干部。在这个过程中，国家政策文件规定的标准往往被一种半正式化的组织执行。这种半正式化组织是由乡镇干部和村干部临时组成。这种半正式化组织主要依靠乡村干部的工作经验来认定低保对象，而非运用专业化的技术系统来识别低保对象的社会信息。② 甚至在广大中西部地区，很多村级组织乃至乡镇政府由于缺乏年轻的以及懂信息技术的村干部，低保信息的采集和录入的形式大多是一种半正式化，这种半正式化组织往往依靠自身乡村工作的经验去判断申请对象的基本情况，并且免不了受到基层社会权力关系网的制约，也即面临"硬制度"遭遇"软环境"的问题。③ 而在低保资源分配实践中，乡村干部半正式化组织并不是建立在科层化意义上的技术分工，也不具备专业化的技术信息识别和数据信息

---

① 孙立平、郭于华：《"软硬兼施"：正式权力非正式运作的过程分析——华北 B 镇收粮的个案研究》，载清华大学社会学系主编《清华社会学评论》，鹭江人民出版社，2000。

② 例如，笔者在江西林县调研时发现，按照县里文件要求，每个行政村的低保评定工作要由一名副科级领导干部和两个乡镇干部组成临时工作组，专门完成低保评定工作。乡镇副科级干部是由乡镇党委政府指定，一般是分管该村工作或者联系该村的驻村干部，其他两名干部通常是驻村干部，由他们组成一个驻村工作组。这三名干部组成工作组的主要任务是，在村庄社会中宣传、解释并执行国家低保政策，同时召开并组织低保评审会。

③ 邓大松、王增文：《"硬制度"与"软环境"下的农村低保对象的识别》，《中国人口科学》2008 年第 5 期。

的整合能力，因而其对低保对象进行识别具有固有的局限。这种局限在客观上反映了国家福利认证能力在基层社会的不足。政策文件制定的标准经过这种非正式化的组织执行之后，难免存在政策执行偏差。

五　结论与讨论

农村低保资源是国家的一项公共资源，但精准化分配需以认证为基础。从国家认证的角度切入低保分配实践发现，在认证的事实和规范两个层面都反映出一个问题——由于国家认证能力不足，导致农村低保资源精准分配存在实践困境。就认证的事实层面而言，随着乡村社会结构的不断转型，乡村社会的流动性不断加大，流动着的社会成员事实信息无法通过统一的认证体系识别，再加之村庄社会成员的事实信息散见于不同数据体系中，这些都影响了国家福利的统一认证。社会事实的可靠性越低，国家认证能力越低，低保资源的精准化分配就越难实现。而在规范层面，尽管在政策文件中设定了低保申领标准，但是政策的分类标准总是与变动中的社会事实存在差异，因而政策文件规定贫困与非贫困的分类标准总是相对的并且是模糊的。而在标准的执行过程中，乡村半正式化组织缺乏一套技术手段进行信息识别、采集和整合，因而难以精准识别潜在的对象并反馈到国家统一的认证体系中，这些因素的共同作用极大影响了国家认证能力的发挥，进而引发了农村低保资源精准分配的实践困境。

从理论上讲，精准分配低保资源依赖一定的基础设施，在村庄社会中就表现为国家福利认证能力，它是国家基础性能力的基础。如果缺乏这种基础性能力，那么体现国家意志的低保资源将难以精准有效的渗透到村庄社会中。因此，国家在农村输入各种资源时，为保障国家资源分配能够精准有效的落实到村庄社会，并在整体上形塑农民对国家的认同，需要配套建立和完善相关的基础设施，这些基础设施主要包括村级组织的专业化信息技术人才的培养、信息系统的建立与完善、流动人员身份财产信息的监测与整合以及专业化的科层组织执行等。如果没有健全和完善这些基础能力建设，而只是源源不断地向乡村社会输入福利资源，其福利治理效能的长效机制不一定能够完全建立。为此，可从以下两方面着手：

一方面，加快村庄社会信息基础能力建设。紧跟国家大数据发展趋势，大力推进数字乡村建设。针对乡村建设的具体目标和任务，围绕涉农方面的基础信息进行整合，尤其是涉及农户个人身份、财产以及行为等方面的信息，应该投入财政资金建立大数据系统，把多个数据系统整合为一个统一的认证体系，方便比对与核查，从而不断提升国家认证的信息整合能力。另一方面，提升规范标准与社会事实的精准匹配度。加强基层网格化体系建设，提升网格化专业化队伍建设的年轻化、信息化、科技化与智能化，不断夯实基层基础能力建设。与此同时，在规范层面要建立与社会事实变化相适应的开放的福利认证体系，不断加强和完善社会流动人员数据的管理和监测。建立与乡村社会流动人口相适应的网格信息跟踪系统，提升基层社会福利治理的智能化和精细化水平。

The Practical Dilemma and Explanation of the Precise Allocation of Rural Minimum Guarantee Resources

—Discussion based on national certification capability

Wang Yugen

Abstract: The precise allocation of rural subsistence allowance resources is an important measure to improve the efficiency of welfare governance, but it is based on national certification capabilities. As the foundation of national capabilities, a country's certification capabilities can be specifically analyzed at the level of certification facts and certification specifications. The former is embodied in information extraction and information integration, and the latter is embodied in the classification clarity and execution of certification standards. Specifically, in practice, due to the continuous increase of social population mobility in the village, it is difficult to quantify the household income of rural households through the community targeting mechanism. The information of mobile social members and even the objectively existing decentralized information system affects the country's welfare certification capabilities and policies. The classification standards at the normative level cannot cover changing social facts, and even the low-level bureaucracy and semi-formalization of the standard implementation process affects the precise matching of normative standards with potential subsistence allowances. Under the combined effect of these factors, there is a practical dilemma in the precise allocation of rural subsistence allowances resources, which in essence reflects the country's insufficient welfare certification ability in the grassroots society. To improve the country's welfare certification system in the grassroots society, it is necessary to strengthen the building of basic information capabilities, establish an open certification system that integrates standardized certification standards with information on social changes, and continuously improve the accuracy of the standardized certification standards and social facts.

Keywords: Rural Minimum Guarantee Resources; Precise Allocation; National Capacity; National Certification Capacity

2021年第1辑 · 总第3辑

法律和政治科学
LAW AND POLITICAL SCIENCE

Vol.3, 2021 No.1

政　法

《法律和政治科学》（2021 年第 1 辑·总第 3 辑）

第 119 ~ 151 页

© SSAP，2021

屠宰场案新论

——重建政治下的美国联邦最高法院[*]

杨洪斌^{**}

【摘　要】 1872 年的屠宰场案是美国联邦最高法院运用第十四修正案审查州治安类立法的首次试水。虽然一直以来都备受诟病，但屠宰场案并不是一个错案，它只是表明内战前的二元联邦主义和尊重各州治安权力的传统在当时人们的观念里仍然占据优势而已。面对早期共和国和中期共和国之间的代际综合难题，联邦最高法院在屠宰场案中坚持中道的立场，顺应了当时的情势，是美国重建政治中"革命的反革命"的一部分，表现出了审慎的政治智慧。

【关键词】 屠宰场案；特权或豁免权条款；二元联邦主义；州治安权力

---

* 本文系郑州大学青年教师启动基金项目"洛克纳案与'实体性正当程序'"（项目号 32220160）的阶段性研究成果。

** 杨洪斌，博士，郑州大学法学院讲师。

> 凡出生或归化于合众国并受合众国管辖之人，皆为合众
> 国及其居住州之公民。无论何州，均不得制定或实施剥夺合
> 众国公民之特权或豁免权之任何法律；无论何州，未经正当
> 法律程序，不得剥夺任何人之生命、自由或财产；亦不得拒
> 绝给予在其管辖下之任何人以法律上之平等保护。

> ——美国宪法第十四修正案第一款

作为涉及第十四修正案的第一个重大案件，1872 年的屠宰场
案在后世（尤其是当代）的声誉可谓"糟糕"。① 主流的观点都对
该案中对第十四修正案的解释持批评的态度，其中最关键的指责
是，认为该案架空了"特权或豁免权"条款，导致它无法在个人
权利的保护方面发挥任何意义。国内学者也大多沿袭了美国宪法
学的主流说法。② 不过，虽然饱受批评，但屠宰场案却很难说是个
错案，而且在后世还经常被引用。

屠宰场案涉及的是路易斯安那州的一部制定法："1869 年，
路易斯安那州政府以改善城市的卫生条件为名，决定对新奥尔良
市的屠宰行业实施统一管理。当时州政府没有资金建立统一的屠
宰场，便先将两个私人屠宰场改为由州政府管理的屠宰场，同时

---

① Slaughterhouse Cases, 83 U. S. 16, 36 (1872).
② 比如张千帆教授指出，屠宰场案的判决意见"把第 13 修正案限制于取消蓄奴
制，把第 14 修正案的法律'正当程序'和'平等保护'皆限于种族歧视，并
对'优惠与豁免'条款（即'特权或豁免权条款'）判定'死刑'……［该
案多数意见］对'优惠与豁免权'的狭隘解释……极大限制了［该条款］的
适用范围"。参见氏著《西方宪政体系》（上册·美国宪法），中国政法大学
出版社，2004，第 250~252 页。再如，王希教授也指出，虽然"米勒的判决
不是完全没有根据"，但是该案"对第十四条宪法修正案的狭义解释极大地限
制了联邦政府对公民权利的保护，尤其束缚了联邦政府对黑人公民权利的保
护，对当时共和党政府在南部实施重建修正案及相关法律有很大的消极影响，
事实上将公民权利的管理交回到各州手中，对激进共和党人原本期望的宪政
改革来了个釜底抽薪"。参见王希《原则与妥协：美国宪法的精神与实践》，
北京大学出版社，2005，第 257 页。

要求新奥尔良市所有的屠宰场主必须到指定的屠宰场去开业。许多个体屠宰场主对这项法律十分不满。这些人中有的原来有自己的屠宰场，有的有合股的屠宰场，但现在被强行迁移到统一的地方去开业，他们感到非常不便，况且，在新地方开业还必须缴纳摊位和场地费用，对他们来说也是一种额外的经济损失。"① 这一做法受到了强烈的质疑。屠户们认为，州法授予新屠宰场的这种专营权是一种垄断，侵犯了他们的经营自由。② 于是他们把目光转向了刚刚通过的联邦宪法第十四修正案，尤其是其中的特权或豁免权条款："无论何州，均不得制定或实施剥夺合众国公民之特权或豁免权之任何法律。"

一 第十四修正案第一案：屠宰场案

（一）屠宰场案的案情和判决

屠宰场案是最高法院首次对第十四修正案做出解释，争议异常激烈。在 1872 年 1 月进行了第一轮口头辩论之后，由于尼尔森（Samuel Nelson）大法官缺席了此次辩论，加上大法官之间出现了很大的意见分歧，因此最高法院又决定于 1873 年 2 月 3—5 日进行了第二轮口头辩论——此时尼尔森大法官已于上年 11 月退休，继任的是原纽约州上诉法院首席大法官沃德·亨特（Ward Hunt），他于 1873 年 1 月 9 日履新。

代表新奥尔良屠户的是前联邦最高法院大法官约翰·坎贝尔

---

① 王希：《原则与妥协：美国宪法的精神与实践》，北京大学出版社，2005，第253 页。

② 还有一些外部因素加剧了人们对屠宰场立法的不满。路易斯安那州议会当时是由一些在内战前后南下的北方人主导的，这些人被戏称为"背包客"（carpetbagger），意思是说他们背着一个旅行袋到南部来投机取巧，因此当地人对他们十分敌视。再加上当时美国各州的立法机关普遍存在的严重腐败，这些都使这项立法引起了人们相当大的愤慨。

（John A. Campbell），① 他在法律界享有极高的威望。坎贝尔从一开始就意识到了这一案件的重要性——甚至可以说正是他促成了这一案件能够最终上诉至最高法院——在他看来，最高法院从未遇到过比该案关系更加重大的案件。他同时援引了第十三和第十四修正案来论证其主张。就第十三修正案来说，坎贝尔认为，"一部法律，只要它……对不同的阶层存在有歧视，也就是说，剥夺了某个阶层的自由或财产［用于为另一些人的利益服务］"，那就是施加了一种强制性的劳役（involuntary servitude）。② "每个人作为个体（以及公众作为集体），都有权利要求交易过程（the course of trade）免受不合理的阻碍，这是法律的一般原则。"就第十四修正案来说，坎贝尔将它视为是"对那些构成了第十三修正案的根基的原则更为全面的表述"。他宣称，第十四修正案中对公民身份的规定使州公民身份和合众国公民身份这两者的相对重要性发生了倒转，后者已成为美国人主要的身份资格；而"特权或豁免权"条款则与普通法中的契约权利和财产权利有着重大的关联性，它把普通法中的经济权利和自由（包括职业上的自由）联邦化、宪法化了，从而使之免受各州侵犯。坎贝尔指出，这些权利"活在人民的意识里，被称为人民的权利（普通权利，common right）、普通法，它们是人们的普遍观念的产物，就像个人那样活着、运转着……所有这些权利都来自这两条修正案，并受到国家的保护"。因此，坎贝尔认定，路易斯安那州的屠宰场法同时违反了第十三和第十四修正案。

代表路易斯安那州的首席律师是托马斯·J. 杜兰特（Thomas J. Durant），他的论辩主要着眼于州固有的治安权力，认为州法对屠宰场的规制完全是州治安权力的正当行使。至于第十四修正案，

---

① 坎贝尔于 1853 年至 1861 年担任联邦最高法院大法官。内战爆发后，他辞去了最高法院大法官的职务，回到南部并出任南部联盟的助理战争部长。
② 美国宪法第十三条修正案第一款规定："合众国境内或属合众国管辖之任何地区内，不准有奴隶制或强迫劳役存在，唯用以为惩罚罪犯者，不在此限。"

他认为只是为了确保黑人和白人政治和民事上（civil）的平等。路易斯安那州的另一位律师查尔斯·艾伦（Charles Allen），则更直接地就第十四修正案的解释问题对坎贝尔的论辩做出了回应。他没有参与口头辩论，但是他在案情摘要（brief）中指出："根据公众[在第十四修正案的批准过程中]就该议题的讨论情况来看，他们从来都没有考虑过[像坎贝尔]这样的解读。难道说国会和整个国家都被骗了，被误导了？难不成他们做了他们无意去做的事？"艾伦指出，如果接受坎贝尔对第十四修正案的解读，那么大量州法的实施都会受到严重的阻碍——包括对雇佣关系和劳动时间进行规制的法律，禁止童工的法律，限制博彩业和酒类贸易的法律——这将会"剥夺州立法机关和州法院管理和解决内部事务的权利"。①

最终，最高法院以5：4的微弱多数维持了路易斯安那州法院的判决，驳回了复审原告（the plaintiffs in error）对州法的挑战。米勒大法官撰写的多数意见区分了"州公民"和"合众国公民"这两种身份并进而指出，本案复审原告所主张的权利属于"州公民"的特权或豁免权，而不是第十四修正案第一款所保护的"合众国公民"的特权或豁免权，应留由各州决定是否以及如何保护，因此路易斯安那州的规制立法并不违宪。

（二）对屠宰场案的两种批评

后世对屠宰场案的批评主要有两个方面。主要的一种批评，正如上文已经提到的，是认为本案导致"特权或豁免权"这个被

---

① 以上对双方立场和观点的概述，均引自 Charles Fairman, *History of the Supreme Court of the United States* (*vol. VI*)：*Reconstruction and Reunion*：*1864 - 1888*, The Macmillan Company, 1971, pp. 1344 - 1345。在费尔曼看来，坎贝尔背后的逻辑是这样的："最高法院应该根据第十四修正案的权威来确认所有那些对合众国公民身份具有根本重要性的（consequential）权利，正如[普通法]法院一直都根据社会的需要而对普通法做出调整一样。"

原本寄予厚望的条款被彻底架空了，无法在个人权利的保护方面发挥任何作用。在批评者看来，多数意见对"州公民"和"合众国公民"这两种身份（以及它们各自相应而来的权利）的区分十分勉强，它导致第十四修正案的特权或豁免权条款只能用来保护"合众国公民的特权或豁免权"，而合众国公民的特权或豁免权又被限定在极其狭窄的范围，因此该条款就被架空了。对此，米勒大法官在多数意见中其实已经做出了回应。

米勒对合众国公民和州公民身份的区分是非常严密的。他指出："［第十四修正案的第一款］以对公民身份的定义作为开头——不仅是合众国公民身份，而且还有州公民身份。之前的宪法里没有像这样的定义，国会也从未试图通过立法对它做出界定……［第十四修正案第一款第一句］为公民身份下了一个明确全面的定义，从而说明什么可以构成合众国公民以及州公民的身份……［这一条款］很明显承认并且确立了联邦和州公民身份的区分……我们认为，［这两种公民身份］的区分以及该修正案对它的明确承认，［对本案］是十分重要的，因为这同一款的下一部分——复审原告主要依赖的就是它——只提到了合众国公民的特权或豁免权，而没有提到各州公民的特权或豁免权。但原告的论辩却完全是建立在这样一个假定之上的，即这两种公民身份是一样的，而该条款所保障的特权或豁免权也是一样的。［第十四修正案中的］原文是，'无论何州均不得制定或实施剥夺合众国公民之特权或豁免权之任何法律'。如果这个条款是为了保护某个州的公民防止本州立法权的侵犯，那么在这一句的措辞里完全没有提到'州公民'就有点儿不可思议了——相比之下，这一句前面的那一句就非常仔细地用到了'州公民'这一提法，而且是和合众国公民对比使用的。用词上的变化显然是有意的。"①

---

① Slaughterhouse Cases, 83 U. S. 16, 36 (1872).

至于说哪些权利才**属于**第十四修正案所保护的"合众国公民的特权或豁免权"？由于这和屠宰场案本身并没有什么关系，因此无须作答，"等到将来出现了涉及这些特权的案件时"再着手处理也不迟，眼下则只需要指出复审原告所主张的那些权利并**不属于**就足够了。虽说如此，为了避免以下这种指责，即"如果我们刚才考虑的那些权利都被排除在［合众国公民的特权或豁免权］之外的话，那么［这个条款］就没有任何内容了"，米勒还是"画蛇添足"地列举了一些权利，作为对"合众国公民"的特权或豁免权的说明。他谈到了许多权利，并指出这些权利"就其存在本身来说，源自联邦政府，或者它本身的联邦性质，或者联邦宪法和法律"（owe their existence to the Federal government, its national character, its Constitution, or its laws），因此它们属于"合众国公民"的特权或豁免权。按照这个模糊的界定，"合众国公民"的特权或豁免权完全可以有十分丰富的内容。被米勒作为例证的这些权利，有的很琐碎，但有的却也十分重大，比如他谈到"和平集会和向政府请愿申冤的权利，［获得］人身保护令状的特权，是受到联邦宪法保障的公民权利"。① 众所周知，集会和请愿权是第一修正案中的权利，人身保护令状则出现在宪法第一条第九项，如果它们属于第十四修正案"特权或豁免权"的保护范围，那就意味着，屠宰场案的多数意见完全可以构成后来的"并入理论"的基础，从而对各州产生重大限制。② 至于说为什么"特权或豁免权"条款后来的确成了一个无关紧要的条款，而并入理论则是

---

① Slaughterhouse Cases, 83 U. S. 16, 36 (1872).
② 并入（incorporation），或译"吸纳"，是指原本用来限制国会的《权利法案》，经由第十四修正案的"正当法律程序"条款的中介，也同样可以用来限制各州。也就是说，第十四修正案可以吸收《权利法案》的内容来审查各州。关于屠宰场案的这样一种解读，参见 Kevin Christopher Newsom, "Setting Incorporation Straight: A Reinterpretation of the Slaughter-House Cases", *Yale Law Journal*, vol. 109, 1999。

经过正当程序条款而不是特权或豁免权条款来完成的，那与本文无关。在这里我们只需要确定一点就够了，即屠宰场案本身和"特权或豁免权"条款后来"被架空"之间，并不存在必然联系。

至于另一种指责，即屠宰场案导致"重建修正案"（即第十三、第十四、第十五修正案）的保护范围被限定在了保护黑人这一狭小的领域之内，① 就更是无稽之谈了。米勒的确在判决书中追溯了重建修正案的制定历史并强调指出，制定这三条修正案最初的"起因"都是为了保护刚解放的黑奴，但他同时也明确指出，这并不是说"除了黑人之外，其他人就不能得到这些修正案的保护……如果其他一些的确属于这些条款保护范围的权利遭到了州［政府］的侵犯，那么，即便所涉及的当事人不是非洲后裔，我们也同样会适用［这些修正案］为其提供保护"。② 更何况，在屠宰场案之后，与黑人保护无关的第十四修正案类案件反倒越来越多、势不可当，这一事实本身就表明这第二种指责是不能成立的。

综上所述，后世对屠宰场案的这两种指责显然都是站不住脚

---

① 比如罗伯特·库什曼在 1921 年的一篇论文中就认为，屠宰场案对第十四修正案的解释十分"简单、明确"，按照这种解释，"不管［第十四修正案］创设了哪些新的［宪法］保障，其目的都是为了新获得解放的黑人的利益（benefit）。如果立法权的行使不涉及种族压迫或种族歧视，那么就不能适用［第十四修正案来进行审查］。这个教义是由米勒大法官明确宣布了的……他认为除了涉及被解放奴隶的权利的案件之外，这个修正案永远都不能适用"。参见 Robert Eugene Cushman, "Social and Economic Interpretation of the Fourteenth Amendment, Michigan Law Review", vol. 20. 再如西格尔教授也认为，最高法院之所以在本案中拒绝复审原告关于职业自由等权利的主张，是因为多数意见认为内战前有诸多的先例都把对公民自由（civil liberties）的界定和保护留给了州法来控制，重建修正案只不过是"确保了新近解放的奴隶和白人［在这方面］享有平等的对待"而已。参见 Stephen A. Siegel, "Lochner Era Jurisprudence and the American Constitutional Tradition", *North Carolina Law Review*, vol. 70, 1991。

② Slaughterhouse Cases, 83 U. S. 16, 36 (1872).

的。但屠宰场案又毫无疑问是个疑难案件，[①] 那它究竟难在哪里？多数意见和反对意见争议的焦点到底是什么？仅仅驳斥上述两种批评还远不足以使我们了解全部的真相。后世的这两种批评意见之所以不得要领，是因为他们遗忘、忽略了 19 世纪 70 年代的时空条件。表面看来，该案涉及的只是"特权或豁免权"条款的解释问题，即屠户们生产经营权利是否属于该条款的保护范围，是个权利属性问题，似乎通过文义解释即可解决。但事实上，该案背后的关键在于联邦制的结构。只有回到当时那个时空里，从联邦主义的视角出发，才能真正理解屠宰场案面临的难题以及多数意见中的法理学。

二 19 世纪美国的州治安权力传统

屠宰场案的真正关键在于联邦主义的结构平衡——具体则表现为美国联邦主义之下的一个关键概念，州治安权力（police power）。当代读者对"州治安权力"可能会感到陌生，但在 19 世纪的美国，它是关系到州权和联邦主义之结构根基的核心概念，可谓兹事体大。不了解 19 世纪美国的州治安权力传统，便不可能真正理解屠宰场案中面临的两难处境以及多数意见的高明之处，甚至也不可能理解此后半个多世纪里第十四修正案在司法应用中的演进逻辑。

（一）州治安权力的概念

"州治安权力"一语的关键在于"治安"，这是个非常模糊的概念："它同时意味着一种权力和政府的一种职能、一套规则以及

---

① 5∶4 的表决结果在 19 世纪是相当罕见的。此外，本案还产出了三份异议——分别由菲尔德、布拉德利、Swayne 撰写——其中菲尔德大法官主笔的异议得到了另外三位持异议的大法官（即蔡斯以及 Swayne 和布拉德利）的附议，由此可见多数和少数之间差距之微小、争议之激烈。

一种行政组织和力量（administrative organisation and force）。"① 布莱克斯通将公共治安和经济事务并作一处，把它们界定为"正当的规制和王国内的秩序"，由此即可见其宽泛、含糊。② 在布莱克斯通的影响下，美国建国后，各州也将治安作为政府立法的主要部分之一。

不过，虽然"治安"到 19 世纪初期已是立法中普遍使用的概念，但要想概括出某种原则，从而使治安类事项有一个较清晰的门类并和其他事项区分开来，则似乎根本是不可能的，它究竟具有何种法律意义在当时还很不清楚。从 19 世纪上半期的司法案例来看，治安这一术语总是和一州内部的商业贸易混在一起使用，此外，公共健康和安全措施通常也会被归入治安的范围。一般的倾向是把治安等同于整个内部统治和主权本身，并将其视为一种范围无法确定的庞大立法范围。正如米歇尔·福柯所说，"治安包括任何事情"。③ 政府的任何职能，只要是为了"人民福利"，都可以归到"治安"的名下——比如增进人民财富、开垦农地、发展交通和贸易、提高人民生活水平等，五花八门，不一而足。治安的目标是如此宽泛，那就意味着，州政府可以以"治安"的名

---

① Ernst Freund, *The Police Power: Public Policy and Constitutional Right*, Chicago: Callaghan & Company, 1904, p. 2. "治安"是来自普通法的古老概念，包括的范围很广，并不仅限于警察、治安一类。布莱克斯通所使用的"police"一词，勉强还可以用"治安"来翻译——在"治安"这一题目之下，他处理了秘密婚姻、重婚、流浪士兵、吉卜赛人、妨害治安（common nuisances）、游手好闲的闹事罪（idleness）、奢侈、赌博等问题——涉及公共贸易和公共健康的行为，他是在"治安"之外单独处理的。而且布莱克斯通还主要是从普通法的各种琐细、繁杂的诉讼门类中抽出若干，将其统合在"治安"的题目之下。但到了美国早期，police 已经将"监管"的含义包含在内了，定性也变得更加模糊和宽泛，更具一般性，因此译作治安显然是不准确的，有学者译作管治或监管，不过本文仍然采用"治安"的传统译法。此外需要注意的是，美国的治安权力概念和十九世纪德国的"警察权""警察国家"也没有任何关系。

② 转引自 Ernst Freund, *The Police Power: Public Policy and Constitutional Right*, Chicago: Callaghan & Company, 1904, p. 2。

③ 转引自 William J. Novak, *People's Welfare: Law & Regulation in Nineteenth-Century America*, The University of North Carolina Press, 1996, Introduction。

义对经济和社会的种种进行广泛的规制和监管，"在无论公共还是私人的生活领域中，到处都可以看到州治安权力的影响"。①

正是由于这种含糊性，19 世纪的法官和学者们，有许多干脆就认为州治安权力是无法做出准确界定的，有的甚至根本否认它的存在，把它视为一种像主权那样的拟制。在 1903 年出版的《治安权：公共政策与宪法权利》一书中，恩斯特·弗洛因德进行了大胆的尝试，试图对治安和治安权力的概念加以界定。他指出，人类之所以组建政府，是因为有三种职能非它不可，即维护国家的存在、维护权利（或者说正义）以及维护公共福利。治安大体上就对应于第三个领域，它关注的是公共的福利，或者说政治体内部的公共政策，其目的是改善那些对整个共同体具有影响的社会和经济状况，从而达到"最大多数人的最大善益"。简言之，由于治安被归入（甚至直接等同于）"公共福利"，其就构成了多数人自我统治的首要和最重要的一部分，几乎无所不包。② 至于治安权力，弗洛因德把它界定为"通过对自由和财产的使用做出限制和规制而促进公共福利的权力"。③ 与弗洛因德同时代的路易斯·霍克海默（Lewis Hockheimer）认为，"治安权力是一州固有

---

① William J. Novak, *People's Welfare: Law & Regulation in Nineteenth - Century America*, The University of North Carolina Press, 1996, Introduction.

② 弗洛因德指出："基于对公共福利的关切，没有哪个共同体把自己仅限定于执行普通法中的原则。……［它可以］通过传统的限制方法（conventional restraints）以及积极的规制——积极规制不仅限于对错误行为（wrongful acts）的禁止——对普通法权利［的适用（或范围）］加以限缩，从而以强制性的权力阻止预期中可能出现的损害（wrong）。正是这后一种国家控制［指积极规制］构成了治安权力的本质。这一权力的准则是：当人们运用其自由或财产权时，滥用这些权利［可能会］对那些笨拙的、粗心大意的或者寡廉鲜耻的（unskilful, careless, or unscrupulous）的人产生危险，［因此，］为了消除或减少这些危险，可能需要做出一些限制。每个人都必须服从这些限制。" 参见 Ernst Freund, *The Police Power: Public Policy and Constitutional Right*, Chicago: Callaghan & Company, 1904, pp. 5 - 6。

③ Ernst Freund, *The Police Power: Public Policy and Constitutional Right*, Chicago: Callaghan & Company, 1904, p. iii.

的，而且是充分的（plenary）……［通过这种权力，州政府可以］制定规制措施，从而维护并促进公共安全、健康和道德，对于任何有害于社会安宁和福利的事项，都可加以禁止"。①

将这些概念加在一起，我们大体上可以认为治安权力至少包含了以下三个基本要素：它是州政府固有的主权性权力；它主要通过立法的形式来进行规制；它的目的是为了人民的福利。一言以蔽之，它是州或地方政府为了共同善益（common good）——比如公共安全、公共福利、公共道德、公共健康等——而以立法的形式对私人权利、利益、自由或财产做出规制甚至彻底摧毁的权力。州治安权力既然被认为直接来自政治共同体的"本性"，也就是说直接来自各州所保留的主权本身，那么基于联邦宪法中对联邦和各州的主权分割，凡是联邦宪法没有明确授予联邦政府的权力，就均由各州及其人民保留。各州的治安类立法的正当性直接来自二元联邦主义下的主权分割。②

治安权力既已成了州政府权力的中心和基础，那么不管它多么宽泛和模糊，在司法案件中，法院都不得不对它做出界定。事实上，在内战前已出现了大量州治安权力类案件，这些先例为我们理解"治安权力"概念提供了最佳的指导，正如托马斯·M.库利所说，"就治安权力来说，一些著名的法官已经在一些由治安权力的行使而引发的重大案件中做出了界定，而且这些界定还［在随后的案件中］如此频繁地获得赞同和援引，可以说，没有

---

① Lewis Hockheimer, "Police Power", *Central Law Journal*, vol. 44, 1897.
② 二元联邦主义是爱德华·S. 考文提出的一个概念，用以形容美国联邦主义在新政宪法革命之前的形态。他将其要点概括为以下四个方面："1. 全国政府只享有宪法中［明确］列举的权力；2. 全国政府的权力也只能用来追求（promote）极少数的一些目的；3. 在它们各自的范围内，美国政府的两个中心（指联邦政府和各州政府——引者注）都是'至高无上的'，因此也是'平等的'；4. 这两个中心彼此间不是合作关系（collaboration），而是一种充满张力的关系。"参见 Edward S. Corwin, "The Passing of Dual Federalism", *Virginia Law Review*, vol. 36, 1950。

谁能够给它提供更加全面或更令人满意的定义了。所以，除了原文引用这些判决之外的任何其他做法就很难说是明智的了"①。下文同样将通过若干先例来对州治安权力做出进一步的说明。

（二）内战前司法机关对州治安权力的界定

对内战前的案例做一简单的考察之后就会发现，在二元联邦主义的框架下，司法机关对州治安权力一向都十分尊重，其态度和学说可以概括为：**对于联邦政府来说，宪法无明确授权即不得为之；而对于州政府和地方政府来说，则是宪法无明确禁止即可为之**。只要联邦宪法没有做出明确限制，那么州主权和直接来自主权的治安权力就是不容侵犯的。下文分别以联邦最高法院和各州法院的典型判决为例来对 19 世纪美国的治安权力传统加以说明。

1. 联邦最高法院的代表性判决

在 1824 年的吉本斯诉奥格登案中，首席大法官马歇尔间接地谈到了治安权力的问题，这可能是联邦最高法院最早涉及治安权力的案件。马歇尔指出："**对于这些事务，国会并未被授予直接与普遍的权力，因而它们仍属于各州立法的议题**。联邦立法权所能触及的领域，必须是为了全国性的目的，为某一特定目的而得到了明确的授权，或者明显是附随属（incidental）某种明确授权而来的权力。……当某一个州在对那些被公认属于其控制范围内的事项进行立法时，……［它的立法权］就**不是来自某种被［明确］授予的特定权力，而是来自其他地方，**［因为在这些领域，］**各州仍然保留了这些权力**。"② 三年后，在布朗诉马里兰州案中，马歇尔明确把这种"各州保留并且应该由各州保留的权力"称为"治安权力"，

---

① Thomas M. Cooley, *A Treatise on the Constitutional Limitations Which Rest Upon the Legislative Power of the States of the American Union*, Little, Brown, and Company, 4th ed. , 1878, p. 714.

② Gibbons v. Ogden, 22 U. S. 203, 04 (1824).

并引用了吉本斯诉奥格登案的判决作为说明。①

如果说马歇尔法院时期整体上倾向于亲联邦，因此在涉及州治安权力案件中的用语还比较具体、克制的话，那么到了坦尼法院时期，随着亲州权的杰克逊民主党人占领联邦最高法院，对州权和治安权力的支持就十分明显了，也正是坦尼法院给我们提供了典范性的州治安权力案例和学说。在 1837 年的纽约市诉米尔恩案中，巴伯（Philip Barbour）大法官指出："只要联邦宪法没有做出限制，那么一州在其领土范围内就对所有个人和所有事物享有**不可否认的、无限的管辖权，就像任何一个［独立的］外国政府一样**……对于［本案中］所有这些只涉及市政立法（municipal legislation）的权力（或者称之为内部治安更为恰当的这些权力），［联邦宪法中］并不存在这样的限制。因此，在涉及这些事项时，州就享有**完全的、无条件的、排他性的权威**……［州在内部治安方面的权力］太多样了，五花八门。如果我们真的试图对它做出界定的话，那应该说，**任何法律，只要牵涉到一州人民整体的或者在该州内的任何个人的福利，那都符合我们刚才的描述。**"②

在 1847 年的许可证系列案中，③ 核心议题是马萨诸塞州、罗德岛州、新罕布什尔州等几个州对酒类销售的立法规制是否侵犯了国会对州际贸易的管理权，亦即州际贸易条款与州治安权力之间的关系问题。这个系列案件产生了多份判决，所有的立法都得到了支持，几位大法官撰写的判决意见也大同小异。首席大法官坦尼在他负责撰写判决意见的案件中指出："什么是州的治安权力？它不多不少，正是任何政府在它的境内都**依其主权而享有的固有权力**。"治安权力是"**主权权力**"，"是在其领土界限内统治人和事的权力。正是依据这一权力，除了联邦宪法做出限制的之

---

① Brown v. Maryland, 25 U. S. 419, 443 (1827).
② New York v. Miln, 36 U. S. 102, 139 (1837).
③ License Cases, 46 U. S. 504 (1847).

外，各州在管理贸易方面，享有着和在制定健康法律方面同样绝对的权威"①。麦克莱恩（John Mclean）大法官则在另一个案件中指出："一州［负责］管理它内部的贸易、合同，以及不动产和个人财产的交易，并且［可以］针对所有与该州［人民］道德和政治上的福利有关的内部事项进行立法。联邦政府无权对这些事项进行干涉。［上述这些事项］**隶属于州的主权之下，而且和［宪法所授予的］那些隶属于全国政府的权力一样，都是排他性的……**［马萨诸塞州的许可证法案］本质上是治安类的法律……［治安权力］是**自我保存所必需的权力**，在任何一个组织起来的共同体中都必然会存在。这确乎是自然的法则，每个人也都依其个人的能力而享有［这种自我保存的权力］。"② 伍德伯里（Levi Woodbury）大法官在他负责的一个案件中指出，各州在各自的范围内是至高无上的。③ 格里尔（Robert Grier）大法官则以一种更加强烈的语气指出："所有那些为了抑制或惩罚犯罪，为了维护公共安宁、健康和道德的法律都必然地属于［州治安权力的］范围……**控制这些事项的权力‘完全、无条件、排他性地’属于州立法机关**……各州与合众国之间并不存在任何权力或立法上的冲突；它们各自在各自的范围内行动，而且都是为了公共善益。"④ 除了上述案例之外，诸如 1849 年的旅客系列案等也都对治安权力做出了类似的界定。⑤

---

① License Cases，46 U. S. 504（1847）.

② License Cases，46 U. S. 504（1847）.

③ License Cases，46 U. S. 504（1847）.

④ License Cases，46 U. S. 504（1847）.

⑤ Passenger Cases，48 U. S. 283（1849）. 该案包含 Smith v. Turner 和 Norris v. Boston 两个案件，最高法院将其合并审理，最终判决都是 5：4。大法官韦恩（James Wayne）在其中的 Norris v. Boston 案的判决中指出："治安权力和主权权力（sovereign powers）是一样的，非常众多的权力都以前者的名义被集体性地置于［各州的］主权之下。各州所保留的权力当然不仅限于前文所列举的那些情形。那么各州究竟保留了多少呢？我的回答毫不犹豫——所有对于其内部统治来说是必要的那些权力［都被各州所保留］。从一般意义上说，即所有那些没有在《邦联条例》中委托给美利坚合众国的权力；所有那些没有在联邦宪法中让与出去的权力。"

2. 州法院的代表性判决

将治安权力和各州固有的主权联系甚至等同起来的看法是内战前的通行范式，除了最高法院之外，各州法院也无不如此。以下仅举两例。1851 年，马萨诸塞州法院首席大法官莱缪尔·萧（Lemuel Shaw）在共和国诉阿尔及尔案中指出："［政府］可以对［私人］权利做出规制。这是从秩序良好的公民社会的本性中生发出来的原则。［共和国境内所有的财产］都要受制于［共和国的］共同善益和一般福利所必需的一般性规制……这些限制和规制是立法机关基于宪法授予它的统治和控制权力而认为必要、有益的（expedient）。"这些权力就是治安权力，"根据宪法所授予的这种权力，立法机关在不违宪的情况下可以制定任何形式的合理的制定法以及条例，可以规定刑罚，也可以不规定，只要它认为有助于共和国及其人民的善益和福利"。① 1855 年，在索普诉拉特兰与柏林顿铁路公司案中，佛蒙特州法院首席大法官雷德菲尔德（Redfield）指出："州［所享有］的这样一种治安权力，扩展到了对生命、身体（limbs）、健康、舒适、所有人的安宁的保护，以及对州内所有的财产的保护……经由州的这一普遍性的治安权力，个人和财产要受制于各种限制和负担，为的是保护人民整体的舒适、公众健康，以及本州的繁荣……州在这方面享有的权利从未受到过质疑，而且基于公认的普遍原则，［未来］也不可能对它提出任何质疑。"②

（三）小结

在内战前，治安权力被认为是人类组成政治社会之后政府必须拥有的权力，对州治安权力的理解是和古典社会契约理论相互联系的。正如学者所指出的，按照洛克的国家理论，"个人之所以

---

① Commonwealth v. Alger, 61 Mass. 53, 84 (1851).
② Thorpe v. Rutland & Burlington R. R. Co., 27 Vt. 140, 149 (1855).

离开自然状态，就是为了获得和平与安全，免于邻人可能的侵犯，治安权这一术语本身就是这个意思"。① 而在美国当时的二元联邦主义体制下，治安权力又是和各州保留的主权相联系的。在这方面，除了正文中禁止溯及既往、禁止损害合同义务等一些具体的限制以及州际贸易条款中存在的一般性限制之外，联邦宪法对州治安权力几乎没有任何限制，各州在这方面享有的自主权是至高无上的。只要是为了保护和促进公共福利，州和地方政府即可对私人权利做出限制或强制。实际上，如果我们将"国家权力"分成对内权和对外权两部分的话，那么可以说，除了在 1787 年《宪法》中被明确授予联邦政府的之外，各州仍然保留了其他所有的"对内权"，治安权力则是其中最大的一支。这就是内战前对州治安权力的标准看法。正如弗洛因德所说："治安权力并没有一个'固定量'，而是社会、经济和政治状况的反映。只要这些状况继续变化，治安权力就必须继续保持弹性。"②

1868 年，19 世纪下半叶美国宪法学领域最具影响的法官和学者托马斯·库利出版了经典的《宪法限制》一书，他用了专门一章来处理州的治安权力问题。在这一章的开头，库利就点明了他要回答的问题："就全国政府与州政府之间的权力冲突以及某一个州在处理财产权时或者对个人的行为做出约束时是否超出了它正当的权限来说，为了回答这些问题，就必须考虑各州所享有的一项权力的程度以及它恰当的界限——这项权力，就像税收权一样，遍布在每一个行业、每一种利益以及每一个有关盈利或者［权利的］享用（profit or enjoyment）的主题之中。我们所指的，就是

---

① 〔美〕理查德·A. 艾珀斯坦：《征收——私人财产和征用权》，李昊等译，中国人民大学出版社，2011，第 116 页。

② Ernst Freund, *The Police Power: Public Policy and Constitutional Rights*, Chicago: Callaghan & Company, 1904, p. 3.

通常所说的'治安权力'。"① 我们知道，库利在后世的声誉主要来自他对私人财产权的热情拥护以及对政府规制的敌视，② 但他在 1868 年之时也不得不无奈地承认州治安权力近乎无限的范围③——虽然州治安权力的行使不得与联邦宪法相冲突，不过"如果根据这一权力而对［私人］权利做出的规制是为了给所有人提供正当的保护以及生活的舒适，并且没有剥夺任何人正当地拥有的东西"，那联邦宪法就无法提供任何保护。④ 库利探讨了几种在当时比较重要的治安类规制措施，最让他感到不可思议的是"合同义务条款"面对州治安权力的无力，他说："私人公司根据

---

① Thomas M. Cooley, *A Treatise on the Constitutional Limitations Which Rest Upon the Legislative Power of the States of the American Union*, Little, Brown, and Company, 1868, p. 572.

② 比如克莱德·E. 雅各布斯称他是"内战后宪法上的自由放任主义主要的贡献者"。参见 Clyde E. Jacobs, *Law Writers and the Courts: The Influence of Thomas M. Cooley, Christopher G. Tiedeman, and John F. Dillon Upon American Constitutional Law*, University of California Press, 1954, p. 27；本杰明·特维斯则评论说库利的《宪法限制》一书为自由放任的资本主义体制提供了一种法律意识形态上的支持，"几乎可以说和卡尔·马克思一年前出版的《资本论》正好相反"。参见 Benjamin R. Twiss, *Lawyers and the Constitution: How Laissez Faire Came to the Supreme Court*, Princeton University Press, 1942, p. 18；马弗尔·伯恩斯坦则在库利和后来最高法院的布鲁尔（Brewer）大法官进行了比较，并指出"库利，和布鲁尔类似，将法官看作是不受限制的财产权这一原则（the principle of the unfettered rights of property）的代言人，他们保护现状，使其免于大众权力的威胁"。参见 Marver H. Bernstein, *Regulating Business by Independent Commission*, Princeton University Press, 1955, pp. 32 – 33。不过，按照本文的分析，上述这些简单的定性都是很难成立的，正如用"自由放任"来概括 19 世纪末至 1937 年的宪政实践是极不准确的一样。

③ 他指出："一州的治安，包括它内部的规制和管理体系；通过这一体系，它不仅要维护公共秩序，防止对州的侵犯，还要为公民之间的交往设定一些有关良好行为和睦邻友好的规则，以避免权利之间的冲突，确保每个人都可以不受打扰地享受他自己的［权利］，同时他人也可以同样地享受他们的权利，两相和睦。"参见 Thomas M. Cooley, *A Treatise on the Constitutional Limitations Which Rest Upon the Legislative Power of the States of the American Union*, Little, Brown, and Company, 1868, p. 572。此语在前后七版中没有任何改动。

④ Thomas M. Cooley, *A Treatise on the Constitutional Limitations Which Rest Upon the Legislative Power of the States of the American Union*, Little, Brown, and Company, 1868, p. 572. 在随后各版中，此语绝大部分都保留了下来，但在个别字词上有修改。

特许状而受到保护的权利以及这些权利的行使方式，［竟然］要受制于州政府不时做出的新规制——无论是为了公共保障、公共健康和安全，还是为了给其他个人和公司的权利提供适当的保护。"① 库利显然对此很不以为然，可是他毕竟也未能在联邦宪法中发现更多有效的限制。②

　　正是在这样一种州治安权力的制度和观念传统的背景下，美国迎来了第十四修正案和 19 世纪 70 年代。虽然吵吵嚷嚷了半个世纪的脱离权（Secession）问题随着北方赢得内战的胜利而尘埃落定，但二元联邦主义和主权分割的思维仍然保留了下来，上述的州治安权观念和法理学，作为一种有生命力的传统，也必然还会继续存在下去并发挥其影响。那时的美国，随着工业化和城市化的迅速展开，各州和地方政府的治安类立法急剧增加。这些新的规制立法的法理依据当然还是之前的治安权力传统，但规制内容和范围相比于内战前则呈现大幅扩张的趋势。③　那么，第十四修

---

① Thomas M. Cooley, *A Treatise on the Constitutional Limitations Which Rest Upon the Legislative Power of the States of the American Union*, Little, Brown, and Company, 1868, p. 576.

② 在这一章的最后，库利仍然不得不面对治安权范围上的宽泛以及内容上的丰富多样——"指出如下这一点就足够了，即除了惩罚犯罪的权力之外，对于当事方主张、享用，或行使其权利的时间、方式以及情境，州政府也有权力做出宽泛的、多种多样的规制——在不违反那些为了保护私人权利或私人财产而建立的宪法原则的情况下"。参见 Thomas M. Cooley, *A Treatise on the Constitutional Limitations Which Rest Upon the Legislative Power of the States of the American Union*, Little, Brown, and Company, 1868, p. 597。

③ 新的州规制立法的大量出现，从以下事实可见一斑：库利 1868 年出版的《宪法限制》一书的全称是"论对美国各州立法权的宪法限制"，其中对州治安权力的探讨只占据了一章，参见 Thomas M. Cooley, *A Treatise on the Constitutional Limitations Which Rest Upon the Legislative Power of the States of the American Union*, Little, Brown, and Company, 1868, chapter XVI。而到了 1886 年，克里斯托弗·G. 泰德曼已经要用整本书的篇幅来探讨对"州治安权力"的限制了，参见 Chistopher G. Tiedeman, *A Treatise on the Limitations of Police Power in the United States*, The F. H. Thomas Law Book Co., 1886。到了 1904 年，恩斯特·弗洛因德又再次用 800 多页的篇幅来专门探讨治安权力的问题，参见 Ernst Freund, *The Police Power: Public Policy and Constitutional Rights*, Chicago: Callaghan & Company, 1904。由此可见治安权力的扩张程度。

正案已经生效，它显然对各州施加了新的限制，这对于各州古老的治安权力将会意味着什么？这就是屠宰场案发生时的背景。

三 重新理解屠宰场案：从联邦主义和州治安权力的视角

当我们以州治安权力传统的视角再来看屠宰场案时，就会理解它为何会是个疑难案件。众所周知，美国建国后的历史通常以内战和新政为节点分为三段，其中从内战后到 1937 年宪法革命之间这段时期，布鲁斯·阿克曼称之为"中期共和国"。这一阶段的美国宪法所面临问题的本质，阿克曼将之概括为"代际综合"难题，也就是说，由于共和党人在内战后通过重建修正案"推翻了建国者制定的宪法的某些而不是全部内容"，因此最高法院就需要去"辨别早期宪法中的哪些方面安然度过了共和党人的重建时期，在把这些存活下来的部分分离出来以后，再将它们综合到新的原则性整体里面"。简言之，也就是要把（18 世纪联邦党人的）早期共和国宪法和（19 世纪共和党人的）中期共和国宪法这两种截然不同的精神融合到一个协调的宪政整体之中。① 在这七十年的时间里，最能体现此一本质问题的线索，可以说非州治安权力和第十四修正案的冲突莫属。而作为"第十四修正案第一案"，屠宰场案已把这一线索非常清楚地预演了出来，它表面上只是若干个屠户和路易斯安那州之间的一个小小冲突，但实际上却是两个共和国精神的较量，因此它当然会是个疑难案件。

（一）屠宰场案坚持了一个中道的立场

屠宰场案判决做出后，当时的人们大体是支持的。判决发布

---

① 参见〔美〕布鲁斯·阿克曼《我们人民：奠基》，汪庆华译，中国政法大学出版社，2013，第 93、94 页。

次日，一位记者写道："虽然最高法院的大法官们将本案视为自斯科特案以来最重要的一个案件，但在法律圈之外，它并没有引起什么注意。大法官米勒先生的判决意见被法律界（the Bar）认为是非常有说服力的，其中某些段落之雄辩有力，简直让人惊讶。"①

当然，也有反对和批评，甚至还不少。② 批评声音主要来自激进共和党人（Radical Republicans）——他们在第十四和第十五修正案的制定过程中发挥了至关重要的作用。之所以被称为激进共和党人，一个重要的原因就在于他们"想要把所有的公民权利都加以联邦化；使联邦权力成为至高的；把每个公民的私人生活都置于国会的权力域之中"。③ 这种主张在当时是相当有市场的，上文曾提到的坎贝尔在本案中对第十四修正案的解读就可以视为代表之一（颇为讽刺的是，在内战时曾担任南部联盟助理战争部长的坎贝尔，现在反倒成了激进共和党人主张的鼓吹者）。而且，这种激进的主张在最高法院的大法官中也不乏拥趸，比如菲尔德（Stephen Field）大法官在屠宰场案的异议中就表达了类似的倾向。菲尔德拒绝接受米勒在多数意见中有关"合众国公民的特权或豁免权"和"州公民的特权或豁免权"的区分，他以1866年《民权法案》为例，认为该法案中规定的权利大多都属于第十四修正案"特权或豁免权"的保护范围，比如"订立和实施合同，起诉，作证，继承、购买、出租、出售、持有以及出让不动产和个人财产，以及为了个人人身和财产的安全而受到所有法律和程序上的平等保护"等权利。和坎贝尔类似，菲尔德的意思似

① 转引自 Charles Warren, *The Supreme Court in United States History*, *vol. three*, 1856 – 1918, Little, Brown, and Company, 1922, p. 261。
② Charles Warren, *The Supreme Court in United States History*, *vol. three*, 1856 – 1918, Little, Brown, and Company, 1922, p. 263.
③ Charles W. Collins, *The Fourteenth Amendment and the States*, Little, Brown and Company, 1912, p. 45.

乎是说，第十四修正案对所有的公民权利（普通法上的权利乃是其主体部分）提供了一种免于各州侵犯的绝对保护，屠宰场案中的那些屠户们的"自由职业"权利当然也包括在内。从这样一种激进的立场出发的话，屠宰场案的判决意见当然不能令他们满意。

那么，米勒是如何应对反对意见的质疑和挑战的呢？上文曾提到，多数意见花了很大力气来追溯重建修正案的制定过程，而重述这段刚刚过去数年、尽人皆知的"历史"的目的则是要提醒人们，制定这三条修正案的"起因"都"毫无疑问"是为了保护黑人。[①] 我们认为，在这番历史回顾中，米勒其实也还是在隐隐地对反对意见做出回应。首先，他或许是想对"特权或豁免权"条款的具体内涵做出进一步的说明和限定。上文已经指出，通过对两种公民身份和两种"特权或豁免权"的区分，多数意见已否定了坎贝尔、菲尔德等人的激进主张，"特权或豁免权"条款的保护**范围**已受到相当大的限定。而此处通过强调重建修正案与保护黑人权利之间的关联性，米勒或许是想表明，"特权或豁免权"条款（甚至整个第十四修正案）的目的只是确保黑人和白人**"公民权利"的平等，而并不提供绝对意义上的保护**。上文曾提到，这正是路易斯安那州的律师杜兰特的核心论点之一。我们之所以认为米勒也采取了这样一种解释进路，是因为他认为"特权或豁免权"条款与《邦联条款》以及《联邦宪法》中"特权与豁免权"条款的内涵都是一脉相承的，而后者的含义则十分清楚——他指出，宪法第四条"特权与豁免权"条款"唯一的目的

---

① 米勒写道："幸好我们大家对这段历史都记忆犹新，对于它那些与本案面临的问题有关的最重要的特征，并不存在任何疑问。……没有人会否认这些修正案中的那个普遍的意图，它构成了每个修正案的根基。要不是它，根本不会有人提出什么修正案。我们指的是（前）奴隶种族的自由，即确保这些自由的安全和坚实的确立，并保护他们免于前奴隶主的压迫。"参见 Slaughterhouse Cases，83 U. S. 16，36（1872）。

就是向各州宣布：无论你授予你自己的公民何种权利，或者对这些权利的行使施加何种限制、设定何种条件，在你管辖范围内的其他州的公民也应不多不少地享有同样的待遇"。① "特权或豁免权"条款也应照此理解。也就是说，凡是白人享有的合众国公民的特权或豁免权，黑人也都享有，只要州法没有基于种族因素而对黑人和白人做出区别对待，那么该条款就不能适用。这意味着，在对"特权或豁免权"条款的保护范围做出限定的同时，米勒还要进一步限定它的保护**程度**，这在当时也是一种很有影响的解释进路。②

其次，由于"特权或豁免权"条款涉及联邦主义的结构性变化而不只是简单的文义解释问题，因此通过回顾黑人权利与重建修正案的制定之间直接的关联性，米勒试图告诉人们的是，**重建修正案并不是为了彻底颠覆联邦主义的结构**。他清楚无误地指出，"［重建修正案中并没有］任何意图想要彻底摧毁我国的一般体制的主要特征。……对于我们复杂的政府形式的完美运作来说，各州的存在以及对其内部和地方事务进行统治的权力，还是至关重要的"。③ 相较之下，如果采纳坎贝尔和菲尔德等人的激进立场的话，"那引起的变动可就不止这些了"，后果将会"是如此之严重、深远而且普遍，偏离我们制度的结构和精神又是如此之远"，将会导致联邦主义结构的彻底颠倒："它产生的效果将会是给各州政府戴上脚镣，使它们在行使那些迄今为止一直都属于它们的权

① Slaughterhouse Cases，83 U. S. 16，36（1872）.
② 米勒对"特权或豁免权"条款具体内涵的这种解读，在这段时间前后最高法院的其他案件中也有所体现。比如在 Ex parte Virginia 案中，最高法院判定重建修正案的一个重大的意图是为了保障黑人"在公民权利方面和各州管辖范围内的其他人完全平等"。参见 Ex parte Virginia，100 U. S. 339（1879）。再如，哈兰大法官在公民权利系列案的异议中指出："这个国家的公民身份必然意味着，至少同一个州内各种族的公民在公民权利上是平等的。"参见 The Civil Rights Cases，109 U. S. 3，48（1883）.
③ The Civil Rights Cases，109 U. S. 3，82（1883）.

力时完全臣服于国会的控制；它事实上将会彻底改变有关各州和联邦政府之间以及它们各自和人民之间关系的整个理论。［然而］在这条修正案的用语中，我们并不能清楚、无疑地看到这样的意图。"①

通过对制宪史的回顾，米勒给激进派浇了一盆凉水，这是难能可贵的。须知，打从诞生那一刻起，联邦最高法院最重要的功能设定就是联邦与各州之间关系的调节器、控制器，甚至至今也还是如此。② 内战结束后，第十四修正案为联邦最高法院提供了一项新的可用于审查州法、约束各州的利器，屠宰场案是它在州治安权力方面的首次试水。应该说，最终的处理结果坚持了一个中道的立场，较好地平衡了两方的意见。一方面，多数意见拒绝了激进的立场，对州治安权力表现出了高度尊重，重申了内战前的学说：治安权力"是（而且就其性质来说也必然是）无法准确界定或者进行准确限制的。社会秩序的安全、公民的生命和健康、一个人口繁多的共同体的舒适、私人社会生活的享受以及对自己财产的有利使用等，都有赖于它……只要立法机关有权力实现某一特定的目的（result），同时如果通过［设立］公司的手段能够最好地实现这一目的，那它就有权力设立这样一家公司，并为了实现它想要的、合法的目的而赋予该公司［任何］必须的权利。对于这样的观点，几乎不存在什么争议……因此，除非能够证明这个特许状授予屠宰公司的排他性特权超出了路易斯安那州立法机关的权力范围，否则该制定法的有效性就不存在任何问题……路易斯安那州立法机关有充分的权力来制定目前这项立法，这应

---

① The Civil Rights Cases, 109 U. S. 3, 78 (1883).

② 参见杨洪斌《制宪、建国与司法审查——美国〈1787 年宪法〉的结构与司法审查在其中的位置》，《华东政法大学学报》2016 年第 6 期；田雷：《论美国的纵向司法审查：以宪政制、文本与学说为中心的考察》，《中外法学》2011 年第 5 期。

该被认为是确定无疑的"。① 但另一方面，正如上文已经指出的，多数意见也并没有像后世所指责的那样彻底架空"特权或豁免权"条款，反倒是为它保留了发挥某种重大作用的可能性。

总而言之，虽然屠宰场案在后世遭到了诸多批评，但它一直都没有被推翻，并且构成了一个强悍的先例。② 更为重要的是，该案传递出了一个信息，即内战前的二元联邦主义结构并未因为第十四修正案而发生大的改变，因为正如米勒大法官所说，若不是为了保护黑人的权利，原本就不会有任何新的宪法修正案。这一判断是审慎和稳健的，也是完全正当的。1908 年，在川宁诉新泽西州案中，穆迪（William Moody）大法官充分肯定了米勒在屠宰场案中的这一立场："相比于一些在第十四修正案的制定过程中十分活跃的公众人物所期望达到的效果来说，［屠宰场案］对第十四修正案的解释无疑是打了很大的折扣。但另一方面，**假设该案中获胜的是少数派的意见，那就意味着各州所有的立法和司法活动都将受制于国会的纠正和联邦司法分支的审查，我们都很清楚，这将会在多大的程度上削弱各州的权威和独立。**"③

（二）重建政治、州权的复归以及"革命的反革命"

屠宰场案的多数意见虽然只取得了微弱多数的胜利，但这绝不意味着它的判决是偶然、侥幸的结果。相反，它的背后是有着深层次的原因的。屠宰场案判决之时，内战结束已经八年了，美国正处于艰难的"重建"时期（1863—1877）。时过境迁，激进

---

① Slaughterhouse Cases, 83 U. S. 16, 36 (1872).
② 比如在 Adamson v. California 案中，法兰克福特大法官在协同意见中就指出，正是由于屠宰场案对第十四修正案的特权或豁免权条款保护范围的限制才避免了对该条款的有害运用，参见 Adamson v. California, 332 U. S. 46, 61 (1947)。在该案中，五位大法官的多数拒绝了另外四位大法官的下述主张，即第十四修正案中的特权或豁免权条款以及其他条款的意图是为了将《权利法案》（在本案中则具体涉及第五修正案）用于约束各州。
③ Twining v. New Jersey, 211 U. S. 78, 96 (1908).

共和党人的政治实力日益萎缩，南部也已开始渐渐脱离共和党人的绝对控制。屠宰场案应时而出，象征着内战和早期重建所带来的"国家主义"激情的退潮以及州权的复兴。

实际上，早在屠宰场案判决之前，最高法院已渐渐开始不再像内战和重建早期那样对国会和共和党人亦步亦趋了。对于共和党国会的"国家主义"立场，最高法院开始表现出拒斥。查诸历史，从 1789 年到 1869 年这八十年的时间里，总共只有四部国会立法被联邦最高法院推翻；相比之下，仅 1870 年到 1873 年这三年间竟然就有六部之多——在这些案件里，我们已可以感觉到内战前的州权和二元主权论的再次抬头。[①] 比如在 1871 年的 Collector v. Day 案中，对于国会在战时有没有权力从州司法人员（judicial officer）的工资中征收所得税这个问题，最高法院给出了否定的回答。尼尔森大法官撰写了判决意见，他指出："全国政府和各州政府是各自独立的主权，在各自的范围内独立地行动。在某个恰当的范围内，前者是至高无上的；至于各州，在未授予〔全国政府〕的（或者用第十修正案的话来说，是各州'保留'的）权力范围内，则是独立的，就像全国政府在它的权力范围内是独立于各州政府一样……各州政府为了正常运转、维持自身存在，并实施宪法赋予它们的崇高责任，必然需要运用一些手段。就这些手段来说，各州应该是自由且不受侵犯的，另一个政府的税收权

---

① 这六个案件是：Hepburn v. Griswold, 75 U. S. 8，603（1870）；United States v. Dewitt, 76 U. S. 9，41（1870）；The Justices v. Murray, 76 U. S. 9，274（1870）；Collector v. Day, 78 U. S. 113（1870）；United States v. Klein, 80 U. S. 13，128（1872）；United States v. Baltimore & O. R. Co.，84 U. S. 17，322（1872）。参见 Charles Warren, *The Supreme Court in United States History*, *vol. three*, 1856 – 1918, Boston：Little, Brown, and Company, 1922, p. 255。比如在 1870 年的 Thomson v. Pacific Railroad 案中，最高法院指出："对于其境内所有的财产、商业以及自然人征税的权力，起初就属于各州，而且各州也从来没有将这项权力转交给联邦政府。"因此，即便是根据国会授权并借助国会拨款而成立的铁路公司也不能豁免于州政府的征税权力。参见 Thomson v. Pacific Railroad, 76 U. S. 9，579（1869）。

力不能凌驾于它之上……这些手段是各州的主权以及它们保留的权力的造物……如果［州政府］没有这个权力或者不能行使它的话，我们可以毫不夸张地说，没有哪个州能按照宪法中规定的政府形式（指联邦宪法第四条第四款中的'共和政府形式'条款——译注）而长时期地维持其存在。一个专制的政府倒是有可能……因此，这是属于各州的至高无上的权力，不得对其加以改变或侵犯……联邦政府和各州政府是平等的。"①

二元联邦主义和州权论调的再次出现，可以理解为是一种针对内战和重建的"反革命"。内战的爆发以及随之而来的"革命"，最初系因废奴运动而起，后来随着战争的进展又解放了所有黑奴，因此的确带有一层"道德理想主义"的色彩。但是，它最直接的目的一直都是维持联邦的统一，自始就没有"全盘改造"和"中央集权"的目标。当时的政治势力非常杂乱多元，即便在共和党内部，激进派和温和派的分歧也十分突出，仅仅只是内战的紧急形势才把他们团结在了一起。内战结束后，人民的道德激情逐渐退去，十余年来的理想主义显然已经无法延续。故此，激进共和党的主张便渐渐失去了号召力，而倡导州权的"反革命"主张就极易得到认同。当时间进入 19 世纪 70 年代，结束联邦政府对南部的军管的要求以

---

① 参见 Collector v. Day，78 U. S. 113（1870）。该案中的许多用语都充满二元主权的色彩，我们不妨再多引用一些："这两层政府之间的关系，首席大法官在 Lane County v. Oregon 案中已经讲得非常清楚了。他说：'各州和联邦，都是在联邦宪法之前就存在的。通过宪法，一个全国性的政府（national power）取代了邦联政府（前者有着可直接施加于公民个人的充分的权力，后者的权力则受到了很多限制，而且只能要求各州［做出某种行为]）。由此，人民建立了一个更加完善的联盟（union）。但是各州的存在的必要性，以及在其［权力]范围之内所享有的独立权威，在宪法的很多条款中也都是明确承认的。几乎所有的内部规制［权力]都留给了它们；所有没有明确授予给联邦政府的权力，都由各州和人民保留。'……在我国这种复杂的体制中，各州所享有的这种独立的地位，是宪法所承认的；［各州的独立]存在可谓是无比重要，如果没有这一点的话，联邦政府本身就要从世界上的列国之林中消失了……如果一个政府，在行使其权力时所需使用的手段要受制于另一个政府的控制，那么这个政府就彻底被这后一个政府控制了。"

及"各州事务留给各州解决（let it alone）"的呼声越来越高。① 这是不可避免的。甚至从某种程度上说，如果没有这种"反革命"，美国便无法过渡到日常政治状态。② 考虑到当时黑人处境之凶险，这么说或许有些冷血——因为州权复兴的"反革命"必然意味着黑人将再次落入前奴隶主们的压迫和掌控之中——但不得不承认的是，只要不是乌托邦式的全盘革命、不断革命，只要各派势力需要通过协商和妥协、通过竞争性选举来施政，那么革命的激情就必然、必须受到遏制。阿玛教授指出："革命可以向外炸裂，但是到了某个时候，就轮到内缩和反革命（contraction and counter-revolution）的力量上场了。"③ 革命必须适时退场。

正是从这个角度，我们才认为，屠宰场案实际上传达出了当时美国人民情绪和态度上的转变，顺应了当时的形势。④ 当时的舆论对这一判决是很支持的。《国家》杂志评论说："［屠宰场案的

---

① Eric Foner, *Reconstruction: America's Unfinished Revolution*, 1863 – 1877, Perennial Classics edition, 2002, p. 558.

② 这么说并不夸张。19 世纪 70 年代的美国政治只能用混乱来形容。重建修正案的正当性还处在争议之中，内战和重建的果实是否能够得到维护，尚未可知。与此同时，1873 年的经济大萧条又对民生造成了重大冲击。到 1876 年总统大选时，民主党人推出了塞缪尔·J. 蒂尔登（Samuel J. Tilden）作为候选人，反对共和党和重建的人士以"要么蒂尔登，要么打仗"作为政治宣传口号，形势真可谓岌岌可危。此次大选，蒂尔登得到了 428 万余张选民选票，共和党的候选人海耶斯（Rutherford B. Hayes）得到了 403 万余张。僵局是通过两党间的政治交易而打破的，民主党同意将有争议的 20 张选举人票通通划归海耶斯，海耶斯因此得以以一票之差当选美国第 19 任总统。相应的条件则是联邦军队彻底撤离南部。激进共和党人的重建计划最终失败了，美国重建也到此结束。数据来自 Wikipedia，参见 "1876 United States presidential election" 词条：https://en. wikipedia. org/wiki/1876_United_States_presidential_election，最后访问时间：2018 年 1 月 28 日。关于重建期间的美国政治和社会，参见 Eric Foner, *Reconstruction: America's Unfinished Revolution*, 1863 – 1877, Perennial Classics edition, 2002。

③ Akhil Reed Amar, *The Bill of Rights: Creation and Constitution*, Yale University Press (paperback), 1998, p. 213.

④ 这么说并不意味着最高法院就是政治的奴隶或者婢女。相反，屠宰场案以及上述的一些案件，从法律和宪法解释的角度上说也都是很坚实的。

判决] 表明最高法院正在从战争引起的狂热中恢复过来，并且在宪法解释方面，已经准备抛弃那些情绪化的信条。这一点很重要。"《纽约世界报》在评论屠宰场案判决时也指出，在联邦与各州的关系问题上，"公平地说，这些修正案维持了原样未变"①。正如查尔斯·沃伦所说，屠宰场案"标志着一场伟大的集权式的、国家主义运动的结束"②。在判决的结尾处，米勒大法官提醒人们不要被国家主义的激情冲昏头脑——他指出，自从联邦政府成立以来，关于联邦和各州之间的权力界限问题就争议不断，而内战的爆发和重建的进程无疑使原告一方的主张（亦即联邦的进一步集权）显得特别有吸引力，但无论如何，法院却**并未在这些修正案中发现任何意图想要彻底摧毁我国的一般体制的主要特征。**尽管面对着战争产生的热烈情绪的巨大压力，政治家们仍然坚信，对于我们复杂的政府形式的完美运作来说，各州的存在以及［确保它们］对其内部和地方事务进行统治的权力（包括对公民权利——人身权利和财产权利——做出规制的权力），还是至关重要的"。而最高法院的职责和使命则正是要"**坚定、公平地维持各州与联邦权力之间的平衡**"。③

在汹涌的政治潮流中，大法官们需要保持清醒和冷静。宪法审查对政制具有巨大的影响，这一点在二战后已经有了共识，法、德等国的宪法审查均由专门机构（往往都带有相当的政治性）而非普通法院操刀实施即是其明证。相比之下，由于美国采用附带性审查模式，因此，其司法审查的政治属性长期都被"掩盖"了起来。但是美国最高法院的大法官们大多都有很高的政治敏感性和自觉，米勒大法官也是如此，以屠宰场案的判决展现出卓越的

---

① 转引自 Charles Warren, *The Supreme Court in United States History*, *vol. three*, 1856 – 1918, Little, Brown, and Company, 1922, p. 265。

② Charles Warren, *The Supreme Court in United States History*, *vol. three*, 1856 – 1918, Little, Brown, and Company, 1922, p. 265.

③ Slaughterhouse Cases, 83 U. S. 16, 36 (1872).

政治智慧。① 二元主权和联邦主义的传统是如此深厚，以至于认为内战和重建修正案已彻底颠覆了它成为不可能。从屠宰场案开始，中期共和国的最高法院开始着手处理阿克曼所谓的"代际综合"难题，尝试着在两个共和国和两种宪法精神之间加以协调，这显然绝非一时一地之功。不过就屠宰场案来说，它已完成了它"应该"完成的任务。

四 结语

在内战之前，联邦宪法几乎没有对州治安权力施加任何限制，州治安权力内在于各州独立的主权之内，联邦不得加以干涉。内战的爆发彻底从政治上消除了二元主权论的威胁，割掉了宪法中奴隶制这一"毒瘤"，美国由此彻底完成了"建国"，成为一个真正的民族国家。不过，借用施密特的术语来说，这只是绝对"宪法"的变迁，从宪法的角度来说，虽然通过了三条修正案，但人们普遍认为联邦主义的结构并没有任何变化，州主权依然存在，甚至像内战前一样完整。二元联邦主义仍然统辖着人们的思想和观念，而州治安权力也就成了拦在第十四修正案适用过程中的一座大山。

屠宰场案是联邦最高法院首次比较全面地处理这方面的问题。复审原告同时依据第十三和第十四修正案对州法提出了挑战。米勒大法官在本案中对第十四修正案的解读，尤其是对"特权或豁免权"条款的解读，从文义解释的角度来说，堪称典范。而且，米勒试图用一种结构主义的方法将特权或豁免权条款整合到联邦

---

① 伦奎斯特称米勒是联邦最高法院历史上最伟大的大法官之一，虽然他只接受了很有限的、差不多是敷衍了事的法律教育，但和其他更为博学的同事们相比，他有一个伟大天赋即常识，这使他能够从流行的思想教条中解放出来。参见〔美〕威廉·哈布斯·伦奎斯特《伦奎斯特谈最高法院》，于霄译，上海三联书店，2014，第 77、78 页。

宪法的整体结构之中。对联邦与各州之间的分权与平衡的关切，对屠宰场案中的多数派产生了决定性的影响。最终，最高法院仍然延续了内战前有关州治安权力问题的逻辑思路，强调指出，内战和重建并没有打断美国宪法法理学的连续性，第十四修正案或另外两条修正案也都不是为了侵犯各州固有的治安权力，一切似乎都回到了内战前的状态。这种处理结果是可以理解的，在某种程度上也反映了司法权的保守本性。屠宰场案真正令人惊讶的地方在于，复审原告的诉求主张竟然能得到四位大法官的支持！要知道，蔡斯法院的大法官都是在内战前的传统中成长起来的（其中有六位是在第十四修正案通过之前上任的），这四位大法官何以会对如此激进的主张表示支持？这很让人感到惊讶和费解。不过，从这里也可以看出对第十四修正案的解释自始便分为两派，而这也就预示着由它所引发的关于州权的争议绝不会就此尘埃落定。屠宰场案拉开了一张大幕，但是其中涉及的问题"实在是太过重大了，以至于不可能［在一个案件中］得到明智的解决"。① 尽管如此，核心的问题都已在这个案件中呈现了出来，伏笔也都已经埋下。

屠宰场案是个"不祥"的预兆。米勒大法官表示，如果按照原告和异议大法官们对第十四修正案的看法，那么最高法院将不得不审查每一项州治安立法，而只要它认为州法与该修正案通过时已存在的那些权利有矛盾，即可推翻之。对此，米勒忧心忡忡。② 后来的发展证实了这种忧虑——大量案件如潮般涌入最高法院，人们前赴后继地以第十四修正案为依据向州治安类立法提出挑战，最高法院也就不得不反复地处理这一问题。在 19 世纪最后四分之一的时间里，美国宪法司法的主题是——第十四修正案是

---

① Charles Fairman, *History of the Supreme Court of the United States*: vol. Ⅵ, *Reconstruction and Reunion*: 1864 – 1888 *Part One*, The Macmillan Company, 1971, p. 1321.

② Slaughterhouse Cases, 83 U. S. 16, 36 (1872).

否能够吸纳（像职业自由这样的）普通法权利（或者说"公民权利"），使之免于各州治安类立法的侵犯？这种挑战州权的势头不可阻挡，最终将会导致州治安权力的全面"危机"。总有一天，会出现这样的声音，"必须承认的是，州治安权力的正当行使是有限度的。对于这个一般性的主张并没有什么争议。不然的话，第十四修正案就没有任何效力，而州立法机关将会具有无限的权力，[这样一来]，不管什么样的立法，只要说是为了保护（conserve）人民的道德、健康或安全就足够了；无论它多么地缺乏根据，也都仍然有效。而治安权力这一话语就将仅仅变成一种借口——成为州所享有的不受宪法约束的至高主权的另一个欺骗性的变称"①。而到了那时，二元联邦主义和州治安权力的丧钟也就敲响了。

Slaughterhouse Cases Revisited: The U. S. Supreme Court in the Reconstruction Era

Yang hongbin

Abstract: *The Slaughterhouse cases* of 1872 was the first major case in which the U. S. Supreme Court applied the Fourteenth Amendment to review a state's police-power legislation. Although long criticized, *the Slaughterhouse cases* was not a mistake, instead, it merely showed that the antebellum tradition of dual federalism and respect for states' police power still prevailed in the perception of that time. In the face of the multi-generational synthesis between the Early Republic and the Middle Republic, the Supreme Court held a middle ground in the

---

① Lochner v. New York, 198 U. S. 45, 56 (1905).

Slaughterhouse case, which was in keeping with the circumstance at that time. The outcome of *the Slaughterhouse cases* was part of the "revolutionary counter-revolution" of American reconstruction politics, and it showed the Court's prudent political wisdom.

Keywords: The Slaughterhouse Cases; Privileges or Immunities Clause; Dual Federalism; State Police Power

《法律和政治科学》（2021 年第 1 辑·总第 3 辑）

第 152～181 页

© SSAP，2021

论隐私权中的公法属性

——以淮阴公开事件为素材

孙嘉奇[*]

【摘　要】 近年来随着公法领域侵犯公民个人信息案件的增多，隐私权的公法属性又重新回到了大众的视野中，引起了人们的关注。其实，隐私权有其私法属性，也有其公法属性，两者不可偏废。在我国理论界，对隐私权私法属性研究较为成熟，且开拓出了不同的发展侧面，相较之下，公法属性则留待很多未拓的"处女地"。其实，隐私权是一项符合基本权利属性的权利类型，具有基本权利所特有的第三人效力，也可以在目的正当的情况下通过比例原则对其进行限制。但由于基本权利固有的本质保护内容，这种限制也是有限度的，即不能以敌人刑法思维对待权利人，损害其人格尊严。

【关键词】 隐私权；基本权利；第三人效力；敌人刑法；比例原则；人格尊严

---

* 孙嘉奇，山东大学（威海）法学院硕士研究生。

"人就是人，而不是达到任何目的的工具。"

——Immanuel Kant

一 素材的提出及问题

被告人张某喜为淮阴区人，曾多次因强奸罪入狱。2017 年夏天，张某喜将邻居家的未成年女童，骗至偏僻地段，对女童实施暴力行为与猥亵行为，被淮阴区人民法院判处有期徒刑三年。被告人陈某州等人也因猥亵与强奸未成年人被判处有期徒刑。2017 年 12 月 1 日下午，淮阴区人民法院对于张某喜、陈某州等 4 名涉嫌强奸、猥亵未成年人的被告人进行集中宣判，同时将这四人的信息公开。公开渠道包括司法机关的门户网站、微博、微信公众号等；公开的信息包括姓名、身份证号、照片、年龄、性别、案由等。另外，在被告人刑满释放后或者缓刑、假释考验期间，将被禁止进入特定场所，从事特定职业。

在数据时代，我们每一个人的隐私权都受到挑战与威胁。这种挑战不只来源于数据互联网公司等私主体，还有公权力机关所代表的公主体，而且，在今天，公权力机关对私主体的隐私权侵害也展现出新的趋势，这应当引起我们的思考。上面列举的淮阴公开事件就陈明了这种可能。

不能否认，案例中的举措有稳定社会秩序、提高效率的可能，但是其背后有一些问题又是我们不得不面对的。首先，案涉当事人权利受到了什么样的侵犯？哪一项权利受到了侵犯？个人信息权还是隐私权，它们分别是什么性质的权利，可以被归为基本权利吗？这两者又有什么区别？

其次，若肯定案涉当事人被侵犯隐私权或个人信息权，那么这种侵犯到了何种程度，法律应当以何种姿态面对有"不良记录"的公民？公法理论又应以何态度对待之？

再次，若案涉当事人享有上述权利，但为满足社会公共利益，而应适当削减与让渡自身有关隐私或个人信息的权益，这种削减与让渡的限度何在？在现阶段的司法语境下，似乎采取比例原则对其进行考量比较合适，如果采取比例原则，应如何运用比例原则进行权衡？

最后，若案涉当事人被侵犯了个人信息权或隐私权，在现阶段中国的司法语境之下，做出何种处置较为妥当？将其纳入私法范畴，以侵权责任法对其进行救济？若私法救济陷入不能，是否可以寻求公法救济？公法救济流程应如何展开？

二　隐私权公法研究的境遇及理论必要性

如同上文案例所反映的，在当今世界，公民的个人信息或隐私在现实生活中并不只受到大数据及互联网公司等私主体的威胁，还会受到以司法和行政机关等公权力机关的影响。这一趋势无论在中国，抑或是在美国等英美法系国家以及在德国等大陆法系国家都在应验。但与现实中隐私权面临的多重侵犯并举不同，在中国法学界，隐私权研究在私法与公法上的现状确是有相当差别的。

（一）比较法视野下的隐私权研究

在美国，隐私观念一直伴随模糊的隐私权限观向前进发，但是理论家们一直到 1890 年也没能争论出隐私权的规范含义，美国学者沃伦与布兰代斯在《哈佛法律评论》上发表了一篇名为《论隐私权》的文章。在文中沃伦与布兰代斯把隐私权界定为一种保持安静的独处生活的权利（the right to be alone）。紧接着他们在文章中首次提出了较为明确的隐私权概念，即隐私是人格尊严的一部分，它是与生俱来的。他们在文中提到，"由于技术的进步和都市报纸的窥私癖，有必要为隐私提供新的法律保护。快速照相和报社已经侵犯了个人和公民生活的神圣领地，许多机械设备的使用使我们面临着这样的威胁，最亲近的人们之间说的悄悄话也将被从屋顶上宣扬出去……隐私权之所以值得保护，是因为它体现了个人自决、自我控制、尊重个性和人格发展的价值，而这些最终源于对作为独立主体的人的尊重"①。随后，20 世纪的美国通过判例法将隐私权确认为一项宪法性权利。

在大陆法系的德国，隐私权的内涵也有着相似的发展历程，其也是通过一个具有里程碑意义的判例大致澄清了隐私权的基本内涵。德国联邦宪法法院在 1983 年通过裁判确认，"认为对抗不受限制的搜集、记录、使用、传播个人资料的个人权利也包含于一般人格权之中"②。由此，隐私权成为民法中人格权的重要组成部分。虽然，在实定法体系中，隐私权属于民法中人格权的一种，但在司法裁判中，隐私权仍应被纳入宪法性权利的范畴，成为一项基本权利。之所以成为一项基本权利，是因为德国联邦宪法法院对《德国基本法》第 2 条第 1 款的规定③进行了扩张解释，法院承认个人具有人格尊严，也对自己的言语享有权利，并享有不受侵犯的独处空间的权利，而这构成了隐私权的基本内容。自此，隐私权成为人格尊严的具体体现，也为法治国所欲之人格自由添砖加瓦。所以，在德国，隐私权具有宪法意义上的一般人格权与

---

① Samuel D. Warren & Louis D. Brandeis, *The Right to Privacy*, Harv. L. Rev, vol. 4, 1890, pp. 193 – 220. 或可参见路易斯·D. 布兰代斯《隐私权》，宦胜奎译，北京大学出版社，2014，第 5 ~ 7 页。
② Vgl. BVerfE 65, 1. 转引自王利明《隐私权概念的再界定》，《法学家》2012 年第 1 期。
③ 《德意志联邦共和国基本法》（又称《波恩宪法》）第二条第一款规定，人人有自由发展其人格之权利，但以不侵害他人之权利或不违反宪政秩序或道德规范者为限。

私法意义上一般人格权的双重属性。

（二）我国隐私权公法研究的理论境遇

从其他平行国家隐私权发展历程中我们能够发现，隐私权并不仅仅作为一项私权利存在于私域层面，它更存留于公法层面，是一项重要的公法权利。在目前的中国法学界，隐私权之私法属性的各个侧面已经由民法学者研究得较为全面①，而对隐私权公法属性的侧面则仍有很大学术领域待探索、开拓，或者说即使如果有相应的研究，也相对松散，不如该权私法属性般成体系。在隐私权的私法层面，研究方向主要集中在隐私权的概念、内容、作为人格权内容具体化的隐私权保护范围的研究，以及从人格尊严的角度对人格权法进行研究，有些民商法学者甚至将研究领域扩展到了宪法，思考宪法问题。② 不仅如此，民商法学者还以个人信息权作为引子，对隐私权展开侧面性研究。但是在公法领域，对隐私权的研究就颇为局限。在刑法领域，对隐私权的研究主要集

---

① 张新宝：《隐私权研究》，《法学研究》1990 年第 3 期；张新宝：《信息技术的发展与隐私权保护》，《法制与社会发展》1996 年第 5 期；张新宝：《隐私权的法律保护》，群众出版社，1997；周佳念：《信息技术的发展与隐私权的保护》，《法商研究》2013 年第 1 期；赵华明：《网络隐私权的法律保护》，《北京大学学报（哲学社会科学版）》2002 年第 S1 期；彭礼堂：《网络隐私权的属性》，《法学评论》2006 年第 1 期；齐爱民：《论个人信息的法律保护》，《苏州大学学报》2005 年第 2 期；梅绍祖：《个人信息保护的基础性问题研究》，《苏州大学学报》2005 年第 2 期；王利明：《论个人信息权的法律保护》，《现代法学》2013 年第 4 期；王利明：《人格权法研究》，中国人民大学出版社，2018；杨立新：《人格权法》，法律出版社，2015；高富平：《个人信息保护：从个人控制到社会控制》，《法学研究》2018 年第 3 期；高富平：《论个人信息保护的目的——以个人信息保护法益区分为核心》，《法商研究》2019 年第 1 期；程啸：《民法典编纂视野下的个人信息保护》，《中国法学》2019 年第 4 期；程啸：《论侵害个人信息的民事责任》，《暨南学报（哲学社会科学版）》2020 年第 2 期；纪海龙：《数据的私法定位与保护》，《法学研究》2018 年第 6 期。

② 张新宝：《言论表述和新闻出版自由与隐私权保护》，《法学研究》1996 年第 6 期。

中在刑法的立法保护、监狱服刑人员的通信自由与侵犯公民个人信息的刑法控制等视角。在刑事诉讼法领域，对隐私权的研究主要集中在从保障人权的角度出发探讨强制采样与隐私权，侦查中对隐私权的介入程度等刑事领域的基本权利保护问题。[①] 在宪法行政法领域，研究主要集中在宪法上的人格权研究、宪法中的个人信息保护等方面。真正从正面论述隐私权的专著更是寥寥，只有张军《宪法隐私权研究》、屠振宇《宪法隐私权研究——一项未列举基本权利的理论论证》、杨开湘《宪法隐私权导论》、王秀哲《隐私权的宪法保护》与姚岳绒《宪法视野中的个人信息保护》。[②] 我们或许可以为这种现象找到说辞：（1）隐私权在公法中并未明确列举；（2）私法领域对于人格、隐私与个人信息的规定更为明确；（3）隐私权在私法领域被侵犯的概率更大，也更为频繁；（4）公法保护隐私权的效果比私法保护隐私权的效果更弱，更不明显。但是，这些理由似乎都存有被检讨的空间，并不能构成剥夺隐私权公法面向的充分理由。一项权利想要得到全面的保护，势必需要公法与私法合力才能够实现，况且隐私权于公法中是有因应与参照的。所以在隐私权公法面向亟待开拓的情况下，重新将其纳入视野势在必行，这是权利得到全面保障的应有之义。

这一项工作需要首先从对隐私权公法属性的前提申明开始。在完成申明之后，我将以宪法中的人格尊严条款作为基点，将隐私权确立为一项未列明的基本权利，就此在公法体系中进行规

① 王立志：《风险社会中刑法范式之转换——以隐私权刑法保护切入》，《政法论坛》2010 年第 2 期；王立志：《隐私权刑法保护之困境及因应》，《法学》2009 年第 8 期；杨勇志：《论隐私权的刑法保护》，《河北法学》2007 年第 12 期。

② 参见张军《宪法隐私权研究》，中国社会科学出版社，2008；屠振宇：《宪法隐私权研究——一项未列举基本权利的理论论证》，法律出版社，2008；杨开湘：《宪法隐私权导论》，中国法制出版社，2010；王秀哲：《隐私权的宪法保护》，社会科学文献出版社，2007；王秀哲：《我国隐私权的宪法保护研究》，法律出版社，2011；姚岳绒：《宪法视野中的个人信息保护》，博士学位论文，华东政法大学，2011。

范建构，其中大致包括：（1）隐私权作为一项权利有宪法根据；（2）隐私权具有基本权利的特征；（3）隐私权的限制与限制之限度及其标准；（4）公法隐私权在现代数据社会面临的新型挑战。

为了引出背后的问题我已经在伊始选取一个近年发生的争议较大的事件作为楔子扩出相应的理论空间以方便行文。接着，我会从学界目前普遍混淆的个人信息与隐私之间的概念区分开始论述。

（三）一对含混概念的厘清

在我国立法与司法实践当中，存在个人信息与隐私滥用、乱用与误用的情形，[①] 所以在行文之前厘清个人信息与隐私的区别有助于文章的展开。

个人信息是指与特定个人相关联的、反映个体特征的具有可识别性的符号系统，包括个人身份、工作、家庭、财产、健康等各方面的信息。个人信息涉及个人的人格组成，若被纳入实定法体系中考量，可归属于人格权束之中。隐私也属于人格之范畴，所以两者必定在射程范围内有着交叉。这主要是因为二者在主体、客体、后果、个人对私人生活的自主决定方面都有着相同或者相似之处。但二者又有着区别。首先，在权利属性上，隐私权更侧重于精神性的人格权，财产属性并非十分明确，所造成的侵害也主要是精神损害。而个人信息的内容与个人信息权的权能财产属

---

① 总的来说，以"信息"为名进行保护，主要有以下几个问题：其一，规范只是针对特定行业的特定信息，不具有盖然性；其二，没有专门的个人信息保护法；其三，缺乏对个人信息的专门保护；其四，偏重刑事处罚与行政管理；其五，民事立法缺乏确权，拘束力较为有限，大多侧重宣示性的规定，不具有相应的法律后果；其六，个人信息权益与个人隐私纠缠不清。参见郭瑜《个人数据保护法研究》，北京大学出版社，2012，第43~44页；洪海林：《个人信息的民法保护研究》，博士学位论文，西南政法大学，2007，第162页；杨咏婕：《个人信息的私法保护研究》，博士学位论文，吉林大学，2013，第415~422页。

性更强，体现较为明显的就是姓名、肖像的价值属性。隐私权是有着更为消极与防御性色彩的权利。与之相对应，个人信息权体现了一种个人对信息的控制，积极、主动的色彩较为浓重。其次，在权利客体上，二者也有相应的区别。隐私权的客体是隐私，隐私是涉及个人私密性领域的信息或者私人活动。而个人信息权的客体是个人信息，是涉及个体身份识别性的信息集合。另外，隐私并不绝对地以信息的形式出现，其也能够表现为对私领域保护的行为、举动等与此相关的活动。总而言之，个人信息在载体的丰富程度上不及隐私，但隐私在信息领域的广度上不及个人信息①。

个人信息与隐私有诸多不同点。似乎个人信息具有独立性，理应单独于隐私权的范畴进行具有特殊性的保护。但笔者认为，为了维持法秩序中法概念的一贯性，应当将个人信息作为隐私的一个侧面来进行保护，即将个人信息权纳入隐私权的概念范畴，成为隐私权的子权利。虽然在《侵权责任法》中隐私权只具有私法上的宣示意义，但不可否认的是隐私权作为一个具有强张力的概念已被较为明确地于法体系中列明，接下来可通过解释的手段充实入个人信息的内容，不必大动干戈地通过立法手段将个人信息权作为一个独立、特殊的概念填入。此举有助于在维持法秩序安定的基础之上增进法概念的灵活性，而且，这种以隐私权一体化保护个人信息的方式并非首创先河，在美国已有相应的立法例供之借鉴。②

故本文摒弃了学界所谓"在一般人格权项下设置独立于隐私权的个人信息权加以保护"的说法，而采取论者所提出的"倾向

---

① 参见王利明《论个人信息权的法律保护——以个人信息权与隐私权的界分为中心》，《现代法学》2013 年第 4 期。

② "美国在其隐私保护较为完善的法律体系之下，对个人信息保护问题，最初是通过'信息控制权'理论修正其隐私权概念，为个人对其信息的积极控制提供支持。"参见张新宝《从隐私到个人信息：利益再衡量的理论与制度安排》，《中国法学》2015 年第 3 期。

于在隐私权框架下保护个人信息"的观点。①

三 作为基本权利的隐私权

（一）隐私权公法属性的前提申明

在讨论隐私权是否为基本权利之前，我们应首先检视隐私权的私法面向，并完成切分。

在理论上，隐私权是从私法隐私权中首先阐发出来的，这起源于人民以一种消极抵抗与积极抵抗的方式对私领域的一种保护行为。但随着市民社会的发展，个人对于私领域的保护意识崛起，保护要求增多，行政权力对于市民生活的钳制程度也随之上升，这就代表着公权力机关逐步迈入私人所有之领域，以满足自身扩张之需求。而隐私权的公法面向也就随之产生，逐步完成自身在公法领域中的嵌入。公法中的隐私权，也成为抵抗国家权力侵入私人领域的"防火墙"与"调节器"，即通过"防火墙"功能实现抵御公权力过分侵蚀私领域的效果，保障人的主体性，又通过"调节器"功能实现公权与私权博弈后相对权衡的效果。基于上面的叙述，我们能够发现，公法隐私权与私法隐私权有着较多的不同点，例如，公法隐私权是个人抵制公权力的一种权利面向，而私法隐私权代表着个人享有抵御其他私主体对自己私领域侵犯的一种权利面向。所以，两者在规范主体、侵害程度、法律位阶和救济途径上均有较多不同点。但是两者也有着相同点，即二者均主张保障主体私领域的权利，将侵犯隐私的行为视为侵权。如理查德·托克通所言："宪法中的个人信息隐私权

---

① 关于学界两种不同之说法的展开，参见王利明《论个人信息权的法律保护——以个人信息权与隐私权的界分为中心》，《现代法学》2013 年第 4 期；任晓红《数据隐私权》，载杨立新主编《侵权法热点问题法律应用》，人民法院出版社，2000，第 419 页。

与侵权行为之间的联系，在于伤害的性质，而不在于肇事者的品质。"① 所以，在理论上，隐私权于公法与私法上均应得到相当程度的保护。

再者，在我国实践中申明隐私权的公法属性需要明确以下几个前提。（1）隐私权没有于《宪法》中列明，且修宪成本较高，为技术层面的操作性问题，是否属应然概念的规范性探讨范围仍有讨论空间，但可以肯定的是，这并不能否认隐私权于宪法中的地位与构建的迫切性。（2）虽在宪法中对于隐私权的规定是粗线条与抽象的，但是隐私权于宪法中通过条文的形式展现出来所产生的宣示性效力却是无可比拟的。因为宪法是国家根本大法，而隐私权保护是符合我国《宪法》的宗旨与原则的——以保护人格尊严为根本——所以宪法对隐私权的规定是必要的。（3）我国虽仍不存在宪法诉讼机制，但这并不代表宪法中并不需要对隐私权进行规定，即使宪法救济的途径稍显迟滞与被动，但宪法救济与侵权法救济的途径相互结合仍旧是更为全面与妥帖的。（4）宪法中虽没能以明确的条文形式列出隐私权概念，但宪法中对于隐私权的保护仍是有迹可循的，《宪法》第38条规定："中华人民共和国公民的人格尊严不受侵犯。禁止用任何方法对公民进行侮辱、诽谤和诬告陷害。"本条文的前半句为宽泛性的一般规定，但后半句则涉及特殊性的规定。也就是说，与侮辱、诽谤和诬告陷害相当的行为也能够称得上是侵犯人格尊严的行为，此条款的判断依据是人格尊严是否受到侵害，而人格尊严是否受到侵害是以是否降低任何人的社会评价为标准的。这一定程度上揭示了隐私权的保护范围。故宪法对隐私权在相应的条文中是有相应的展现与标准设定的。此外，虽然在判决书写作中，宪法不得作为裁判依据进行引用，但仍可于说理部分将其体现的原则和精神以间接方式

---

① 参见〔美〕阿丽塔·L. 艾伦、理查德·C. 托克通《美国隐私法——学说、判例与立法》，冯建妹译，中国民主法制出版社，2004，第49页。

展现。即使在说理部分的论证效力不如裁判依据部分，但宪法一出仍旧具有根本性的提示效能，这在一定程度上缓解了司法机关所面临的难题。（5）侵权责任法虽然对于隐私权进行了明确的列明，但也是只于第二条"列明"隐私权，仍旧没有规定具体的隐私权保障手段与流程，不可彰显隐私权保护之特殊性，故保护仍旧称不上全面。且若一直采用侵权责任法对隐私权进行规制与救济，会逐渐淡化其在公民心目中的公法面向，不利于彰显其对抗公权力与保护宪法基本权利的特性。（6）虽然将隐私权作为一项民事权利予以保护能够体现国家或政府对于公民隐私的重视，但这样的重视终究不能够超越将隐私权在宪法中强调所彰显的效力。因为一旦列明于宪法中，就相当于人民作为主权者对于此项权利予以了根本法意义上的肯认，也就完成了卢梭"主权者：政府＝政府：臣民"连比例公式的贯通，① 根本性意义可见一斑。

在上文中笔者采取的是对隐私权公法面向的一种论证立场与路径，与民法学者所做选择有诸多不同，故而在进行下文阐述时自然也是立基于公法视野对隐私权进行展开。

（二）隐私权的基本权利属性

那么隐私权在公法领域中是以什么身份出现的呢？据林来梵教授的总结，公法中的权利可分为以下几类：平等权、政治权利、精神自由权、认识自由与人格的尊严、社会经济权利、获得权利救济的权利。这与基本权利理论是相通的，因为在德国基本法上的基本权利包含有双重属性，一是主观公权利，二是客观价值秩序，学者在此基础之上构建了基本权利的功能体系，这也是根据

---

① 参见陈端洪《人民必得出场——卢梭官民矛盾论的哲学图式与人民制宪权理论》，《北大法律评论》2010年第1期。

耶利内克的地位理论进行改造而形成的。① 所以基本权利就是主观公权利体系的集中展现。

公民基本权利是指宪法规定的由公民享有的最基本的核心利益，集中体现了公权力与私主体之间的基本关系。② 由于隐私是个人成长的需求与土壤，彰显了个人主体性与人格性，个人之所以能够在社会中生存与发展，与隐私的确立是分不开的，所以隐私权益也就成为公民享有的最基本的核心利益。故隐私利益属于"公民所享有的最基本核心利益"的范畴。再加之，随着时代的发展，隐私权益关系逐渐出现在个人与国家之间，民法隐私权的救济不能够完全满足隐私权逐渐展露出的新面向，自然也就催生出宪法隐私权的概念。故此，隐私权符合基本权利的概念。

另外，基本权利还有四项特性要求，它们分别为道德性、法定性、限制性、社会性。作为基本权利的隐私权也相应地体现了上述四种特性。③ 首先，基本权利具有道德性与法定性。在某些权利被落实为基本权利之前，这些权利具有一定意义上的道德性与超法性，正是由于这些权利具有某些根本的与必要的特性，所以宪法将其纳入规定的范畴，通过拟制而进入法律条文，加强对其的保护。在宪法文本中对基本权利的规定又分为明示性规定与默示性规定。明示性规定是宪法文本对于基本权利的直接列明，默

---

① 有关基本权利主观权利功能的详细论述，参见〔德〕格奥格·耶利内克《主观公法权利体系》，曾韬、赵天书译，中国政法大学出版社，2012，第 39~62 页。或可参见张翔《走出"方法论的杂糅主义"——读耶利内克〈主观公法权利体系〉》，《中国法律评论》2014 年第 1 期。

② 参见韩大元《基本权利概念在中国的起源和演变》，《中国法学》2009 年第 6 期。

③ 张翔老师用另一种方式对基本权利的性质进行了界定，其认为基本权利具有双重性质，双重性质理论主要包括：其一，基本权利作为"主观权利"的基本含义，强调基本权利是在"个人能够主张"的意义上进行探讨的，核心功能为"防御权功能"；其二，基本权利作为"客观法"的含义，即基本权利除了是个人可主张的权利之外，还是基本法所确立的"价值秩序"（Wertord-nnng），这一秩序也构成司法权与行政权在执行和解释法律时的上位指导原则。详述参见张翔《基本权利的规范建构》，法律出版社，2017，第 224~228 页。

示性规定是对于基本权利的间接列明。作为基本权利的隐私权自不例外，如上文所述，宪法文本中通过第 38 条 "人格尊严条款" 委婉地列明了隐私权的根本法地位。而且在宪法学界，《宪法》第 38 条的人格权条款似乎也被公认为具有隐私权内容的条款。"人格尊严的基本内容包括：1. 公民享有姓名权；2. 公民享有肖像权；3. 公民享有名誉权；4. 公民享有荣誉权；5. 公民享有隐私权。"① "宪法保护的隐私权的具体内容包括：个人私生活秘密不受侵犯；个人私生活自由不受侵犯；自我信息的自律管理权。"② 因为私人领域是人格尊严得到保护的场所要件，是人格尊严的阐发之基，所以可以说如果没有对私人事务与公共事务的界分，就相当于抽去了有关人格尊严的灵魂。毕竟，对私人领域的保护与社会对私人的公共评价相关，而社会公共评价又与人格尊严 "唇齿相依"。如有论者称《宪法》第 38 条不能够称得上是对隐私权的列明的话，那么这也不能够否认隐私权的法定性与入宪迫切性。只是前期条件不够成熟，所以选择了在《侵权责任法》中予以明确规定的折中手段，而没有在宪法中予以明确的展现。但随着隐私权比重不断上升加之公法面向不断展露，隐私权作为公民与公权力直接互动的工具属性将不断展现，日趋迫切地与《宪法》第 38 条形成呼应，以期早日完成在宪法中的落地。所以，隐私权入宪完成基本权利属性的昭示迫在眉睫。另外，在隐私概念被纳入公法视野之前，其起源于个人主体意识的觉醒，属于个人之伦理范畴，有着强烈的道德属性。所以隐私权符合基本权利的法定性与道德性。

其次，基本权利具有限制性。基本权利的限制性出现的目的是保护宪法秩序与社会公益，化解基本权利的纠纷与竞合。也就是说，公权力机关可以基于宪法秩序与社会公益的需要，经过权

---

① 参见胡锦光、韩大元《中国宪法》，法律出版社，2007，第 280 页。
② 胡锦光、韩大元：《中国宪法》，法律出版社，2007，第 281 页。

衡而对基本权利进行一定的限制。除了因宪法秩序与社会公益的缘故对基本权利进行限制之外，在基本权利之间也需要相应的妥协。因为基本权利之间也有着价值阶序，如生命权处于阶序上层，而名誉权处于阶序的相对下层。在同一案件牵扯到多种基本权利时，自然要在各权利间分出保护的先后，以求得相对权衡的结果。作为基本权利的隐私权也应受到相应的限制，例如为了国家安全与刑法秩序，应牺牲一部分公民的隐私，保证前者的稳固，又或者为了更高阶序的生命权而牺牲公民的一部分隐私权。所以，隐私权符合基本权利的限制性特征。

最后，基本权利具有社会性。权利在被拟制为基本权利之前，作为一种道德性权利概念，有的因为必要性较低没有纳入基本权利的考虑范畴，有的因为保护必要性较高被纳入基本权利的范畴之中。但社会需求瞬息万变，处于范畴内外的权利也将发生更迭。这种变化将催生两种可能性：其一，若社会需求提升，则需要一种范畴外的权利进入基本权利范畴内部，以加强对其的规范性保护。比如，随着互联网技术的日益进步，侵犯隐私权的方式变得更为灵活，民法上的隐私权概念已无法满足公民对隐私保护的需求，再加之行政权力利用自身资源建立庞大的数据库对公民隐私权形成更大的威胁，所以要求基本权利体系对隐私权进行保护，并通过细化落实隐私权体系进行加强。其二，时代需求迭代更新，也会伴随着社会系统自身的"新陈代谢"。基本权利也应该响应此种新陈代谢之需求，完成对于旧有基本权利的除弊。故，在基本权利范畴内与范畴外都需要与社会保持着密切的互动，以完成自身的除弊、更新与迭代，而作为基本权利之一的隐私权，自然也不例外。所以，隐私权符合基本权利的社会性特征。

综上所述，隐私权符合基本权利的概念与特征，应被纳入基本权利的范畴进行检视。

（三）隐私权的第三人效力

上文已经对基本权利抵御公权力侵害的面向进行了相当幅度的论说，但是作为基本权利对第三人的效力面向却在一定程度上被忽视了。基本权利对第三人的效力是指平等主体之间发生基本权利侵害时，宪法上的基本权利条款被适用于私法关系，对私法关系发生效力。① 由于这种理论是基本权利适用到了"个人—国家"之外的射程，所以也被称为基本权利的效力扩散说。在扩散效力说中最具特色的是相关私法主体的不对等的情势，即一方由于扩张、发展导致与相对应的私人主体相对照时产生了较为明显的"优势地位"，而这种"优势地位"已经到了足以威胁或侵犯私主体基本权利的程度了，故宪法的基本权利效力理论不得不及时"出场"。② 基本权利的第三人效力理论最早起源于德国，在 1919 年的《魏玛宪法》中得到规定。《魏玛宪法》第 118 条规定："所有德意志人民在普通法律限制的范围内，均有以语言、文字、刊物、图书或其他方法自由表达其意见的权利；任何工作条件及任用条件，均不得妨害此项权利，任何人皆不能阻碍此项权利的行使。"③ 另外，在美国司法裁判中也有基本权利的第三人效力的身影，其中主要是以"国家行为理论"的角色来体现的④。在德国，

---

① 参见 Kenneth M. Lewan，"The Significance of Constitutional Rights for Private Law: Theory and Practice in West Germany"，*International and Comparative Law Quarterly*，1968，pp. 571 - 601. 转引自张翔《基本权利的双重性质》，《法学研究》2005 年第 3 期。
② 参见焦洪昌、贾志刚《基本权利对第三人效力之理论与实践——兼论该理论对我国宪法司法化的指导意义》，《厦门大学法律评论》第 4 辑。
③ 相同的内容在《魏玛宪法》第 159 条中也得到了规定：任何人及任何职业以维持并促进劳动条件及经济条件为目的的结社自由，应予以保护，限制或妨碍此项自由的约定或措施，均属违法。参见焦洪昌、贾志刚《基本权利对第三人效力之理论与实践——兼论该理论对我国宪法司法化的指导意义》，《厦门大学法律评论》第 4 辑。
④ 参见焦洪昌、贾志刚《基本权利对第三人效力之理论与实践——兼论该理论对我国宪法司法化的指导意义》，《厦门大学法律评论》第 4 辑。

有关基本权利对第三人效力的通说是间接效力说，也就是说，在司法裁判的过程当中，法官通过对民法条款进行有关基本权利的解释，达到将宪法精神注入私法关系中的目的。基本权利的第三人效力可以被理解为，"国家保护义务"的另一种层面的展现，当然也可被纳入广义上的"个人—国家"的关系当中。① 这就是说，司法裁判人员在依据民法相关概括条款进行司法裁判的过程受到基本权利扩散效力的影响与约束，其应当按照宪法中有关基本权利的规定对此项条款进行解释，完成宪法精神的注入。上述过程也是宽泛意义上"个人—国家"互动关系的展现，即私法关系中个人间有关基本权利的冲突在司法裁判过程中完成了与国家的互动，只不过在其中扮演"国家"角色的是司法机关。所以，履行"国家保护义务"的机关是司法机关。

作为基本权利分支之一的隐私权自然也应在权利效力实践的过程中应用基本权利对第三人效力理论。如在目前的信息社会中，由于社交通信软件的频繁使用，需求不断增加，体量日益膨胀，催生了大量与信息通信有关的大型企业。由于此类企业掌握个人用户大量的关键信息，所以就形成了相对于个人而言明显的优势地位。再加之其存在管理信息不慎或对信息进行恣意滥用的风险，这将直接威胁到公民的信息安全，即隐私权益。所以，若其对公民隐私权益造成侵害，在司法裁判过程中，法官应应用基本权利的扩散性效力对于民法中的相关条款进行解释，使隐私权等基本权利得到保护。上述情形虽为笔者理论推知所得，但此类案件已在现实社会中得到印证。例如，现实中发生的华住酒店集团上亿用户数据疑泄露事件。虽然在司法实践当中宪法的效用没有直接体现出来，但宪法的精神最终通过间接发生效力的方式得到了印证。这体现了宪法作为部门法根本法与母法的角色，也一定程度上巩固了司法机关的宪法精神，给予公权力以规制。

① 参见张翔《基本权利的双重性质》，《法学研究》2005年第3期。

基本权利对第三人效力理论如落实到淮阴公开事件中，张某喜、陈某州等 4 名涉嫌强奸、猥亵未成年人的犯罪嫌疑人，作为公民，自然也应当享有包含隐私权在内的宪法基本权利，一般不可随意剥夺。而淮阴区人民法院对四名犯罪嫌疑人进行集中宣判，并对 4 名犯罪嫌疑人的信息进行公开的行为可能侵犯到其人格尊严，是一种对于基本权利的干预行为。因为公开姓名、身份证号、照片、年龄、性别、案由等信息，有可能威胁到被告人在社会上的生存空间，降低其社会评价，进而挑战以人格尊严为核心的隐私权益。但不可否认的是，隐私权作为一种基本权利又是有着权利边界的，其界限体现在基本权利与宪法秩序、社会公共利益与较高权利阶序时可能出现让步情形，这需要以比例原则为标准进行衡量与博弈。但就隐私权限制理论而言，也有着一种立基于刑法视域内的思维抬头为此理论背书，此即为 "Jaboks 敌人刑法思维"，这种思维因其具有致命的煽动性与魅惑力而需要引起我们的警惕。

四 隐私权的 "驯化" 与 "反驯化"

（一）"驯化" 之基

如上所述，隐私权作为基本权利有着自身之界限，在面对宏观宪法秩序、社会公共利益与更高阶序的权利需求时，作为基本权利的隐私权会出现妥协与让步的情形，此即为隐私权的限制。

相应地，隐私权限制是有着自身理论基础的。主要体现在以下两个大方面。首先，对于隐私权进行限制符合人性论。在人诞生时的那一刻，皆有其本性，或因天赋，或因法律拟制，个人获致权利。在人获得权利后，会因保护个人生存发展之需求而行使权利。但是，一旦人手中的权利不受约束，就可能会堕入滥用权利的境地，就像在霍布斯所言建立利维坦之前的自然状态中，人类因滥用权利而导致 "所有人对所有人战争" 的局面。当然，霍布斯所言只是一种理论建构，但人性中的"无限为己，有限利他"的特性，我们应该并不陌生。这在格劳秀斯、苏亚雷斯与普芬多夫，甚或洛克的政治哲学理论建构中也能够窥见一隅，三者都对人性之私有着提防机制的设置。① 在中国古代大儒荀子的《论衡·本性》中也强调了"人性恶，其善者，伪也"的理论。所以，人性之私如若不被提防，那么就会造成对自身拥有权利的滥用，无法获得真正的自由，这也是古典自由主义失败的原因。而提防人性之私相对较好的手段就是用秩序对人性之恶及权利滥用进行钳制，以换取更大程度的自由与持久的社会效用。落到实定法体系中，就是通过宪法明确基本权利的效力，在增强对其保护的同时，又通过宪法秩序实现对个人行使基本权利滥用可能性的限制。所以，作为基本权利的隐私权应有其限制，且其限制有着人性论之依据。

其次，隐私权限制有着法理依据。20世纪以来基本权利受到限制，是宪法学发展最为明显的特征，而且宪法对于隐私权的限制与其地位关键性并不矛盾。正是因为隐私权作为基本权利地位过于关键，所以应以宪法学内部的手段与措施对其进行限制与规范，以期隐私权能够更好地被保护与行使，两者一体两面，并行不悖。就像罗尔斯所言"限制自由的理由来自自由原则本身"一般。② 若再进行细分，隐私权在宪法规范中又有着内在限制与外在限制之别。外在限制是指"必须为了社会秩序和国家公益对基本权利进行必要的限制"③，这是从宪法规范外部或宪法应当回应的社会需求中抽象出来的限制形式。个人于社会中为单个主体，而

---

① 有关格劳秀斯、苏亚雷斯、普芬道夫与洛克自然法思想的论述，参见李猛《自然社会——自然法与现代道德世界的形成》，生活·读书·新知三联书店，2015，第263~359页。

② 参见〔美〕约翰·罗尔斯《正义论》，何怀宏等译，中国社会科学出版社，1988，第241页。

③ 参见高慧铭《基本权利限制的法理探析》，《河南社会科学》2012年第6期。

社会是这些不同主体所共同架构起的结构。个人如果要在社会结构中追寻更大的自由，更全面地实现权利，就不得不服从于人民意志所构建起的"公意"。其中的公意即为人民意志所指向的需求，也就是社会公共利益与社会秩序的反映。所以隐私权作为一种基本权利也应服从这种基本权利的限制逻辑。宪法隐私权的内在限制所强调的是，隐私权内生的运作模式不可避免的局限性与权利摩擦。也就是说，其一，隐私权的诞生、纳入基本权利范畴与运行不可避免地存有时代局限性与现实牵制性，这意味着隐私权的内容总是不断流动的。其二，在权利运行过程中，在同一主体上不可避免地会发生多种权利竞合的问题。在这种情形之下，如何对于多种权利进行排列组合，如何有顺序地回应各种权利的现实需求，是产生隐私权限制的原因。所以，在面对高阶序权利，如生命权时，隐私权不可避免地要受到一定程度的减损，以保证权利体系的融贯。但也有观点称，在基本权利的内在限制之中，也渗透着公共利益的色彩，只不过这种考虑体现为基本权利整体对个别基本权利进行限制的形式。①

故隐私权受到限制是有着人性、法理之基础的。但隐私权的限制是否需要被限制？因为隐私权作为基本权利是个人之不可剥夺的，保证人格底线与尊严的关键权利，不可被过分减损。一旦被过分减损，人之主体性甚至有丧失之险，而这本身与宪法所追寻之宗旨相悖。这就像康德所言："人就是人，而不是达到任何目的的工具。"② 所以，给隐私权限制划定界限、明确限制隐私权的标准也是非常有必要的。

（二）"驯化"及"驯化"之限制的标准

如果我们能够肯定隐私权存在限制，那么应如何对隐私权进

---

① 参见张翔《公共利益限制基本权利的逻辑》，《法学论坛》2005 年第 1 期。
② 参见〔德〕康德《实践理性批判》，韩水法译，商务印书馆，2003，第 95 页。

行限制，限制的标准又是什么呢？根据阿列克西的分类，关于基本权利的构成与限制，大致有两种不同的理论，一种是"内部理论"，一种是"外部理论"①。笔者在这里无意全面地处理两个理论孰优孰劣的问题，但笔者更偏向于外部理论，因为内部理论更容易束缚基本权利的手脚，外部理论更能够给予基本权利相对全面的保护。基于外部理论，我们应将"权利"与"权利的限制"当作两个问题去处理，也就是说我们首先需要解决的是"权利的构成问题"，接下来再去考虑"权利的限制问题"，也就是去衡量公共利益、他人权利与国家功能的实现等因素，最终将权利的范围确定下来。② 基于此，我们可以大致选用以下思路进行探究：首先，明确具体案件中所牵涉到的权利是什么，此项权利能否落入基本权利的范畴中去；其次，进一步分析该项权利是否受到了限制，即该项基本权利所保障的行为和法益是否为国家所侵害或剥夺；最后，国家对此项基本权利的限制是否具有合宪性，即是否拥有违宪的阻却事由。③

循此思路，我们面对的第一个问题是哪些事项属于基本权利的保障范围，哪些人属于享有基本权利的主体？在学理上这被称为基本权利的构成或保障范围。只有落入了基本权利的射程之内，国家对其的限制才称为对基本权利的限制。就公法上的隐私权而言，隐私权保障的终极价值为人格尊严，它侧重于人精神和情感上的人格权。在法体系中有两类主体，一类是自然人，一类是法人。因为法人人格是一种拟制的人格，所以其显然不具备一种精神和情感上的人格性权利。因此，享有宪法上隐私权的主体即为

---

① 详述参见 Robert Alexy, *A Theory of Constitutional Rights*, translated by Julian Rivers, New York: Oxford University Press, 2010, pp. 178 – 179。

② 参见张翔《基本权利的规范建构》，法律出版社，2017，第 290~292 页。

③ Bodo Pieroth, Bernhard Schlink, Grundrechte: Staatsrecht II, überarbeitete Aufl. Heidelberg, 1990. S. 56ff. 中文引介可参见张翔《基本权利限制问题的思考框架》，《法学家》2008 年第 1 期。

自然人。就自然人而论，隐私权主要是指自然人自主决定事务，不受公权力机关对自身私人领域的侵扰，得以自主控制其个人信息的权利。在具有亲密关系的个人与个人交往过程之中，还存有一种共同隐私权。即双方通过亲切、友爱的交往营造出的相对于外界的隐私域，在隐私域中双方享有共同决定隐私域内的事务，不受公权力制约的权利。在确定隐私权主体之后，我们还要考虑隐私权作为一种基本权利的保护范围问题。隐私权的保护范围与其他基本权利的保障范围有相当之区别，因为隐私权与个人人格具有较大的联系，所以隐私领域的构成、规模与丰富程度等因素与个体的阅历、成长经历与知识背景等因素都有关。那么如何为隐私权的保护范围寻找一个相对客观的标准就成为最新的难题。为了解决这个问题，美国联邦法院大法官 Harlan 提出了一种较为精当的标准——"合理隐私期待"，即（1）个体表现出对隐私权的主观上的现实期待；（2）社会公众认可个体的隐私期待是"合理的"。① 这就要求我们在判定隐私权保护范围时要将主观参与视角与客观第三人的旁观视角结合起来进行判定，不能肆意放大隐私权的保护范围。

另外一个与基本权利构成密切相关的问题是基本权利的竞合问题。基本权利竞合是指一个基本权利主体的行为符合多个基本权利构成要件，受到多个基本权利条款的保障。比如，抵制房屋被强制拆迁的人，其可能同时受到隐私权、住居自由与财产权条款的保护。那么，在这种情况下，权利人如何主张自己的权利，是主张一个权利，还是主张多项权利就成为了基本权利主体面临的难题。在学界，一般将基本权利的竞合分为以下两类②：（1）真正的基本权利竞合关系，又称作想象竞合，即一个基本权利主体的一个行为符合多

① 参见 Shaun B. Spencer, "Reasonable Expectations and the Erosion of Privacy", *San Diego Law Review*, vol. 3, 2000, p. 843。
② 林来梵、翟国强：《论基本权利的竞合》，《法学家》2006 年第 5 期；法治斌、董保城：《宪法新论》，元照出版公司，2004，第 195～198 页。

个基本权利条款，且主体可以同时主张多个基本权利，此时基本权利间发生竞合；（2）非真正的基本权利竞合关系，又称作法条竞合。这种关系是指一个行为被数个基本权利条款所保护，但因为条款间交叉规定，导致行为人只能基于一个基本权利条款申请保护。此种情况下按照"特别法优于一般法"的原则，就特别关系给予权利人以基本权利保护即可。所以，只有在发生基本权利的真正竞合时才会需要分析是否要对案涉数项基本权利进行限制的问题。

其次，需要判断在个案中国家针对该行为或该行为主体的措施是否确实侵害了其基本权利。这一步骤需要满足四项标准：（1）目的性，即国家采取措施出于主观上的故意，即其目的就为侵害目标基本权利；（2）直接性，即国家对基本权利的侵害并非间接的或附随的结果；（3）法效性，即国家行为具有相应的法律结果；（4）强制性，国家在必要的时候需以强制力保证其实施。①这四项标准也适用于隐私权。即国家针对作为基本权利的隐私权进行侵害时应当出于主观上的故意，且直接对公民的隐私直接造成了侵害，也产生了法律效果，必要时，需要强制力出场保证限制行为的实施。

在完成了前两个步骤的检验后，最后需要接受国家的限制行为是否具有违宪的阻却事由的检验，即如果国家对基本权利的限制具有违宪的阻却事由，那么此限制行为合法有效。这其中大致包括以下方面。（1）法律保留②，即对基本权利的限制只能由立法机关所制定的法律做出。（2）宪法明确规定的限制理由，即各国宪法往往对在何种情况下可以限制基本权利进行规定，这些限制理由可以成为限制行为的违宪阻却事由。但这种阻却事由在学理上因其

① See Bodo Pieroth, Bernhard Schlink, Grundrechte: Staatsrecht II, überarbeitete Aufl. Heidelberg, 1990, S. 56ff.
② 参见唐忠民、王继春《论公民基本权利限制的基本原则》，《西南大学学报（人文社会科学版）》2007年第2期；胡肖华、徐靖《论公民基本权利限制的正当性与限制原则》，《法学评论》2005年第6期。

难以界定的原因争议较大。但这种限制条款也是有界限的，比如不能够违反对基本权利本质内容的保障。（3）比例原则，即一套判断法律对基本权利的限制是否合宪的标准。（4）本质保护，即基本权利有一些内容不可被限制与剥夺，这种内容可被称为"基本权利的本质内容"或者"基本权利的核心内容"（Der Wesensgehalt der Grundrechte)[1]，在德国，一般将人性尊严（Menschenwürde）作为基本权利的核心内容。上述四项标准也适用于隐私权，即对隐私权的限制只能由立法机关所制定的法律做出，或者此限制来自宪法规定的明确理由，比如公共利益或紧急状态。另外，国家对隐私权的限制行为需要满足比例原则的要求，更不能违反隐私权中的本质内容，比如人性尊严的内容。

经过以上对作为基本权利的隐私权限制的标准问题的阐明，隐私权限制之限制的标准似乎也跃然纸上了。这是因为两者并不是绝对互斥的关系，而是一而二，二而一的关系。从逻辑上讲，国家可以对隐私权进行限制，但是由于隐私权过分重要，所以这样一种限制应当出于正当的目的，采取适当的手段，以期达成相应的效果。其中的"正当的目的""适当的手段""相应的效果"就是隐私权限制之限制的相应标准。而且即使国家的限制行为符合了上述几项标准，其仍不能称之为合法的限制行为，因为基本权利有着绝对不能被侵犯的本质与核心内容，一旦被侵犯，法意义上的人将丧失人格尊严，这将导致法体系正当性

---

[1] 但对基本权利的本质内容究竟为何仍存有争议，德国学者卢曼曾言："本质的本质是不可能获知的。"参见 Luhmann, Grundrechte als Institution, Tuebingen, 1965, S. 59；或许德国联邦宪法法院的判决可以给出一个暂时的答案："基本权利的本质内容是法律在做出对该项权利的限制性规定时，必须保障的该权利的核心要素及其价值。而这种不可侵犯的核心要素究竟为何，应当从每项权利在基本权利体系中的特殊位置和所占比重中获得。而且，对于基本权利的核心要素不能一概而论，必须在个案中进行具体判断。"参见 BVerfGE, 22, 219。转引自赵宏《限制的限制：德国基本权利限制模式的内在机理》，《法学家》2011 年第 2 期。

的缺失。所以，为了形成对基本权利本质内容的保护，我们需要警惕一种减损法意义上主体人格尊严的思维方式——Jaboks 敌人刑法思维理论。

（三）本质内容保护——提防 Jaboks 敌人刑法思维理论

在上引案例中，淮阴区司法、检察机关与多个政府部门共同出台的文件表明，不仅是将此案 4 名涉嫌猥亵、强奸未成年人的被告人的相关信息公开，此后遇到的涉嫌猥亵、强奸未成年人的犯罪嫌疑人，也应被公开个人信息，并加之从业禁止与出入特定场所的禁止。在本案中，出于保护未成年人法益与稳定社会秩序的初衷，司法机关与行政机关采用了相应的措施与文件，对作为基本权利的隐私权进行了限制。此项限制合理与否，我们姑且不论。但是，这其中有一种较为危险的思维需要我们警惕，那就是针对曾经受过类似刑事处罚，哪怕已经释放的前犯罪嫌疑人或前被告人，剥夺相应劳动、隐私权的相关法益，以防止其有再犯之风险的思维。初看，此种思维似乎并无不妥，但仔细分析我们会发现，我们或许在对前犯罪嫌疑人与被告人进行持久性的基本权利剥夺。也就是对于"此类人群"进行"将法益侵害前阶段的行为加以入罪化"，以防止对于目的法益的重复侵害。上述思维方式也就在不经意间堕入了 Jaboks 敌人刑法思维当中。

Jaboks 的"敌人刑法"概念发端于 1985 年，其尝试借由市民刑法与敌人刑法这两组概念的界分，来界定"将法益侵害前阶段的行为加以入罪化"的实质界限。按照他的看法，刑法能透过作为刑法基础的行为人图像彰显出其特征。一方面可将行为人定义为市民，也就是将其定义为一个不受刑法干预的拥有自我私领域的某人，只有当行为人的行为干扰到他人时，法律才介入此领域；另一方面可以将行为人的图像定义为敌人，也就是作为一个亟待保护法益的危险源角色出现。他是一个没有私领域的人，甚至他最深层的思想都能够被追究责任。^① Jaboks 曾言道："敌人刑法使法益保护趋于完美，而市民刑法则使自由领域趋于完美。"^② 与通说不同，他认为法益保护的思想并不是以自由主义为根基阐发的，而是对刑事入罪前置化负责的原因。在进行理论阐述的过程中，Jaboks 在启蒙哲学时期从霍布斯到康德思想"差别对待市民与敌人"的相关表述中寻找自己的理论资源。他甚至将触角伸到了卢梭与费希特的理论中，认为犯罪者通过实施犯罪行为违反社会契约，使契约终结，最终使犯罪人由人民堕为敌人。有论者认为 Jaboks 的敌人刑法理论，是继承了施米特等国家社会主义者的遗产，但其实 Jaboks 绝大部分的思想滥觞于卢曼。Jaboks 敌人刑法理念的辩护者以西班牙的 Miguel Polaino-Orts 教授为主，他认为 Jaboks 的敌人刑法概念只是一个描述性概念，只是提出了一种刑法理论的参考维度，并没有进阶到规范性探讨的阶段，故反对者不应该武断地否认 Jaboks 的刑法理论。而且其并没有对敌人的人格进行全盘否认，只是站在保护社会最低秩序限度的角度进行部分限制，且此项限制具有暂时性的特征。^③ 而反对者论称，敌人刑法学理论在描述性、规范性与批判性上都无法立足，也没有必要立足，因为敌人刑法学理论是反对法秩序与法哲学实质性的、客观性的、理性的选择，是一种纯粹情绪化的理论。^④

笔者认为，我们理应保持对于侵害法益危险源的警惕，但不可依此使他人堕入敌人的行列，甚至剥夺其为人的资格。因为这

---

① Luís Greco：《Jaboks 的敌人刑法》，陈志辉等译，《月旦法学杂志》2008 年第 22 期。

② Luís Greco：《Jaboks 的敌人刑法》，陈志辉等译，《月旦法学杂志》2008 年第 22 期。

③ Miguel Polaino-Orts：《以功能破除概念迷思：敌人刑法》，徐育安译，《月旦法学杂志》2008 年第 22 期。

④ Luís Greco：《对敌人刑法的批判》，周漾沂译，《月旦法学杂志》2008 年第 28 期；Luís Greco：《敌人刑法在刑事政策以及释义学上毫无成果》，陈志辉译，《月旦法学杂志》2008 年第 28 期。

是一种在主观上对于人格体武断的切分与分层，是一种将例外状态常规化的危险态势。它与宪法甚至法治体系所倡导的精神与价值相悖。毕竟，与理性相悖、一直在热切地寻找敌人的法制体系是不稳定的，是极其脆弱的，是不能长久的，是会给专制主义提供乘虚而入之空间的。但我们仍然不能一味地说敌人刑法学并无用处，因为敌人刑法学作为一种概念的出现，给特殊法益侵害源需要特别警惕的情况敲响了警钟，只不过，这种警惕不应当以剥夺"特殊主体"的部分人格为代价。

作为隐私权的基本权利，可以因国家利益、权利竞合或紧急状态受到限制，但这种限制也是有相应之限度的，因为隐私权是人格尊严条款的主要体现，所以限制不能达到过分践踏主体人格尊严的程度，这也就是我们为什么要警惕 Jaboks 的敌人刑法思维的原因。因为这种思维会先入为主地将案中及未来猥亵、强奸未成年人的犯罪嫌疑人，以剥夺部分人格尊严——隐私权——的方式，使法益保护的趋向更为"完整"。这样的举动，不利于基本权利的概念在人们心目中扎根，也不利于人们对具有根本法意义的宪法产生尊重。笔者当然不赞同社会法益的保护不重要，极端危险源不需要被控制的观点，只是我们不应该采取这种得不偿失的方式处理，而理应用更为冷静、理性的方式去归置。

五　素材的处理

犯罪嫌疑人张某喜、陈某州等 4 人因猥亵、强奸未成年人而被起诉并依法宣判，且决定将其 4 人的个人信息进行公开，做出从业禁止与不得出入特定场所的处罚决定。此案件背后牵扯到的是作为基本权利的隐私权保护与因公共利益所产生对隐私权限制之间的博弈与衡量。此博弈过程落成到宪法规范中，可以采取形

式合宪性与实体合宪性的角度进行具体对照。① 在宪法上，如
《宪法》条文第 34 条与第 40 条所反映出的对于基本权利的干预必
须存有法律依据。第 34 条规定："但是依照法律被剥夺政治权利
的人除外"，这说明政治权利作为一项基本权利，其被剥夺只有存
有法律依据才可形成。另外《宪法》条文第 40 条规定："除因国
家安全或者追查刑事犯罪的需要，由公安机关或者检察机关依照
法律规定的程序对通信进行检查外，任何组织或者个人不得以任
何理由侵犯公民的通信自由和通信秘密。"第 40 条强调的也是大
抵相同的理念，即有关机关必须依照法律的规定与程序才可对通
信自由和通信秘密的基本权利进行限制。所以作为基本权利的隐
私权也应适用宪法的规定，即只有法律才具有资格对于公民的隐
私权予以剥夺与限制。但是在本案中，淮阴区法院所依据的是政
法委、司法机关、检察机关、公安机关、司法局、教育局等 9 家
单位联合出台的文件，而这一规范性文件的效力级别过低，不能
将其称为法律，自然也不能依此形成对隐私权的剥夺与限制。故
其并不符合形式合宪性的要求。

从实体合宪性上来观察，在分析公权力机关对于基本权利的
侵害是否具有正当化理由的关键在于其有关举措是否符合比例原
则的需求。比例原则由以下三个子原则所构成：适当性（suitabili-
ty）、必要性（necessity）和狭义比例原则（proportionality in its
narrow）。② 所谓适当性，指的是国家所要采取的手段应当适合法
律的目的；所谓必要性，强调在国家在其采取的对所有对目的的
实现相同有效的手段中，选择最温和、对基本权利限制最少的那
一个：狭义比例原则要求的核心是相称性，即最终所采取的目的

---

① 有关"形式合宪性"与"实质合宪性"的学理依据，参见汪新胜《基本权利
限制的合宪性考量》，《西部法学评论》2010 年第 6 期；莫纪宏《论规章的合
宪性审查机制》，《江汉大学学报（社会科学版）》2018 年第 3 期。
② 陈景辉：《比例原则的普遍化与基本权利的性质》，《中国法学》2017 年第
5 期。

与手段之间应该是平衡的、成比例的、均衡的。① 具体到本案中，公开性侵未成年人犯罪人的信息，目的在于保护潜在的受害者与相关法益。此目的毫无疑问是正当的。那么公开犯罪个人的信息是否能够达到此目的呢？答案是肯定的。因为在公开个人信息之后，会在一定范围内引发社会公众与潜在受害者的警觉，加强自我保护意识，降低被侵害的可能性。再者，此举能够对犯罪分子起到震慑作用，使犯罪分子的犯罪成本提高，降低实施犯罪的可能性。故在适当性层面，此举适合法律的目的。必要性条件要求，在对降低性侵出现可能性的举措中，选取最温和，对基本权利限制最小的那一项。防止性侵出现的其他手段还有化学阉割或对犯罪分子采用"重典"的方式，但这两种方式可能有逾越实定法规范的可能性或侵害更高阶序基本权利的缺陷。再者，上述两种手段与公开犯罪分子相关信息的手段相比，后者确实有着更加温和，对基本权利侵害较少的优点。所以本案此举符合必要性原则的要求。最后再看相称性原则的要求。在本案中若不采取公开犯罪人个人信息的手段，虽保护了犯罪人的隐私基本权利，但将导致更多未成年人的身体法益，亦可称作生命权、身体权的侵害。而若采取公开犯罪人信息的手段，所产生的后果是，一方面，犯罪人的隐私权受到限制，在社会中的生存空间缩小，身体自由受到控制；另一方面，由于保护法益的危险源得以控制，性侵等事件的犯罪率将下降，更多未成年人的身体权与生命权会得到保障。将这两方面相对照可以发现，公民的隐私权甚或人格尊严与人之生命权或身体权相比阶序相对较低，而且隐私权往往以生命权或身体权为基础进行阐发，若没有生命权、身体权，隐私权自然也就成为"无源之水，无本之木"。故两相权衡，目的与手段具有相称性，符合狭义比例原则。故本案符合实质合宪性的要求。

综上所述，"淮阴公开案"违反形式合宪性，符合实体合宪

① 杨登杰：《执中行权的宪法比例原则》，《中外法学》2015年第2期。

性。所以立法者可以在法律中规定公开犯罪人信息的举措以达到保护未成年人基本权利的目的，但不应将公开犯罪人信息的举措予以过分扩张，应提防 Jaboks 敌人刑法思维。

六　我们应如何对待隐私权

在我国的现实司法语境之下，对隐私权的保障往往诉诸侵权责任法寻求保护与救济，忽视其公法面向的救济，但这仍不是在理论上否认隐私权为宪法基本权利或弱化其公法救济的充分理由。目前阶段对作为基本权利的隐私权进行规范性建构仍是必要的，因为对基本权利的保护需要重视，宪法精神也需要常在。理性的隐私权规范建构，需要的不仅仅是界定清晰"隐私权"，而更应强调的是"理性的规范建构"，其内容大致包含权利的限制，限制之限度，以及理性视域下对特殊思维的提防。隐私权的公法属性在我国的规范性研究中处于刚刚起步的阶段，但恰逢数据时代的巨流裹挟着信息呼啸而来，这导致作为基本权利的隐私权研究在启动伊始就呈现出概念与变化错位、滞后的局面。面对这种局面，我们不必慌张，更应该以理性、谦抑的态度去观察、分析与研究，建构出一套相对完善的公法隐私权规范体系，并做好与其私法面向的过渡与衔接，以期达致"一尺素心，坐待天明"的效果。

On the Public Law Attribute of the Right to Privacy

Sun Jiaqi

Abstract: In China, although the private law attribute of the right to privacy is greatly highlighted, and the public law attribute is less discussed, it has its internal mechanism, but the public law aspect of the right to privacy should not be completely ignored. Starting from the "Huaiyin Open Case", the article attempts to tease out the context of the construction of the norms of privacy in the thinking of historical traceability, rights attributes, third-party effectiveness, and enemy criminal law, so that the public law attributes of privacy are returned to the academic field of vision. After all, only through a comprehensive discussion of the right to privacy in the perspectives of private law and public law can we face the impact of the information society on us in a more rational and modest manner, and respond to the changing content of privacy with more calm means.

Keywords: Right to Privacy; Basic Rights; Third Party Effect; Enemy Criminal Law; Proportionality; Human Dignity

2021年第1辑·总第3辑

法律和政治科学

LAW AND POLITICAL SCIENCE

Vol.3, 2021 No.1

治　理

《法律和政治科学》（2021 年第 1 辑·总第 3 辑）

第 185~208 页

© SSAP，2021

迈向大国治理的中国法律社会学[*]

——对法律社会学研究路径的检视

刘　磊[**]

【摘　要】　自 20 世纪 90 年代初期开始，历经学科初建时期以译介西方社会科学理论和法律社会学论著为主的阶段后，一些法律社会学研究者开始走进法律的"田野"，探究法治的社会基础。在此过程中，法律社会学研究一度以"乡土中国"作为主要的研究场域，以乡村社会秩序的生成及运行作为主要研究主题。随着中国城市化不断推进，乡村治理危机日渐缓解并且乡村秩序更深受城市变化影响，中国的法律社会学应当以受众的知识需求和期待为导向，将研究重心转向"城市中国"，更加重视对"法律逻辑"之实践形态的精细解析，揭示大国治理的复杂法治面相。对于大国治理而言，通过法律社会学的经验性研究回应"国际法治"亦十分必要和迫

---

* 基金项目：教育部人文社会科学研究一般项目（19YJC820037）。

** 刘磊，中南财经政法大学法学院副教授，法学博士。研究方向：判例运用、司法制度、基层治理。

切，在此方面的研究会构成中国国际法治能力的重要方面。鉴于诸多领域中法律实践之复杂性以及获致"饱和经验"的方法之多样性，在未来的法律社会学研究中，优秀研究作品也许并不限于学院派，更是会产生于学院之外的职业者（尤其是法律职业者）所形成的"无形学院"之中。

【**关键词**】 法律社会学；大国治理；无形学院

一　引言

法学是经验之学，无论法学知识以何种形态呈现，无论这种形态是抽象化表达，抑或具体性描述，法学知识的背后均会有相应的经验基础。特别是，在法治已然成为中国这样的大国基本治理方式的情况下，对法治抑或法律的准确把握，离不开对其赖以存在以及所要回应的经验性问题和实践基础的细致考察和理解。在此意义上可以认为，从经验的角度开展法学研究抑或提炼法学知识，乃是法学研究日渐自主且成熟的重要表征之一。尽管法律的制定带有一定的建构性特质，但从根本上而言仍然是对已然生成的经验秩序的规范性提炼，或者是对处于萌发状态但走向不确定之事物运行与发展所施加的某种规范性引导。正因如此，在有关法律的研究中，"事理"先于"法理"而存在，"法理"是对"事理"的进一步提炼和总结。①

早在 20 世纪 90 年代，苏力在当时出版的《法治及其本土资源》一书中就追问"什么是你的贡献"。苏力批评了当时中国法学的研究状况，认为"法学研究的方法也相当落后，从应然命题

---

① 参见陈柏峰《事理、法理与社科法学》，《武汉大学学报（哲学社会科学版）》2017 年第 1 期。

到应然命题，缺少对社会的其他学科的了解，缺乏对支撑法学研究发展的理论的研究和包容，缺乏对司法问题的综合性研究，往往从某个部门法出发把活生生的案件简单地归纳为民法案件或刑法案件"，"中国的法学的成熟还有漫长的道路要走"①。由此，通过"本土资源论"，我国也开启了以研究法治的社会基础为基本导向的法律社会学研究。② 时至今日，二十余年已经过去，至少从政治表达的角度看，中国的法律体系已经形成，然而，"中国的法学的成熟"似乎仍然还有很长的道路要走，中国法学的成熟度与大国法治的现实需要之间仍存在一定的距离，而其中的一个关键问题即在于大量研究对中国法治实践的疏离与隔阂。二十多年来，在苏力的影响以及许多学者的自觉努力下，法学领域中兴起法律社会学研究潮流，以法律社会学或经验研究为主题的研究层出不穷，关注中国法治经验的成果不断增多。尽管如此，从法律社会学的现有研究状况以及与这些研究相关的制度实践看，既有研究所做出的贡献与大国法治对法学研究产生的需求之间还有着明显的距离。从侧面看，这种距离的存在恰恰在很大程度上意味着中国这样的大国的法治实践对法律社会学研究提出了更多的期待，也意味着中国法律社会学有更大的学术契机。基于此，本文将通过对 20 世纪 80 年代以来中国法律社会学发展脉络的梳理，检视现有研究路径的贡献及不足，进而讨论法律社会学研究可能拓展的领域或方向。

二　走进"乡土中国"的法律社会学

从我国法律社会学研究的发展历程来看，自 20 世纪 90 年代

---

① 苏力：《法治及其本土资源》，中国政法大学出版社，1996，自序Ⅸ。
② 参见王启梁《法治的社会基础——兼对"本土资源论"的新阐释》，《学术月刊》2019 年第 10 期。

初期开始，在经历20世纪80年代学科初建时期以译介西方论著为主的阶段之后，① 一些学者有意识地走进法律的"田野"，针对中国法律实践开展调查研究，这些研究极大地丰富了对中国法律实践的认知，并且深刻地影响到当前法律社会学的研究进路。在当时，以夏勇主编的《走向权利的时代》，郑永流等人所著的《当代中国农村法律发展道路探索》、《农民法律意识与农村法律发展》以及苏力的著作《法治及其本土资源》、《送法下乡》为代表的著述陆续出版，逐渐改变此前以译介域外理论为主的法律社会学研究状况。

在《走向权利的时代》这部文集中，夏勇、高鸿钧、张志铭、陈甦等十余名学者将研究目光投入中国公民权利和义务观念及实现状况之中，在北京、吉林、河南、广东、贵州、甘肃六省市发放问卷，试图了解和解释中国公民权利发展状况。这一系列研究的主题既涉及城市中国，也包括农村中国，涵盖中国法治发展的多个领域。② 郑永流等人则以农村为研究场域，试图通过了解对中国农村的法治状况，尤其是农民法律意识的认知，来把握中国法治发展的方向及道路。③ 在当时偏重于理论译介的学术潮流中，这几部学术著作显得独具特色，为了解法律实践状况提供了有益的视角和启示。客观地看，当时以这几部著述为代表的法律社会学研究对于中国法律发展中各个领域问题的把握，总体仍处于现象层面或者是对现象较为浅层的解读，尚未把握和阐述现象

---

① 许多产生广泛学术影响的译著译介于这一时期，例如韦伯、庞德、布莱克、塞尔兹尼克、科特威尔等西方学者的法律社会学著作均是在此阶段被大量翻译。在这一时期，也有学者尝试对西方社会科学理论做系统梳理，并将之引入对法治实践问题的分析之中，例如顾培东于1991年出版的《社会冲突与诉讼机制》即是这方面著述的典型代表。

② 参见夏勇主编《走向权利的时代：中国公民权利发展研究》，中国政法大学出版社，1995。

③ 参见郑永流《当代中国农村法律发展道路探索》，上海社会科学院出版社，1991；郑永流等《农民法律意识与农村法律发展》，武汉出版社，1993。

背后的深层机理。之所以如此,一方面是由于研究者秉持着很强的价值预设,"为权利而斗争"、"提升法律意识"是内在于研究者心中的鲜明的价值取向,以至于许多研究会忽视或轻视与这种价值取向不符合甚或悖异的现实经验;另一方面,很重要的原因还在于,当时的研究者尚较为缺乏基于"田野"调研灵活运用西方社会科学理论的意识,译介而来的许多理论资源并未真正成为助益于认知和把握中国法律现象的分析工具,理论与实践呈现出隔离状态。

促成改变这种状况并显著提升法律社会学研究学术旨趣及分析水准的是苏力,他的研究在很大程度上影响了中国法律社会学在较长一段时期中的关注焦点甚至走向。苏力在《法治及其本土资源》中的分析并非基于调研而产生,而是结合社会理论资源以及个人丰富的生活经验体会,细致且精彩地分析了诸多法律现象,其中,费孝通先生的《乡土中国》所呈现的"乡土社会"是苏力讨论许多问题时的基本背景。① 在此之后,借助在湖北省的授课机会,苏力开始走进"田野",通过与基层法院法官访谈交流,以"送法下乡"为主题探究中国基层司法制度。② 与此前许多研究者主要基于略带意识形态特点的"司法独立"宏大话语讨论中国司法问题不同的是,苏力将基层法院以及法官置放于特定的时空场景,尤其是带有乡土特色、熟人社会特点的基层场域中加以理解,并且从民族国家建构的高度讨论相应的制度逻辑以及法官的行为选择。在当时,王铭铭、王斯福主编的《乡土社会的秩序、公正与权威》也是研究乡土社会法律现象的集大成之作,引导着此后不少研究者的学术旨趣。③

---

① 参见苏力《法治及其本土资源》,中国政法大学出版社,1996。
② 参见苏力《送法下乡——中国基层司法制度研究》,中国政法大学出版社,2000。
③ 参见王铭铭、王斯福主编《乡土社会的秩序、公正与权威》,中国政法大学出版社,1997。

一段学术发展潮流的兴起不仅受研究者个体志趣影响，也深受大的时代背景或者时势牵引。在 20 世纪 90 年代和 21 世纪初，中国社会正经历着深刻的变化。一方面，中国正在从"乡土中国"走向"城市中国"，但农村问题仍然是中国的主要问题。正如苏力在《送法下乡》中所说："中国最广大的人口仍然居住在农村，中国社会的现代化的最重要的任务之一就是农村社会的现代化。因此，一个真正关心中国人（而不仅仅是中国知识分子）喜怒哀乐的人就不能不关心中国最基层社会的人的生活。"① 在当时，由于"三农危机"出现，在历经改革之初全社会对市场经济、改革前沿地带（如经济特区）的高度关注和热切期盼之后，农村又一次进入公共舆论以及决策层的视野。② 正是在这样的背景下，进入 21 世纪之初，中央决定取消农业税费，中国乡村社会治理也由此开始转型。深刻的社会危机必定会触发相当部分知识分子的内心情怀，引导着他们将研究的目光及热情投向农村。另一方面，随着中国逐渐"走向世界"，中国在世界格局中究竟如何定位以及中国以何种方式回应既有格局带来的问题和挑战，这成为中国需要面临的问题，而这一问题在学术研究层面则集中体现在围绕学术是否应当"本土化"而展开的争论。在当时的时势背景以及知识惯性的影响下，知识分子倾向于从农村寻找中国的"本土"要素，认为农村的才是中国的，在潜意识中甚至会将"城市中国"视为是西方法律的殖民地。③ 不仅如此，有研究者还

---

① 苏力：《送法下乡——中国基层司法制度研究》，中国政法大学出版社，2000，第 7 页。

② 在当时，有两部著作集中且强烈地反映出"三农"问题的严重性，分别是温铁军所著的《中国农村基本经济制度研究——"三农"问题的世纪反思》（中国经济出版社，2000）和李昌平所著的《我向总理说实话》（光明日报出版社，2002），此外，《读书》杂志也以"三农"问题作为主题，组织了多篇文章展开专题讨论，陆学艺、温铁军、李昌平、贺雪峰、严海蓉等多个领域的学者参与到这场讨论之中。

③ 参见陈虎《刑事程序的深层结构》，中国政法大学出版社，2018，第 318～322 页。

在"文化自觉"①的层面讨论中国农村研究的重要意义。由此，"西方"与"中国"的分殊及比较在很大程度上演变为中国的城乡之别，在农村探寻有别于深受西方影响的国家制定法的"民间法"则成为把握中国法治本土特质的重要面相。对于赞成"本土化"的研究者而言，"城市中国"是现代的，这种现代感与在西方社会所获得的感知似乎并无太大差异，如若将目光投向城市，就会很难探究中国法治的"本土化"因素。与这两个方面转变密切相连的是，自21世纪初开始，我国法律社会学研究在较长一段时期是以"乡土中国"作为主要研究对象。例如，喻中对中国乡村司法实态的呈现，②强世功、赵晓力等在华北、西北等地完成的关于乡土社会纠纷解决及治理秩序的考察，③陈柏峰在华中村治研究传统下对乡村"混混"、乡村司法、信访、地权等问题的研究，④王启梁在边疆少数民族地区对法律与多元社会控制的探析，⑤赵旭东对乡村纠纷与权威体系的刻画与讨论⑥等。在此之后，随着参与者兴趣的转变，以"乡土中国"为主要研究对象的法律社会学研究群体开始分化，一些核心成员的研究兴趣发生转移，但这一注重研究乡村社会的法律社会学传统延续至今，直到现在仍然有相当部分研究者行走在"乡土中国"的道路上，这一传统也成为不少研究者（尤其是青年研究者）进入法律社会学领域的一个切入口或起点。

在有关乡村社会的法律社会学研究方面，尤其值得一提的是

① 参见黄平主编《乡土中国与文化自觉》，生活·读书·新知三联书店，2007。
② 参见喻中《乡土中国的司法图景》，中国法制出版社，2007。
③ 参见赵晓力《通过法律的治理：农村基层法院研究》，北京大学博士学位论文，1999；强世功主编《调解、法制与现代性》，中国法制出版社，2001。
④ 参见陈柏峰《乡村江湖》，中国政法大学出版社，2011；《乡村司法》，陕西人民出版社，2012；《农民上访的分类治理研究》，《政治学研究》2012年第1期；《土地发展权的理论基础与制度前景》，《法学研究》2012年第4期。
⑤ 参见王启梁《迈向深嵌在社会与文化中的法律》，中国法制出版社，2010。
⑥ 参见赵旭东《权力与公证：乡土社会的纠纷解决与权威多元》，天津古籍出版社，2003。

受华中村治研究传统影响的研究群体。这些研究者十分强调"田野的灵感"以及基于长期浸泡"田野"所形成的"饱和经验"和"经验质感"，重视驻村调研训练，每年开展多次集体调研，每个村庄调研时间 15～30 天不等，对村庄经济、政治、法律、社会、文化和宗教等各方面现象做全面观察与深度访谈。① 在受华中村治研究传统影响的研究者看来，之所以要重视在农村开展法律社会学研究，除了前已述及的农村本身的重要性之外，还有基于方法可行度方面的考量：一方面，农村的人际互动极为紧密，可以在复杂的互动中把握现象之间的关联，亦即"村庄之中提问题、现象之间找关联"，这是训练经验感的一种有效方法；另一方面，在农村开展调研的成本相对较低，这种成本不仅体现在物质层面，还包括与访谈对象（主要是农民）互动时的知识门槛、精神压力层面的成本。正因如此，在农村场域开展法律社会学研究，既具有本体性意义，亦即把握农民的生活世界以及相应的秩序结构、价值体系，也具有方法性意义，即在此过程中形成的研究能力可以迁移于对其他方面问题的把握，"有了田野工作积累起来的经验质感，理解其他经验性法律现象就可以熟能生巧"②。从该研究团体的后续研究看，也有一些研究者开始尝试走出农村的"田野"，进入其他研究领域，③ 但此前所受的乡土社会法律社会学训练，在问题意识、研究进路、行文方式等仍产生明显影响，构成研究的深层"底色"。

围绕"乡土中国"展开的法律社会学研究产生了不少成果，

---

① 参见陈柏峰《法律经验研究的机制分析方法》，《法商研究》2016 年第 4 期；杨子潇《经验研究可能提炼法理吗?》，《法制与社会发展》2020 年第 3 期。
② 参见陈柏峰《法律经验研究的机制分析方法》，《法商研究》2016 年第 4 期。
③ 参见刘杨《执法能力的损耗与重建——以基层食药监执法为经验样本》，《法学研究》2019 年第 1 期；于龙刚《基层法院的执行生态与非均衡执行》，《法学研究》2020 年第 3 期；印子《突破执法合作困境的治理模式辨析——基于"三非两违"治理经验样本的分析》，《法商研究》2020 年第 2 期；梁永成《论基层执法衍射效应：基于生态学视角的考察》，《法学家》2020 年第 6 期；刘磊《城管执法的困境与出路》，法律出版社，2020。

然而不可忽视的一个问题是，研究者多倾向于从个案纠纷解决的角度考察并讨论，但许多案件其实很少算是真正意义上的法律案件。有学者在对此进行反思时指出："不如说只是一起在法律背景之中发生的普通纠纷，法律没有明显地至少没有直接地发生作用。"① 即便是一些受此传统影响的研究者试图在乡土社会之外的领域展开研究，但其潜在的问题意识也多疏离于法律逻辑，正因对法律逻辑的疏离，相关研究基于对基层治理逻辑的把握所阐述的"事理"并未能实现与法律逻辑的紧密联结和深层嵌入。如果说在法律尚未普遍渗透乡村社会的情况下，将法律作为背景展开乡土社会的法律社会学研究有其必要性，那么，在法律已深度嵌入于乡土社会秩序的维系和建构之中、"法律逻辑"与"乡土逻辑"紧密交织的情况下，过于偏重"乡土逻辑"自身，而忽视"法律逻辑"以及基于对"法律逻辑"的深度把握所体察到的"法律逻辑"与"乡土逻辑"之间的复杂关系，那么，这种法律社会学研究的意义会趋向于弱化，更为明显的体现是社会学的知识传统，法学特点则相对薄弱；因其所关注议题总体处于法治边缘地带，研究所生成的知识亦难以广泛进入法学知识体系中成为可以并且需要传授的"法律知识"，进而难以基于对"活法"或"行动中的法"的提炼与总结而有效地回应当前以及今后中国法治进程中的诸多现实关切。

三 走向"城市中国"的法律社会学

随着中国城市化进程不断推进，尤其是"三农危机"日渐缓解，道路还是会"通向城市"，② "城市中国"越来越成为社会科

---

① 参见陈虎《刑事程序的深层结构》，中国政法大学出版社，2018，第319页。
② 此处借用苏力一本书的书名。参见苏力《道路通向城市：转型中国的法治》，法律出版社，2004。

学研究者的关注重点。与 20 世纪 90 年代末以及 21 世纪之初相比，现在的中国仍然处于急遽变化之中，不仅城市在迅速地变化，此时城市的形态已经与 10 年前、20 年前有着显著的差异，而且农村的乡土性本身也并非一成不变，农村正在经受着市场化主导的现代性的冲击和洗礼。如果说在 21 世纪之前，城市与农村这两极中更具基础性的是农村，那么直至现今，对于中国长远发展而言，更具基础性、根本性的则是城市这一极。在农村治理危机逐渐褪去（当然，并不能说农村不存在治理难题）、农村主要承担中国社会"稳定器"和"蓄水池"功能的情况下，① 农村秩序更多的不是一种内生性秩序，而是深受城市发展以及市场经济等外生性因素影响，城市中的急遽变化深刻地影响农村秩序的建构与运行。如果说，此前是理解了中国农村才能理解中国城市，那么现在则更可能是理解了中国城市才可能理解中国农村。正如邓正来教授在十多年前对苏力的批评中所指出的："由于缺失了中国制度转型和社会变迁的结构性关照，苏力的'基层'和'乡村'实际上成了一种'抽象的''概念的'简单中国，而非'具体的''真实的'复杂中国。"② 亦如顾培东教授所认为："虽然苏力视野中的'乡村社会'在当代中国仍然是一种实际存在，但其已远远不能反映中国社会的整体面貌，以此作为分析中国法治现实的背景，势必不能形成涵括当代中国社会的正确结论。"③ 这样的反思或批评其实也同样适用于当前围绕乡村社会开展的一些法律社会学研究。

一旦面向"复杂中国"或"中国社会的整体面貌"，可以发现"城市中国"是当代中国极为重要的构成部分，而且是一个极为复杂的体系结构，法律在中国城市的实践形态极为丰富甚至驳

① 参见贺雪峰《城市化的中国道路》，东方出版社，2014，第 33 ~ 57 页。
② 邓正来：《中国法学向何处去》，商务印书馆，2006，第 249 页。
③ 顾培东：《"苏力问题"中的问题》，《武汉大学学报（哲学社会科学版）》 2017 年第 1 期，第 27 页。

杂。一方面，中国的城市有着诸多与西方发达国家城市相近的特征、治理机制与方法；另一方面，中国的城市又深受中国特定的政制建构、国家与民众关系以及一系列具有特点的具体制度与机制影响。对于恰切地理解和把握"城市中国"的秩序以及相匹配的法治体系而言，既需要广泛借鉴发达国家城市化进程中的某些经验，也需要立足于中国城市的特质开展研究和探索。在当前以及今后较长一段时期，"城市中国"对于我们理解中国的法治秩序更具根本性。较之于农村社会人与人之间的"初级关系"① 所衍生出对法律的较低需求度而言，城市社会对法律的需求以及依赖度更高，城市中每天发生的海量般的交往行为需要法律予以规范和引导，为城市的有序运行提供稳定的行为预期。与法律在乡村社会并不处于中心地带不同的是，城市大量治理活动的开展以及秩序建构和维系都需要依靠法治体系推动和保障。然而，在高密度、紧凑型、拥挤化的城市空间中，城市风险的普遍存在给整个社会带来了极大的挑战，这又在很大程度上使城市社会的秩序以及交往行为有着更高的不确定性。在这种背景下，城市俨然成为国家治理的基本单元，② 国家治理重心亦需要向城市调整。如果从历时性的角度来看，国家在不同时期对城市的定位及由此展开的治理活动不尽一致。在工业化建设阶段，城市的功能主要体现在其是农村剩余劳动力的聚集地，如何通过相应的制度建构保障城乡之间生产和生活资源有效互通，尤其是在确保农村稳定的情况下，促进人口、土地等资源向城市汇聚，成为法治建构与运行的重要内容。而在城市化发展到较高阶段，城乡之间的关系也会调整并重新设定，城市主要的功能体现在其成为资本扩张和消费主义的主要场域，大量法律的制定和实施需要围绕这两个方面展

---

① 参见〔美〕罗伯特·帕克等《城市：有关城市环境中人类行为研究的建议》，杭苏红、张国旺译，商务印书馆，2016，第52页。

② 参见何艳玲、赵俊源《国家城市：转型城市风险的制度性起源》，《开放时代》2020年第4期。

开。在不同体量规模的城市中，大城市治理秩序构成国家治理秩序的重要基石，尤其是超大规模城市的法治状况会产生广泛的辐射效应，需要兼顾社会安定与创新，① 一旦出现治理困境就会带来严重的社会矛盾和政治隐患，因而更需要从经验性层面对大城市的法治化展开细致考察与研究。

如果回顾过往采取法律社会学进路的研究，可以发现也有一些研究者逐渐聚焦于"城市中国"。例如，王亚新对民事审判中法律运行的实证分析，② 左卫民在司法领域开展的实证研究，③ 刘思达以律师业为基础对中国法律服务市场生态的考察，④ 贺欣对北京工商户经营执照中"法律合谋"问题的讨论，⑤ 侯猛从司法影响力的角度对最高法院展开的探析，⑥ 程金华、吴晓刚、李学尧等关于不同社会阶层对民事诉讼所持态度之差异性的探究、基于律师职业的发展对我国法律变迁的深度考察，⑦ 黄韬从司法的角度对中国金融法制变迁的分析，⑧ 冉井富对中国民事诉讼调解率变迁的探讨，⑨ 刘宝坤对中国劳动合同法实施效果的研究⑩以及晚近以来

---

① 参见泮伟江《中国超大规模城市法律治理》，《国家检察官学院学报》2020 年第 6 期。

② 参见王亚新等《法律程序运作的实证分析》，法律出版社，2005。

③ 参见左卫民《实证研究：中国法学的范式转型》，法律出版社，2019。

④ 参见刘思达《割据的逻辑：中国法律服务市场的生态分析》，上海三联书店，2011。

⑤ 参见贺欣《在法律的边缘——部分外地来京工商户经营执照中的"法律合谋"》，《中国社会科学》2005 年第 3 期。

⑥ 参加侯猛《中国最高人民法院研究——以司法影响力切入》，法律出版社，2007。

⑦ 参见程金华、吴晓刚《社会阶层与民事纠纷的解决——转型时期中国的社会分化与法治发展》，《社会学研究》2010 年第 2 期；程金华、李学尧《法律变迁的结构性制约——国家、市场与社会互动中的中国律师职业》，《中国社会科学》2012 年第 7 期。

⑧ 参见黄韬《公共政策法院：中国金融法制变迁的司法维度》，法律出版社，2013。

⑨ 参见冉井富《当代中国民事诉讼率变迁研究——一个比较法社会学的视角》，中国人民大学出版社，2005。

⑩ 参见刘宝坤《劳动合同法实施效果研究——法律的表达与实践》，中国工人出版社，2014。

出现的以法治指标为导向的法律社会学研究，① 这些研究均在很大程度上以中国的城市作为问题研究的经验背景。总体而言，法律社会学在细致、深入地理解和中国城市法治秩序建构及运行方面的成果明显不足，尚未恰切地把握法治在"城市中国"的社会基础，尤其是与基于"乡土中国"所涌现出的大量法律社会学研究对法治的乡村社会基础的深度刻画相比，更是凸显出法律社会学在此方面的缺失。

基于城市之于中国的重要性，可以预见并且也值得追求的是，经验性地认知和把握"城市中国"的法治会成为而且也更应成为法律社会学的研究重点。然而，若要在"城市中国"开展法律社会学研究，在很大程度上也会折射或体现出以"乡土中国"为经验背景所做研究及其具体方法之不足，同时也反映出正在开展法律社会学研究的主要研究群体所具有的局限性。概括地看，这种不足或局限性突出地体现在以下三点。

首先，相当部分从事或者热心于法律社会学研究的学者较为缺乏精细的法律知识。需要指出的是，此处是从反思的角度讨论，但并不意味着是对研究者知识结构及学术趣味的批评，而是站在客观立场上做出的审慎思考，毕竟术业有专攻，而且这部分研究者也确实为推动中国法律社会学的发展做出了突出的贡献，提供了"知识生产的另一种可能"②。如果说，在乡村社会中开展法律社会学研究不具备深入细致的法律知识（尤其是部门法知识）并不会对研究成果的产出形成明显不利影响，甚至在很多情况下过于细致的法律知识反而会因其教义体系的相对封闭性，对把握乡村治理问题产生思维约束，那么在面对城市中诸多法治现象或问题时，缺乏精细的法律知识（尤其是部门法知识）就会成为研究

---

① 参见朱景文《回顾与反思：法社会学研究的不同导向》，《法治现代化研究》2020 年第 6 期。

② 参见孙少石《知识生产的另一种可能——对社科法学的述评》，《交大法学》2016 年第 1 期。

者非常明显的知识短板。在城市的社会生活及治理活动中，法律并非仅仅是作为背景而存在，而是深入且细致地嵌入许多行为以及纠纷化解过程，如果在很大程度上脱离以法律部门为基础的法律知识，会无法精到并恰切地理解和把握许多问题处理中的深层逻辑及法律技术运用的微妙之处。对此，强世功就曾提出这样的反思："在法学部门法化或专业化的背景下，许多法理学者也很难深入到部门法的内部，用法律社会学方法研究部门法中的问题，其结果，法理专业的法律社会学往往自觉不自觉地选择部门法领域之外的剩余范畴，而很少运用法律社会学方法研究诸多部门法问题。"① 实际上，如果法律社会学研究只是关注经验层面的"事理"，而未能将这种"事理"上升为有一定的价值判断和规范指引的"法理"或"法律之理"，就可能难以避免法律社会学研究在法学研究乃至国家治理法治化进程中被边缘化的处境。从知识受众对法律社会学的需求或期待来看，规范性视角对于法律社会学研究的精细化展开十分重要。对此，正如荷兰学者扬·斯密茨（Jan M. Smits）所言："法学研究的发展态势——法学的外部研究方法占据上风——乃是一种危险的趋势。毋庸讳言，法学可以从其他学科的视角中获益。尽管如此，这并不意味着法学的规范性研究方法就应该被抛弃。恰恰相反，核心问题不应当是其他学科如何能够帮助我们使得法律学术研究变得更加'科学'，而应当是法学研究方法本身如何能够更好地满足人们对于一门学术科目之预期。"②

其次，以驻点调研为基础的研究方法在对问题把握的精深度上存在一定的局限。前已述及，从农村场域中开展经验性研究更易进入"田野"，知识门槛、物质代价、心理成本等均较低，农村场域具有显著的开放性，便于研究者随时、多次、反复进入，

---

① 强世功：《中国法律社会学的困境与出路》，《文化纵横》2013 年第 5 期。
② 〔荷〕扬·斯密茨：《法学的观念与方法》，魏磊杰、吴雅婷译，法律出版社，2017，第 7 页。

而且乡村社会中的不少问题可以根据日常生活习得的常情、常识和常理加以把握。然而，一旦进入"城市中国"场域，研究者不但要面对城市基层社区，还要面对各色各样的职业群体以及相应的行业，同时也要面对极为精致复杂的国家官僚体系。在认识和把握城市社会法治秩序时，尽管仍然需要调研，而且调研也非常重要，但又显然无法简单照搬在乡村社会的具体调研方式。一方面，在城市驻点调研的物质成本更高，长期调研对于许多研究者而言是一项并不十分经济的选择；另一方面，也许更重要的是，城市社会生活和治理中的许多领域有着非常复杂的组织体系和技术方式，与之相关的法律知识体系亦十分繁杂，如果未能在相应法律部门领域或者相应职业之中浸泡良久，实际上很难仅以旁观者的角色细致、深刻地体察和把握其中具体运行及操作的精细之处。这种知识层面的门槛会在很大程度上构成影响研究者与研究对象有效互动的知识壁垒甚至心理门槛。当然，以旁观者的角色参与式的观察也能获致对相应问题的一些经验性感知，但这种感知无论在广度还是深度上，均会存在明显的缺失。也许正因如此，在以城市为主要经验背景的法律社会学研究中，越来越多的成果是来自部门法学者而非法理学者，即便是法理学者也至少是在某个领域有较为充实的部门法知识乃至法律实务经验的研究者。

最后，但同样不可忽视的是，有关城市中国法治的法律社会学研究对研究者的整体性、系统化思维和视野有着更高的要求。在以乡村社会为主要经验背景的法律社会学研究中，研究者可以大致以村庄作为基本考察和分析单元，基于村庄内部多种因素以及村庄与外部世界较为有限的关联性要素开展讨论，从而探析村庄秩序的生成及变化。然而，在有关城市的法律社会学研究中，即便具体研究主题是有较为明确的限定，但对任何一个具体主题的把握都很难恰切、精细地设定基本研究单元，在具体研究过程中，研究单元会呈现较为明显的伸缩性，研究者需要不断地回应

具体研究问题在城市复杂、精细的体系中的定位及变化，探究其
与城市中大量要素之间的复杂关联。① 不仅如此，研究者还需要将
中国的城市与乡村作为整体加以考察，将二者视为紧密联系的完
整体系。因此，这就要求研究者能够对中国社会转型变迁过程及
其内在机理有整体性把握和判断，进而在此基础上对特定领域的
具体问题展开精细化研究。实际上，现代西方的法律社会学也是
以城市作为主要的经验背景而展开，只不过这种经验背景在很多
时候并未得到明确的告知或传达，而是被作为不言自明的经验性
共识、前提和预设。然而，目前即便是有关中国城市或者以中国
城市作为经验背景的法律社会学研究，也普遍存在囿于特定法律
部门视野而对中国城市乃至中国整体经验的系统性和复杂性缺乏
妥帖、全面的体察和理解，往往只是基于某个方面的局部性经验
做出判断，而并未探索对整体性经验的恰当把握。

四　回应"国际法治"的法律社会学

如果从更为广泛的视角来看，法律社会学能够为中国这样的
大国法治做出的智识贡献并不仅限于在"城乡中国"② 呈现"真
实的法律"或"行动中的法律"，而是会在中国走向世界舞台的
过程中，为中国提供当今世界的"真实的法律"，使中国得以依
凭对国际法治真实的经验性逻辑的把握，提升对国际法的解释和
运用能力，从而助益于在复杂且变动的国际格局中恰切地选择中
国的行动方案和应对策略。正如有的国际法学者所言："国际法归

---

① 关于城市治理的复杂性及精细化的讨论，参见韩志明《从粗放式管理到精细
化治理——迈向复杂社会的治理转型》，《云南大学学报（社会科学版）》
2019 年第 1 期；何艳玲、周寒：《全球体系下的城市治理风险：基于城市性的
再反思》，《治理研究》2020 年第 4 期。

② 此处借用经济学家周其仁的书名。参见周其仁《城乡中国》，中信出版社，
2017。

根结底是战略问题的战术解决，是宏观整体思路的微观工程化设计和实施。"① 对于法律社会学研究来说，在国际法领域开展研究无疑要把握好"战略"和"战术"、道义和现实利益这两端，促使对国际法治的思考与实践回复至经验性的、"道义现实主义"的层面。② 从实然状态言之，西方主导的既有国际法治体系很大程度上成为其建构全球垄断和宰制性权威的工具与修辞，所谓"法治"亦常处于"非法时"。③ 但另一方面，在既有的权力格局下，此种国际法治体系又并非能够弃之不用，而且其也并不全是西方霸权的产物，其中也有许多方面的规则体现各国在现代国际经济、文化、政治等方面的一些共通性需求。正因如此，对于中国而言，十分有必要深入地梳理和理解国际法治复杂的实然状态。

总体而言，我国法律社会学研究尚未延展至国际法治领域。从近些年兴起的社科法学与法教义学的争论来看，亦鲜有在国际法治层面展开讨论，而多局限于国内部门法领域以及国内法治层面。不得不说这是这一场讨论中存在的一个重要缺失。在曾经从经验性层面参与到法律社会学研究的学者中，强世功教授较早具有了这方面的直觉和意识，认为应当基于对全球视野、大国崛起以及中国经验的把握探讨中国法治道路。④ 在晚近的讨论中，强世功将法律技艺的运用以及法律治理能力作为国家能力重要构成部分加以探究，认为"国家的军事能力和财政能力固然重要，但要将这些能力从原始的、初级的能力，提升到高级的、复杂精妙的

---

① 何志鹏：《国际法在新时代中国的重要性探究》，《清华法学》2018年第1期。
② 国际关系学者阎学通等人提出"道义现实主义"，试图将"道义"与"利益"相结合。参见阎学通、张旗编著《道义现实主义与中国的崛起战略》，中国社会科学出版社，2018。
③ 参见〔美〕乌戈·马太、劳拉·纳德《西方的掠夺：当法治非法时》，苟海莹译，纪锋校，社会科学文献出版社，2012。
④ 参见强世功《立法者的法理学》，生活·读书·新知三联书店，2007，第363~385页。

能力，就必须要具有法律技术的建构"①，这种能力在国际舞台上能够放大一个国家在军事和财政方面的力量，从而使其更加占据国际交往的主导权。这样的认知无疑为在国际法治方面的经验性研究提供了有益的视角和启示。然而，强世功在此方面所做的以断言方式呈现的深刻思考，同样也需要针对思考指向的具体问题展开细致的经验性研究，从而透过政治哲学把握哲学背后的实践。

对于正在走向世界舞台更重要位置的中国而言，一方面，中国的国内发展以及对国际格局的参与会更加依赖于国际法治；另一方面，中国在国际法治方面的介入甚或议题设置影响力也会逐渐提升。在这样的背景下，中国不仅需要了解国际法治的文本，更要了解并深刻把握国际法治的实践。例如，面对中美贸易战，中国一方熟悉并能够深刻洞察相关全球法律治理中规则问题的人员较少，很多时候对外宣称的主张更主要是直接的政治性表达，或者是对既有国际法治规则持法条主义的解释和运用，而在灵活、精妙地解释和运用国际法律规则体系中存在明显的不足。又譬如，在实施"一带一路"的背景下，中国以及中国企业、民众与沿线国家在政治、经济、文化、宗教等方面关系的恰当处理也十分需要通过对特定国家国内法以及相应的国际法规则有深度的研究和理解，否则会引起诸多纠纷，甚至是诱发一些不必要的警惕和紧张。值得指出的是，这种对他国以及国际领域规则的理解和运用并不应当只是对文本本身的把握，而是需要进入"本文上的法"的实践层面，尤其需要关注规则文本的"表达"与"实践"之间的差距，否则就仍然只是国际规则的被动接受者，也因此很容易在解释和运用这些规则时被深刻洞察规则背后复杂经验基础的主体利用或诱导，以至于不能在国际法律框架内探寻出符合国家战略利益且能够保持各国、各主体之间重叠利益的法律适用方案。

---

① 参见强世功《国家法治能力建构：法律治理能力和法治技艺》，《经济导刊》2019 年第 8 期。

不仅如此，如若不能恰当把握这一点，还可能会由于对相关规则之经验背景缺乏准确的理解而损伤其他国或其他国际交往主体权益，进而引发国际交往主体之间关系的紧张及冲突。

从法学研究方法的角度来看，对于理解和把握实践而言，以社会科学的方法介入会较为有效，有助于克服对国际主流的实证主义路径的简单信奉和解释，从而真正面向国际法治的实践形态。基于经验性进路细致、深入地把握国际法治的实践面向尤其是策略性、技巧性操作细节，更能有助于国际交往主体（尤其是国家与国家）之间开展理性且富有策略性的对话与互动，为国家战略利益的维护提供有效而精致的国际法治"防护服"。在此方面，中国的国际法学研究以及教育仍存在较为明显的不足或缺失。例如，一个直观的表征便是中国的国际法学教材中鲜有涉及本国的案例材料，而多是国际案例或国外案例，这与美国等西方国家的国际法学教材有大量与本国相关的案例材料形成鲜明对比。不仅如此，无论是在体例结构方面，还是对一些问题的具体阐述，在绝大多数教材都难以在行文中找到许多基于中国的主体性立场所形成的中国问题意识以及对中国面临现实问题的探究。① 需要指出的是，对于中国有效回应国际法治而言，有意义的并不只是对相关案例的简单陈列，毋宁是从经验性角度深入探究案例之中复杂的国际法治实践。然而，到目前为止，国际法领域的跨学科研究，尤其是将以政治学、社会学、经济学为代表的社会科学理论资源引入并加以运用的研究尚不多见。

在此方面，以学院派进路展开经验性研究存在诸多短板，而且这种短板并非在短期内就能得到解决。之所以如此，原因至少有以下四点。其一，现有相关理论与实践的互动主要体现在国际

---

① 马忠法：《挑战与应对：世界新格局下的中国国际法学研究》，《安徽师范大学学报（人文社科版）》2016 年第 5 期；魏磊杰：《我国国际法研究的主体性缺失问题：反思与祛魅》，《学术月刊》2020 年第 8 期。

民商事交往方面，在此方面的主要参与者一般有着较强的商业性内在驱动，活跃在这些活动之中的更多是从事国际商务法律服务的律师等法律职业人，而法学院校的研究者鲜有人深度参与其中并且获得大量的经验性感知。其二，在国际公法方面，受制于国家之间交往的政治性以及一定程度上的涉密性，理论界与实务部门之间的沟通缺乏常规性的渠道和纽带，研究者较难获得参与相关国际公法实践的机会，亦较难通过其他方式获得丰富的经验性体会及材料。其三，现有的法律社会学知识群体在国际法治方面的智识储备较为缺乏，这种智识状况既源自既有法学学科专业划分造成的学科壁垒，也受到许多研究者自身智识偏好或志趣影响。其四，现有的国际法学的教育仍主要以实证主义法律观为主，偏重于对规则文本的解释，而较为缺乏跨学科（尤其是政治学、社会学、经济学等社会科学）的知识训练，这在很大程度上使法学院校讲授的国际法仍然主要是文本上的法，与国际法治实践相去甚远。对此，有国际法学者指出："中国法学界缺乏充足的跨学科人才，是包括以国际关系理论分析国际法在内的有关法学之交叉学科在中国无以发达的一个根本原因。"[①] 当然，上述几个方面是就客观上看在国家法治领域开展法律社会学研究面临的一些不利因素，但这并不意味着法律社会学进路的研究不能在国际法治领域实现。法律社会学与其说是一个领域或学科，不如说是一种方法，这种方法既可用于探究国内法律秩序，亦可用于分析国际法律秩序。对于中国这样的有国际影响力的大国而言，影响力的发挥和扩展并非依靠立场式的宣告就能实现，而是需要在实力政治基础之上对国际法治的精细之处有细致入微的经验性感知和洞察，并基于此富有策略性并且战略性地构建和运用国际法治话语及工具。

---

① 徐崇利：《国际关系理论与国际法学之跨学科研究：历史与现状》，《世界经济与政治》2010 年第 11 期。

五 余论

对于中国这样的大国而言，"乡土中国"、"城市中国"以及"国际法治"均是中国国家治理法治化的重要面相，而细致深入地理解这些面相的复杂性，正是中国法学需要予以回应的时代命题。当然，在当代中国法治进程中，许多问题并非可以依据乡村与城市、国内与国外而做出二元划分，毋宁说会横跨城乡（例如立法活动的开展、司法改革的推进、《民法典》的实施等）、连通内外（例如边疆治理危机的应对、特别行政区的法治化管理、反恐怖主义等），而且有些问题还不仅有微观层面，还涉及宏观架构，但无论怎样，法学研究均需要以对实践经验的准确把握为基础，在此方面，基于法律社会学的研究可以做出更多的思考和贡献。正因如此，在我国既有的法学研究格局中，法律社会学更需要以综合性、整体性、全局性的视角将注意力回归于中国法治理论和实践的主流性问题之中，① 从而做出妥切把握和理解大国治理之复杂性的智识启示甚至理论贡献。早在十余年前，苏力即已对法律社会学偏重于研究司法问题的研究格局做出反思并认为："法律社会学仅引入到司法制度研究中还不够，应该适当地转向，即研究对象不应限于司法，而是整个中国的政治—社会问题；研究方法也不应限于法律社会学，也要引入社会理论、政治学的方法。这些转向应当有助于立法、公共决策和公共舆论的形成。"② 若要做出与大国治理定位及需求相匹配的学术贡献，法律社会学研究尤其需要注意的是应当以中国的主体性为立足点，以经验为本位，深入考察和理解中国法治各方面的实践经验，进而形成认识中国

---

① 参见顾培东《法学研究中问题意识的问题化思考》，《探索与争鸣》2017年第4期。
② 侯猛：《编辑手记》，《法律和社会科学》第3卷，法律出版社，2008，第255页。

法治的"饱和经验"，在不断变动且驳杂的现象中寻找到影响事物变化发展的关键要素，进而展开机理性、规律性分析，为认识大国治理的复杂性提供来自法学的角度和有效的分析概念体系。之所以要秉持主体性和经验本位，原因在于在西方社会科学理论的强势影响下，如果不能持守这样的态度及方法，就很容易简单地以西方法律社会学理论作为剪裁性认知中国法治实践的工具，或者是因过于偏重于与西方法律社会学研究对话并从中探寻有关中国问题的研究所处的学术性定位而忽视研究本身对中国法治实践的意义和价值。

"饱和经验法"是社会学者基于乡村研究提出的方法，实际上在任何领域的展开法律社会学研究也需要以经验的饱和为基础。唯有获致饱和的经验感知，才能防止只见树木不见森林，才不会忽视实践本身的丰富性甚至矛盾性，在经过"经验—理论—经验"的大循环之后开展"理论—经验—理论"的小循环①，从而构建出有深刻智识贡献的本土化的中国法律社会学。值得指出的是，在不同的领域，研究者达致"饱和经验"状态的途径会有所差别。较之于在"乡土中国"对"饱和经验"的获致，在"城市中国"以及"国际法治"领域，学院研究者以"他者"的方式进入田野并获得"饱和经验"虽然也会是一种重要的方式，但未必是唯一的，甚至未必是最为有效的方式。之所以如此，原因在于这些领域中不少问题的经验进入门槛较高，相对于学院研究者，长期浸泡其中的职业人在把握这些实践经验方面更胜一筹，尤其是法律职业人，而学院派研究者若要介入其中并形成"饱和经验"，单靠纯粹的学者身份和经历未必能够获得此种经验质感，其需要以适当的方式成为相应领域的深度参与者尤其是实践者，才能细致地在经验层面感知并体悟到其中的精到与微妙之处。如果这种观点有一定的道理，也许在不久的未来，精彩的法律社会学

---

① 参见贺雪峰《在野之学》，北京大学出版社，2020，第 43~48 页。

研究并不限于学院派，而是会在学院之外的"无形学院"之中，届时法学理论界与法律实务界可能不再是"各行其是"。①

Chinese Sociology of Law towards the Governance of a Great State
—Examination of the Research Path of Sociology of law

Liu Lei

Abstract: Since the early 1990s, after the period of the initial establishment of the discipline, after the translation and introduction of western social science theories and sociology of law works, some sociology of law researchers began to enter the "field" of law to explore the rule of law in social foundation. In this process, the sociology of law research used "village China" as the main research field, and the generation and operation of rural social order as the main research theme. With the continuous advancement of China's urbanization, the crisis of rural governance has gradually eased and the rural order has become more affected by urban changes. China's sociology of law should be guided by the audience's knowledge needs and expectations, and the focus of research should be shifted to "urban China. " Attach importance to the detailed analysis of the practical form of "legal logic" and reveal the complex legal aspects of the governance of major powers. For the govern-

---

① 波斯纳认为，在今天的美国，司法界与法学界"各行其是"，两者曾经休戚相关、相互依赖，如今却渐行渐远，很难理解对方。特别是，法学人的学术事实上已不大依赖法官的司法实践，自然也就不大在意法官和司法的体制性需求。参见〔美〕理查德·A. 波斯纳《各行其是：法学与司法》，苏力、邱遥堃译，中国政法大学出版社，2017。

ance of major powers, it is also necessary and urgent to respond to the "international rule of law" through empirical research in the sociology of law. Research in this area will constitute an important aspect of China's international rule of law capabilities. In view of the complexity of legal practice in many fields and the diversity of methods to obtain "saturated experience", in the future of sociology of law research, excellent research works may not be limited to academics, but will be produced outside the college among the "invisible colleges" formed by people (especially legal professionals).

Keywords: Sociology of Law; Governance of Great State; Invisible College

《法律和政治科学》（2021 年第 1 辑·总第 3 辑）

第 209～236 页

© SSAP，2021

论新兴权利的证立标准

——以权利概念的学说为切入

徐梓文 *

【摘　要】随着中国经济政治文化的飞速发展，"新兴权利"这一词语逐渐吸引了学界的注意。面对"新兴权利"这一新生事物，学界主要存在两个困惑：一是"新兴权利"的概念问题；二是"新兴权利"的证立标准问题，即"新兴权利"诉求满足何种标准才能升格为一项权利。要想解决"新兴权利"的困惑，就要对权利概念有深入的了解。学界关于权利的理解主要有意思说、利益说、自由说和法力说，但是这些学说都是从一个侧面来界定权利，面对纷繁复杂的"新兴权利"时，常力有不逮。基于此，回到原点对权利概念进行剖析，以其原始的内涵来反哺"新兴权利"的认知是非常可取的研究进路。本文通过采用分类和比较的方法，对主流权利概念学说的梳理总结，加之对近几年来"新兴权利"现象及其背后动因的深入考察，最终可以得出权利所应包含的 5 个

---

* 徐梓文，上海财经大学法学院博士研究生。

要素和"新兴权利"产生的背后动因及其本质特征。再以此为基础得出"新兴权利"的证立所应符合的主体适格和价值适格两要件，为"新兴权利"的研究提供新的研究思路，以飨读者。

【**关键词**】 权利概念；权利话语；新兴权利；证立标准

一　引言

"新兴权利"的争议已经有很多年了，只是到近几年来才成为学界的热门话题，吸引了广大国内法理学者的关注。2014年12月，苏州大学召开了全国首届"新兴（新型）权利与法治中国学术研讨会"，"新兴权利"的研究逐步走向学术研究的前台。然而，关于"新兴权利"的概念，至今还没有形成共识。在整个"新兴权利"的研究中，一个核心问题就是如何提出一套切实可行的"新兴权利"证立标准，即一项"新兴权利"在符合什么标准时，我们可以将其认定为权利。"新兴权利"的证立标准为什么难以明确，主要还是因为国内现有的主流权利理论存在瑕疵。要想解决"新兴权利"之"新"的难题，就要回到权利的基本概念上去。

二　权利的概念、类型及构成要素

（一）权利的概念

康德在谈及权利的定义时说，问一位法学家什么是权利就像是问一位逻辑学家什么是真理那样会让他感到为难。"他们的回答很可能是这样，且在回答中极力避免同义语的反复，而仅仅承认这样的事实，即指出某个国家在某个时期的法律认为唯一正确的东西是什么，而不正面解答问者提出来的那个普遍性的问题。"①费因伯格认为，给权利下一个"正规的定义"是不可能的，应该把权利看作一个"简单的、不可定义、不可分析的原初概念"。②由此可见，对权利下一个定义是如此的艰难。可是当下权利话语的泛滥却又迫使我们不得不着手解决这一难题，那么权利的内涵到底是什么？

"权利"一词在古代汉语文献中并不鲜见，但是古汉语中的"权利"概念是无法用来解释近代以后的权利概念的。在古文献中，"权利"并不包含"天赋人权"、正当、平等等近现代的内核，有时甚至还会含有贬义色彩，如所谓"接之以声色、权利、忿怒、患险，而观其能无离守也"③；"或尚仁义，或务权利"④。虽然"权利"二字在古汉语中出现得很早，但是中国古代法律语言里没有像英文语境里"义务"那样的词汇，故在古汉语的语境下，"权利"亦无与之对应的"义务"，便不可能用之构建出"法律关系"。当代中国的权利观念是舶来品，它在中国的发端和传播，最早可以追溯到鸦片战争前后。而在整个人类思想史上，对于究竟什么是权利，有很多不同的解释。但大体说来，这些不同的观点可以按出发点的不同分为从伦理角度界定权利和从实证角度界定权利。⑤

第一类是从伦理的角度来界定权利。这一类观点产生的时间较早，其伴随着资产阶级的兴起，对后世产生了深远的影响。在

① 〔德〕康德：《法的形而上学原理》，沈叔平译，商务印书馆，1991，第39页。
② Joel Feinberg, "The Nature and Values of Rights", *Journal of Value Inquiry*, vol. 4, 1970, pp. 243 – 244.
③ （战国）荀况：《荀子·君道》，载张兆裕编《荀子》，北京燕山出版社，1995，第154页。
④ （汉）桓宽撰：《盐铁论·杂论》，载陈桐生泽注《盐铁论》，中华书局，2015，第564页。
⑤ 夏勇：《中国民权哲学》，生活·读书·新知三联书店，2004，第310页。

这一类观点中，自然法学派占据了重要的地位。霍布斯认为，争取和平，自我保护是个体最基本的自然权利。① 在英国，继霍布斯之后，又诞生了另一位伟大的自然法学家约翰·洛克。在《政府论》下篇中，洛克谨慎地沿着霍布斯所开创的理论范式，对自然权利做了更为深入系统的阐述，将自然权利进一步扩展为生命、自由、财产等与生俱来的权利。自然权利思想经由他的加工和论证而达到了全盛时期，并对后世的政治实践产生了巨大影响。正如列奥·施特劳斯在《自然权利和历史》中所指出的那样，所有现代自然权利论的导师中，最为著名和影响最大的就是洛克。② 洛克理论可以说是开创式的，他建立了基本的权利体系，将人的生命权、自由权和财产权着重论述，并将它们赋予很高的地位。这样的基本权利体系也预示着启蒙时代，个人权利意识的觉醒。洛克宣称："每个人对自己的人身都有一个所有权。这是唯有一个人自己才具有的一种权利。"③ 生命权、自由权和财产权构成了洛克的自然权利体系。并且在洛克看来，这些权利都是上天赋予的，是生而为人的权利，是不可剥夺的权利。

在自然法学派中，还有一位不得不提及的哲学家，那就是卢梭。作为西方启蒙运动的集大成者，卢梭曾指出，人类历史所发生的最受瞩目的变化，就是从自然状态进入了政治社会状态，这一变化最重要的体现就是"义务的呼声代替了生理的冲动"，"权利代替了嗜欲"。④ 在卢梭看来，权利义务是共同产生的，这已经具备了现代的权利义务观念。卢梭认为，权利义务是对立统一的。人们通过社会契约组建了政治社会，人们通过"让渡"一部分自

---

① 张亮：《古典自然法学派的权利思想研究》，博士学位论文，吉林大学，2008，第 118 页。

② 〔美〕列奥·施特劳斯：《自然权利和历史》，彭刚译，生活·读书·新知三联书店，2003，第 129 页。

③ 〔英〕洛克：《政府论（下篇）》，叶启芳、瞿菊农译，商务印书馆，1964，第 139 页。

④ 〔法〕卢梭：《社会契约论》，何兆武译，商务印书馆，2003，第 25 页。

然权利而得到了属于自己的公民权利。①

德国法理学界为权利概念提供了别样的认知。康德法理学的一个突出贡献是他第一次区分了道德权利和法律权利，并强调了区分这两者的重要性。他强调法律与道德的最大区别在于法律是用国家的力量来调节人们的外在行为，道德调节着人心和人的自由意识。在他的理论中，对个人主义的推崇达到了极致。

黑格尔的观念不同于康德，在黑格尔看来，法律是以人的意志来创制出来的，人的意志又是自由的，所以法律也就是自由意志所创造出来的，同样地，权利是由法律规定的，法律是自由的，那么权利的本质也就是自由，遵守法律其实就是尊重和保护自己的自由。在黑格尔看来，权利的本质即为个人自由。康德和黑格尔认为法律的最终目标是实现道德正义。他们的权利观念总的来说就是强调权利的自由性质。康德和黑格尔是"自由说"的代表人物，认为权利的本质就是自由。以上这些伦理上的解释都是将权利看作人基于道德上的理由或超验根据所应享有之物，虽然也涉及利益，但是并不以利益本身为基点。②

笼统的来说，从伦理的角度来界定权利这一思潮具有较大的革命性和号召性，考虑到当时的历史发展进程，伦理的权利观念是为了资产阶级革命扫清理论障碍。在资产阶级革命成功后，伦理的叙事方式便遭到了冷落，直到进入现代乃至后现代主义时期，伦理的权利观念的重要性才再度凸显出来，成为个人在激烈变革时代维护自身利益的最好武器。在 20 世纪 80 年代初期，因为国内的政治氛围和苏联法学界的影响，"权利"一词在一段时间成为禁区。到了 80 年代末，随着改革开放的推进，国内的法学思潮开始重视伦理权利的重要性，重拾应然权利的概念为中国的改革

① 张亮：《古典自然法学派的权利思想研究》，博士学位论文，吉林大学，2008，第 118 页。
② 夏勇：《中国民权哲学》，生活·读书·新知三联书店，2004，第 310 页。

开放扫除理论障碍。如程立显教授于1984年发表《试论道德权利》，成为国内最早提出重视道德权利重要性的学者，开后世研究之先河①；又如李树军教授于1985年发表《道德权利初探》，强调道德权利是客观必然存在的，尊重个人的道德权利才能为改革开放保驾护航②；又如郑成良教授于1988年发表的《论自由权利——简析自由概念在法理学中的含义》一文，明确提出了权利即为自由、权利即意味着平等，这样的论述在当年产生了巨大的影响③；又如公丕祥教授在1992年发表的《合法性问题：权利概念的法哲学思考》中就专门论证我国国民的应有权利的存在依据，这是具有勇气的破冰之举④。而在2010年以后中国法理学界关于各项"新兴权利"的呼吁中，很大一部分都采用了伦理的论证方式去阐释。如姚建宗教授于2010年发表的《新兴权利论纲》中对"新兴权利"的实质标准就采用伦理的认定方式⑤；又如刘同君教授于2014年发表的《新型城镇化背景下农民权利发展的法律文化阐释》和郭珂琼博士在同年发表的关于新媒体的自由表达权的论证也采用了伦理权利的论证方式。⑥总的来说，当一个国家和社会进入激烈的变革时期时，伦理的叙事方式就会因为其强大的感召力而为社会所青睐。

第二类则是从实证的角度来界定权利。在这一角度中，实证主义法学和功利主义法学占主导地位。实证主义法学从实在法的角度来解释权利，依据现实的利益关系来界定权利。功利主义法

---

① 程立显：《试论道德权利》，《哲学研究》1984年第8期。
② 李树军、李业杰：《道德权利初探》，《郑州大学学报（社会科学版）》1985年第4期。
③ 郑成良：《论自由权利——简析自由概念在法理学中的含义》，《当代法学》1988年第3期。
④ 公丕祥：《合法性问题：权利概念的法哲学思考》，《社会科学战线》1992年第3期。
⑤ 姚建宗：《新兴权利论纲》，《法制与社会发展》2010年第2期。
⑥ 郭珂琼：《论新兴权利与新兴媒介——微博的自由表达机制与舆论引导的制度构建》，《东南学术》2014年第3期。

学则认为权利就是为法律所承认和保障的利益。功利主义者认为权利的实质是普遍的功利。这一类解释并不注重或者说是抛却了伦理上的因素而专注于现实中的权利内涵，以利益和实在法作为权利的基点。

国内自 20 世纪 80 年代起涌现出许多关于权利研究的学术论文和专著，如果从大的角度来讲，其中绝大部分成果是从实证的角度来界定权利。当时的法理学界一方面是在重新认识权利的概念，另一方面也借此破除旧理论的桎梏。1985 年陈云生教授于《政治与法律》发表《公民基本权利和义务的法律特征》一文，成为国内首批突破传统桎梏论证公民法定权利的学者①；1988 年葛洪义教授于《当代法学》发表《论法律权利的本质》，开始初步论证法定权利的概念及其重要性②；在 20 世纪 90 年代，以张文显教授为代表掀起了对法定权利重要性的大范围论战，如张文显教授于 1990 年发表于《中国法学》的《"权利本位"之语义和意义分析——兼论社会主义法是新型权利本位法》一文就在学界引起了轰动。张文显教授从实证主义的角度来阐述法律应该是以权利为本位而不是义务为本位，在解释了法定权利的重要性的同时破除了以往义务本位的错误思潮，给中国法学界带来了一场革命，其影响力延续至今。

当然这两类界定只是统而言之，将有关权利概念的学说进行了最笼统的分类。依据不同的理论出发点，可以将有关权利的理论分出各个类别。在当下关于权利界定的学说主要有"自由说"、"意思说"、"利益说"、"法律之上力说"，这四种学说无论国内外均有很多的受众，很多的法学大家均是其中某一种学说的主导者或者拥护者。从以上可见，仅仅从某个特定角度给权利下一个定

---

① 陈云生：《公民基本权利和义务的法律特征》，《政治与法律》1985 年第 6 期，第 26~28 页。

② 葛洪义：《论法律权利的本质》，《当代法学》1988 年第 3 期，第 19~23 页。

义并不是难事，从任何一个角度来定义权利均有其合理性，但这样做却会导致权利概念的简单化、片面化和庸俗化。想要深刻地认识权利，更为关键的是将权利进行不同侧面的解剖，分离出它的各个要素，方便进行综合性地考量，而不是简单地追求一个权利的定义。

（二）权利的类型

权利的概念是多种多样的，从不同的侧重点出发又可将权利做出很多种分类，比如应有权利、法定权利与实有权利；公民权利、政治权利与经济、社会、文化权利；道德权利、法定权利与习俗权力；积极权利与消极权利；基本权利与派生权利；人权与公民权利；私人权利与公共权利或者社会权利；宪法性权利与非宪法性权利；公法权利与私法权利；个人权利与群体权利；行使权利与接受权利；人身人格权利与财产权利；实体权利与程序权利；有义务相对人和无义务相对人的权利；有选择的权利与无选择的权利；等等。

在笔者看来，法定权利和道德权利的划分是较为重要的一种权利分类方式，因为这样的分类既体现了应然与实然的二分又暗含了权利的生长途径，对下文论证"新兴权利"的证立标准很有帮助。简单而言，道德权利是由道德规则规定、支撑和保护的权利，法定权利则是由实在法规定的权利。道德权利和法定权利之间，既存在联系也存在区别。

一方面，诸多的道德权利早已为实体法所接纳，成为法定权利。法律是最低限度的道德。很多具有天然正义性的道德权利已经成为法定权利，这些权利同时具有道德和法律上的重要地位，在很大程度上甚至成为人之所以为人的权利。比如人的生命权、财产权、发展权等。除此之外，具有道德基础的法定权利相较于无道德基础的法定权利，它们通常具有更好的稳定性和更悠久的历史。当然法定权利并不一定都需要道德原则的支持，但是无道德原则支撑的法定权利总显得根基不稳，易于变动，这一情形在疑难案件的司法裁判中经常出现。

另一方面，道德权利与法定权利也有相互冲突的一面。合理而不合法抑或合法而不合理的情形早已是司空见惯了。道德上的合理性未必就能等价于法律的支持。甚至在有些情况下，道德权利及其道德原则会成为攻讦法定权利、促进法治发展的工具。

（三）权利的要素

在进行权利构成要素的剖析时，有两个学派的观点是不得不提的。一个是霍菲尔德对权利的分析，另一个就是功利主义哲学。

关于现代西方权利的学说，霍菲尔德是不能避开的理论家。霍菲尔德在他的著作《基础法律概念》（*Fundamental Legal Conceptions*）中所提出的权利学说，为我们厘清权利概念做出了卓越的贡献。霍菲尔德认为，权利存在四个基本组成部分，它们被称为"霍菲尔德要素"。① 这四个"霍菲尔德要素"分别为"要求"（right or claim）、"自主"（liberty or privilege）、"权力"（power）和"豁免"（immunity）。换句话说，任何一个主体都是在这样的四种情况下享有权利的：（1）有权提出对某种利益或行为的要求和主张；（2）自己有权决定自己的事情；（3）有权迫使对方做出或者不做出某种行为；（4）有权不受某种对待。权利和义务是相对应的，若无相应的义务，便谈不上享有权利。② 霍菲尔德还找出了同以上四类享有权利的情形相对应的承担义务的四种情形。（1）与"要求"相对应的义务是"职责"（duty）；（2）与"自主"的权利相对应的义务是"无权利"（no-rights）；（3）与"权力"相对

① 〔美〕劳伦斯·索伦：《法理词汇》，王凌皞译，中国政法大学出版社，2010，第125页。

② 〔美〕劳伦斯·索伦：《法理词汇》，王凌皞译，中国政法大学出版社，2010，第125页。

的义务是"责分"（liability）；（4）与"豁免的权利"相对的义务是"无权能"（disability）。在对霍菲尔德的权利概念进行解读的时候，我们会发现，一般意义上的权利定义是靠不住的，这也印证了上文笔者所提出的观点。我们必须在特定的权利义务关系里来理解和叙述权利概念。

功利主义哲学的代表人物杰里米·边沁，他是英国著名的资产阶级哲学家，他的学说对整个19世纪的英国法律产生了深远的影响。作为一种与古典社会契约论相对立的学说，从边沁到休谟，功利主义为国家制度和社会政策的合法性提供了一种新的、实在的基础，增进了整个社会的利益和福祉。功利主义是一种旨在增进公共利益的学说。它既不是简单的利己主义，也不是简单的利他主义，而是要为绝大多数人谋利益的。可以说，关心人类利益的最大化，使得功利主义至少在表面上成为道德和政治学说的一个最有感染力的部分。[①]

边沁的哲学立足于功利主义，认为人性法则是"追求幸福，避免苦难"。"趋乐避苦"就是"功利主义"。所谓功利，即指一种外物给当事者求福避祸的那种特性。边沁的理论其实非常简明易懂，他将事物分为"苦"和"乐"，并以此为中心进行论述。在他看来，立法的目的就是要让人的欢乐最大化，痛苦最小化。在他看来，"苦"与"乐"才是立法活动唯一需要考虑的。边沁是坚定地反对自然法理论的，在他的前期著作中，他就毫不掩饰地阐释自己对自然法学的不认同。在他看来，自然权利和自然法则只是虚构出来的产物，并没有现实的资料可以证明其合理性，只有功利主义才是真实的。他认为，在文明社会中，一个人所能拥有的权利只能来源于法律。在他看来，立法也绝不是越多越好，越详细越好。因为法律会带来责任，责任则意味着痛苦和负担。

[①]　夏勇：《中国民权哲学》，生活·读书·新知三联书店，2004，第353页。

法律越多，责任越多，那么一个人的"苦"就越多。①

边沁的理论为整个功利主义哲学奠定了基调。受其影响，詹姆斯·密尔则明确提出，权利的核心就是"功利"或者说是利益。在他看来，所有的权利都需要被精确地界定。小密尔强调"快乐"的社会和"快乐"的人。他认为功利主义道德标准当然承认为他人造福的自我牺牲是好的，因为功利主义判断正确和错误的标准不是行为者自己的幸福，而是公众的幸福。因此，在小密尔看来，个人的权利不仅仅属于他个人，他在享有权利的同时也对整个社会和公众的幸福承担责任，在他看来，个人的权利是有限制的，不是绝对的。②

与边沁，大小密尔上述观点略为不同的是，德国法学家耶林则不赞同个人的功利主义，而将功利主义转化为社会功利主义。作为利益说的代表人物之一，耶林认为权利是法律所保护的利益，但是并不是所有的利益都是权利，只有法律认可和保护的利益才能称之为权利，否则便不是合法的权利。另外，他对权利和法律的关系的论述仍然值得我们借鉴。在耶林看来，不是因为权利的观念产生了法律，而是实在的法律产生了人的权利观念，并且是为了达到某一实际效用从而制定相关的法律。和边沁或者其他功利主义哲学家一样，耶林也是不认可自然法学派观念的，他坚决地反对个人拥有绝对的权利，反对极端个人主义的倾向。这个看似不可理解，实际上也和他的时代背景息息相关，在小密尔和耶林生活的时代，他们需要考虑的问题已不再是当初资产阶级革命能否成功，在他们那个时代，资产阶级的生产制度已经站稳了脚跟，现在面临的问题是如何安排好现今的生活，也就是个人的自由是否是无限的，社会生活能否限制个人自由的问题。所以，在他们看来，个人的自由已经不再是无限制的，极端的个人主义是

---

① 周沂林：《权利观念史论》，《中国社会科学院研究生院学报》1985 年第 4 期。
② 周沂林：《权利观念史论》，《中国社会科学院研究生院学报》1985 年第 4 期。

必须摒弃的。所以他们的后继学者奥斯丁便提出了一个著名的论断"恶法亦法"。功利主义和后来的实证主义法学立足于实定法和实在的权利，扭转了自然法学派所倡导的伦理的权利观念，围绕实际的要素来构建权利。

夏勇先生在其著作《中国民权哲学》和《人权概念起源－权利的历史哲学》这两本书中，对霍菲尔德和功利主义都做了极为精当的总结和论述。在这两本书中，他提出权利主要包含以下5个要素，并且这些要素中的任何一个都可以用来阐释权利概念，表述权利的某种本质，在学界引起了巨大的影响，笔者亦对其结论深表赞同。

第一个要素是利益。从利益的角度来界定权利也是"法益说"的核心观点。笔者认为一项权利之所以成立，是由于利在其中，是为了保护某种利益。在此意义上，也可以说，权利是受到道德和法律保护的某种利益。利益既可以是个人的，也可以是群体的、社会的；既可能是物质的，也可能是精神的；既可以是一人独占的，也可以是多个权利主体分享的。作为权利要素的利益与纯粹的功利并不一样，也不仅限于上文所阐述的实证主义观点。在笔者看来，无论是道德还是法律都可以对一项利益进行保护。由法律进行保护的利益可以称为法益，由道德支持的利益可以称为道德利益。在笔者看来道德利益或者说道德权利更为重要，因为在符合道德的基础上，一项利益才具有了正当性，符合伦理。也正因为一项利益具有伦理上的正当性，才能支持它上升为一项法定权利。利益总是权利的一个鲜明特征。

第二个要素是主张。一种利益若无人对其提出对它的主张或者要求，就不能成为权利。一种利益之所以要有利益主体通过表达意思或者其他行为来主张，是因为它可能受到侵犯或者随时在受到侵犯的威胁之中。贝克（Lawrence C. Becker）在《财产权》一书中，从权利现象的形式结构入手，提炼出了权利的10个要件，也就是我们思考权利现象应遵循的 10 个步骤。如果存在一个权利，那么这个权利就必然应该有：（1）权利人；（2）义务人；（3）权利人和义务人的关系；（4）权利人拥有的或可要求的作为、不作为、地位或利益；（5）权利——要求的道德根据；（6）构成侵权的要素；（7）侵权行为在何种情形下可以宽宥；（8）何为适当救济；（9）何为获取救济的方法；（10）谁可以强制施与救济。从贝克的论述当中就可以看出，一项利益能否成为权利是需要有人进行主张的，它需要明确的权利人、义务人，在构成侵权时需要有人能够主张他的利益。倘若一项利益无人主张，那就很难说它是一项权利，即使强行升格为法定权利，也只是对社会资源的浪费。

第三个要素是资格。提出利益主张要有所凭据，即要有资格提出要求。资格有两种，一种是道德资格，另一种是法律资格。一个人拥有法律资格，则当然可以提出自己的权利要求。但是，很多时候，人们仅享有道德资格。道德资格比法律资格要广泛得多。比如在专制社会里的民众没有主张言论自由的法律资格，但他们具有提出这些要求的道德资格。很多权利如生命权、自由权等原先仅是应然的权利，但人们依据自身的道德资格，将其写入宪法，成为人之所以为人的权利。道德资格在很多时候扮演着权利生成的垫脚石的角色。

第四个要素是力量，它包括权威和能力。一种利益、主张、资格必须要有力量才能成为权利。力量首先是从不容许侵犯的权威或者强力的意义上讲的。其次是从权利享有者的能力意义上讲的。由法律来赋予权威的利益、主张或者资格，称为法律权利。比方说，人权在获得法律认可之前是道德权利，由于它只具有道德权威，侵害它，并不会招致法律处罚。在获得法律确认后，人权就既是道德权威又是法律权利。当然除了权威的支持外，权利主体还要具有享有和实现其利益、主张或者资格的实际能力或可能性。

第五个要素是自由。在许多场合，自由是权利的内容，如出版自由和人身自由。这种作为某些权利内容的自由，不同于作为权利本质属性之一的自由。作为权利本质属性或构成要素的自由通常是指权利主体可以按个人意志去行使或者放弃该权利，不受外来的干预或者胁迫。如果某人被强迫去主张或者放弃某种利益、要求，那么就不是享有权利而是在履行义务。

任意一种权利都包含上述五种要素，即使是"新型权利"也不例外，但是针对某个具体的权利概念，这五种要素的权重是不一样的，如有的权利侧重自由，有的权利侧重资格，还有的权利侧重利益。笔者认为针对"新兴权利"而言，利益要素是其区别于传统权利概念的核心要素，这一点在"新兴权利"的特征与动因中表现得尤为明显。

三　新兴权利的概念、动因和特征

（一）新兴权利的概念与动因

"新兴权利"获得学界的广泛关注还是近几年的事情，自2014 年起，苏州大学每年都会举办"新兴（新型）权利与法治中国学术研讨会"，至今已经召开了五届，在学界产生了很大的影响。然而，关于"新兴权利"的产生和概念，至今却仍然没有形成共识，各个专家学者各执一词。那么"新兴权利"的概念是什么呢？

吉林大学的姚建宗教授认为，"新兴权利"属于综合性概念，它不是对某个具体权利的界定，而是对一系列权利诉求的统称。在《新兴权利研究的几个问题》这一篇文章中，姚建宗教授阐述了他对"新兴权利"的界定。他认为，"新兴权利大体上包括了以现实实践为基础的法律实定化的权利，未曾法律实证化但具有社会实践真实性的社会性权利或者事实性权利，以及那些异乎寻常的也就是根本有悖于权利传统和权利常态的但又很难真正将其制度化的一些'权利'诉求形式。"西北政法大学的孙山教授认为，"新兴权利只是一个法律修辞，是一类概念的集合，本文也正是在现象描述意义上使用"新兴权利"一词，故而不能对它进行精确的定义，只能象征性地指示各种受保护的利益。同时，既然属于法律修辞，新兴权利也就不可能在法律规范中予以定义，规范价值极其有限。"① 侯学宾教授也同样认为，"新兴权利"的内涵非常丰富，其实质是诸多新近兴起或更新的社会事实性权利群或权利束。② 谢晖教授从法教义学的角度，将"新兴权利"界定为自发的、自然的、非法定的、多元的权利集合。③

笔者在结合上述学者的观点后认为，虽然"新兴权利"是个内涵很丰富的名词，但是考虑到下文所论证的"新兴权利"产生的动因，笔者认为对姚建宗教授的定义可进一步限缩。在笔者看来所谓的"新兴权利"是一个统摄性概念，它包含各种各样原先不曾出现过的利益诉求，这些利益诉求之间本没有什么相互联系，我们只是用"新兴权利"来统一称呼它们。而针对"新兴权利"背后所涉及的利益诉求，则必须是新出现或者新发现的，以前并不为人所重视和掌握的资源。也就是说，在现有的权利义务关系下所涵盖的各种利益，不论它的主体间权利义务的分配关系如何变动，只要不出现新的权利客体，那么它都不能认作为"新兴权利"，因为那只是现有的权利的调整，不符合"新兴"之意。除此之外，"新兴权利"须是法律尚未纳入或承认的"权利"。

在了解"新兴权利"的概念之后，还有一个更深层次的问题亟待解决，那就是"新兴权利"兴起的动因是什么。

在周赟教授看来，"新兴权利"的产生，背后有两层原因。

---

① 孙山：《从新兴权利到新兴法益——新兴权利研究的理论原点变换》，《学习与探索》2019 年第 6 期。

② 侯学宾、郑智航：《新兴权利研究的理论提升与未来关注》，《求是学刊》2018 年第 3 期。

③ 谢晖：《论新型权利的基础理念》，《法学论坛》2019 年第 3 期。

第一层原因是原先存在的权利义务分配关系本身就是不公平的。比如说，有些人本应该承担义务，结果却没有承担。有的人本不应该承担此义务，却被迫承担了这项义务。有的人本不应该享有该项权利，但现行的规定却使他享有了该权利。有的人应该享有某个权利，但是却没有享受到。① 周赟教授的第一个观点其实非常容易理解，总的来说就是原先的规定权利义务关系的制度是存在瑕疵的，不符合时代要求的。人们随着时代的变化，对原先存在的制度规定表达出自己的不满，想要要回本该属于自己的权利，或者摆脱不属于自己的义务。所以周赟教授基于此原因认为，有些"新兴权利"只不过是权利义务在人与人之间的再分配，权利义务的总量并没有增加，只不过是享有者和承担者发生了转移。对此观念，笔者持保留意见。这种意义上的"新兴权利"采用的是广义上对"新兴权利"的理解。此种情况描述的是权利与相对义务的主体发生变化的情形。在客观情况下，确实是新的权利产生了，因为权利的主体变了。但是仔细考量下来，这种情形只能称为"新型权利"，不能称为"新兴权利"。因为这些"新型权利"所保护的利益和主体间的法律关系早已存在，只不过主体间发生了权利义务转移。这样产生出的"新型权利"实际上仍然在现有的权利关系框架之下，并没有将新的权利类型、新的利益诉求、新的主体间法律关系纳入进权利话语体系。所以笔者认为，周赟教授的第一个观点应该称为"新型权利"，而不能作为"新兴权利"。②

第二层原因是人类可以掌握的资源扩大了，人类随着技术的进步，发现了新的领域，掌握了先前规则体系所从未涉及和预想到的利益，即新的可掌握的利益出现了，对新利益的诉求形成了

---

① 周赟：《新兴权利的逻辑基础》，《江汉论坛》2017 年第 5 期。
② 周赟：《新兴权利的逻辑基础》，《江汉论坛》2017 年第 5 期。

"新兴权利"①。笔者认为周赟教授的第二层理由才是"新兴权利"产生的真正原因。

"新兴权利"之所以产生是因为新的可掌握的资源出现了。在当前的学界，绝大部分有关"新兴权利"的重量级的研究成果大多同意笔者这一观点。很多学者从"利益说"或"法益说"的角度出发来解释"新兴权利"的兴起。如孙山教授就认为"新兴权利"之所以产生就是因为随着时代的发展，个人产生了新的、过往法律框架下不存在的利益诉求，并由个人扩张到一个群体乃至社会大众。② 张昌辉教授也认为，"新兴权利往往滋生于、呈现于立法所无法摆脱的空缺结构之中，新兴权利代表的是相对于过往立法而言陌生的社会利益事实"。③ 雷磊教授也认为一项"新兴权利"首先必是一个新产生的利益，但若要正式升格为权利则需要该利益具有伦理、法律的正当性与合理性。④ 张建文教授更是开宗明义地将新兴权利直接定位为新产生的合法利益。⑤

除了上述对"新兴权利"进行宏观论证的成果之外，在对某单个"新兴权利"进行论证的文章中，也多采纳这一观点，如朱振教授就认为"新兴权利是相对于实在法上的权利而言的，它只是人们关于自身利益的主张，而没有进入实在法规定之中"。⑥ 又如曹相见教授论述"祭奠权"时，也是将祭奠视为一种人格利益加以保护；又如任江教授在探讨"职业资质权"的生成和发现进路时，也采纳了新的利益生成的观念。

---

① 周赟：《新兴权利的逻辑基础》，《江汉论坛》2017 年第 5 期。

② 孙山：《从新兴权利到新兴法益——新兴权利研究的理论原点变换》，《学习与探索》2019 年第 6 期。

③ 张昌辉：《新兴权利确认：司法路径的正当性阐释》，《宁夏社会科学》2017 年第 2 期。

④ 雷磊：《新兴（新型）权利的证成标准》，《法学论坛》2019 年第 3 期。

⑤ 张建文：《新兴权利保护的合法利益说研究》，《苏州大学学报（哲学社会科学版）》2018 年第 5 期。

⑥ 朱振：《认真对待理由——关于新兴权利之分类、证成与功能的分析》，《求是学刊》2020 年第 2 期。

综上所述，关于新兴权利的动因，笔者认为，是由于人类的技术进步和生产生活方式的改变而产生的新的、原有立法框架未能安排的新的利益。

（二）新兴权利的特征

在前文中，笔者总结了权利和"新兴权利"的概念，那么二者究竟有何不同呢？"新兴权利"与传统权利二者之间是何关系？笔者将就这一问题对"新兴权利"和传统权利做一个比较。

1. 新兴权利的形式之"新"

在姚建宗教授的《新兴权利论纲》一文中，关于"新兴权利"的形式标准做了时间和空间的划分。其中，空间划分是站在民族国家和国际层面的高度上，本文旨在探讨我国的"新兴权利"，所以对域外国际层面的"新兴权利"不作探讨，仅探讨其时间标准。姚建宗教授认为，若以时间为标准，在中国既定的法律制度中，凡是过去在中国的法律文本中没有明确规定的法律权利而在新的法律文本中明确规定或者隐含地包含着的法律权利，就是所谓的"新兴权利"。这种情况至少包括了三种类型：[①]

一是过去的法律文本没有任何规定，而新的同类法律文本在条文中非常明确地确认了新的法律权利，这种法律权利就是所谓的"新兴"权利。二是过去的法律文本和现行的同类法律文本都没有非常明确地在具体的法律条文中确认和规定某种法律权利，但从相关法律的具体条文的规定中可以合乎逻辑而合法地推导出某种将受到既定法律的肯定与保障的法律权利，这种法律权利也属于"新兴"权利范畴，比如，"隐私权"在我国就属于这种类型的"新兴"权利。三是过去既定的任何法律的文本都没有非常明确的法律条文对相关的法律权利做出明确或者隐含的规定，而崭新的以前没有过的法律的文本在具体的法律条文中对相关的法

[①] 姚建宗：《新兴权利论纲》，《法治与社会发展》2010 年第 2 期。

律权利做出了明确的或者隐含的规定，这样的法律权利也属于"新兴"权利之列。比如有关基于买卖"股票"等证券和各种"期货"而相应地取得的系列法律权利。①

但是，笔者对上述观点并不是完全认同，笔者认为姚建宗教授的第二和第三点论述是非常精当的，准确概括了"新兴权利"的形式特征，关于姚建宗教授的第一点论断，笔者认为，被新法明确确认了的权利只能叫作"新权利"，不应称之为"新兴权利"。我们来看一下一些具有话题性的"新兴权利"，如变性权、变性人婚姻权、代孕权、养狗权、虚拟财产权、吸烟权、安乐死权、自杀权、悼念权或祭奠权、亲吻权、贞操权、户外广告发布权、亲属作证豁免权、乞讨权、信访权以及动物的权利、互联网被遗忘权、基因权、死囚生育权、人类的权利、自然的权利等。普通民众会感觉到这些典型的"新兴权利"都具有一种模糊的伦理性。初次听到这些"新兴权利"的人会觉得这些权利有点出乎意料，但又能明白其背后所含有的正当性意涵，可是这样的权利却又很难找到直接的法律和道德原则的支撑，它们所蕴含的正当性其实是通过现有的法律规定和道德法则中推演出来的，而且很多时候是从一项法律或道德规则的外延部分推导得出。

而传统权利，无论其是法定权利还是道德权利，它们都具有很明确的规则支持，在很大程度上，一个或几个规则的核心内涵就是指向某一个传统权利。但是"新兴权利"并不是，它需要从现有规则出发，利用规则间的逻辑关系或者从规则的边缘部分经过逻辑推导才能找到正当性支持。基于此，笔者认为除去产生时间晚这一明显的形式特征外，"新兴权利"的支撑规则的"隐含性"或者"可推导性"也是其重要的，不同于传统权利的一大形式特点。

---

① 姚建宗：《新兴权利论纲》，《法治与社会发展》2010 年第 2 期。

2. 新兴权利的实质之"新"

姚建宗教授在《新兴权利论纲》中认为，"新兴权利"中"新"的实质标准有以下四层：① 第一，纯粹的"新兴"权利。这种"新兴"权利，所指称的就是在既有和现有的所有法律权利中，根本就没有存在过这样的类似权利样态，即对于这类权利来说，不仅权利主体是崭新的也就是特别地为法律所独立确认的，而且权利客体以及客体物也是崭新的或者说被特别地给予法律确认的。

第二，主体指向的"新兴"权利。这种"新兴"权利，所指称的就是在权利客体及其范围不发生变化的情况下，权利主体的范围发生了变化，这种变化表现为要么是权利主体范围的扩展要么是权利主体范围的限缩（小），由此所导致的法律权利样态。

第三，客体指向的"新兴"权利。这种"新兴"权利，所指称的就是在权利主体及其范围不发生变化的情况下，权利客体的范围发生了变化，这种变化大致体现为权利客体的承载物即客体物的范围的扩展或者缩减，从而形成的法律权利样态。

第四，境遇性"新兴"权利。这种"新兴"权利，笔者所指称的是这样的一种法律权利类型，即在法律所特别地设定或者给予的某一种境遇中，凡是属于或者进入这个境遇环境之中的主体，即属于法律规定的合格的权利主体，当然也就合法地享有对于该境遇之中的权利客体及其客体物的各种权利要求和权利主张。②

对于姚建宗教授的观点，笔者部分赞同。在前文中，有关"新兴权利"的概念解析中，笔者结合了当下绝大部分的主流观点，虽然有学者认为"新兴权利"应在已有的法律权利内进行类比解释，但笔者所认为的"新兴权利"是纯粹的新兴权利，是由于社会的发展进步，以前并不为人所重视和掌握的资源被人们重视而产生了全新的利益诉求。所以笔者非常赞同姚建宗教授的第

---

① 姚建宗：《新兴权利论纲》，《法治与社会发展》2010 年第 2 期。

② 姚建宗：《新兴权利论纲》，《法治与社会发展》2010 年第 2 期。

一和第三点论述，并认为这两点可以结合在一起。"新兴权利"，所指称的就是在既有和现有的所有法律权利中，根本就没有存在过这样的类似权利样态，即对于这类权利来说，不仅权利主体是崭新的也就是特别地为法律所独立确认的，而且权利客体以及客体物也是崭新的或者说被特别地给予法律确认的。而这背后产生的动因就是周赟教授所说的可掌控的资源拓展了，原先不被发现或者不被重视的利益、资源被人们发现和重视，形成了新的权利诉求。和传统权利相比，"新兴权利"的实质之新就在于对权利主体和客体的拓展，不仅权利主体是崭新的也就是特别地需要为法律所独立确认的，而且权利客体以及客体物也是崭新的或者说被特别地给予法律确认的，主体与客体的"拓展性"可以说是"新兴权利"的实质特征。

四 新兴权利的证立标准

在前文第一部分中，笔者总结了权利所蕴含的 5 个要素，即利益、主张、资格、力量和自由。在第二部分，笔者探讨了"新兴权利"的概念、动因及其特征，详细论证了利益要素在"新兴权利"的构成中的重要性。那一项"新兴权利"该以何为标准证成为一项权利呢？笔者对上述的利益、主张、资格、力量和自由这 5 个要素进行分析和归纳，将"新兴权利"的证立标准总结为主观和客观两个要件，主观要件即主体适格，客观要件即价值适格。①

主体适格包含两个层面，即力量、资格。为什么在主观要件中排除了主张要素呢？其实这很好理解，因为当前日益繁多的"新兴权利"诉求正是通过众多的"权利人"的主张而进入我们的视野，若没有相应的主张，学界很难关注到某种特定的"新兴

_____

① 权利的要素和证成权利的要件是两个不同的问题，虽然汉语表达相似，但是其内涵却是天差地别，不能混用。

权利"。一个认为享有该"新兴权利"的"权利人"会通过自己的言行来表达自己的主张，无论这个主张是单纯的权利声明还是对"侵权"行为的反击，无论是哪一种原因产生的"新兴权利"主张，归根结底它是一种对自身利益的主张。所以在论证某个"新兴权利"时，就没有必要再去验证它是否为一项主张了。

主体适格的第一个要件是资格要件。笔者认为"新兴权利"的权利人提出利益主张时要有所凭据，即要有资格提出相应的权利要求。在前文中，笔者详细阐述了"新兴权利"的实质之新，即主体和客体的拓展性。那么在主体适格这一要件中，拓展出来的主体，依据什么而拥有提出利益主张的资格呢？笔者认为提出的资格有两种，一种是道德资格，另一种是法律资格。在前文中，笔者对权利进行了分类，其中着重强调了道德权利和法定权利的分类。在笔者看来，道德权利对法定权利的发展有着重要的作用。若"权利人"拥有法律上的资格来主张某种利益，那么他当然可以提出对该项利益的主张。甚至在法律无明文规定的情况下，"权利人"通过引申法条的含义，分析条文间的逻辑关系，做出合理的扩大解释，那也能获得相应的资格。倘若该"权利人"并没有明确的法律依据来支持他的资格，并不意味着他就一定没有资格来提出自己的权利主张。因为除去法律之外，还有道德可以赋予他相应资格。在笔者看来，道德资格是一种持久的、较为模糊的、动态变化的但又包含正当性的资格，究其本质而言，一项道德资格需要其主张者具有深刻的正当性内涵并且广泛地被人们所接受和认可，如果仅仅只是一时一地的风俗习惯，那就不具有广泛的普适性。一项道德资格不被广泛采纳的话，"权利人"就不能提出自己的权利主张。失去道德规则支撑的"新兴权利"主张也是注定不能升格为法定权利、获得持久的生命力并被人民所采纳。古语"左右皆曰可杀，勿听；国人皆曰可杀，然后察之；见可杀焉，然后杀之"。[1] 讲的就是这个道

---

[1]《孟子·梁惠王下》。

理。当然值得注意的是，仅有道德依据的权利还只是道德权利，何时成为法定权利则需要继续追踪其生长路径，在此不再赘述。

第二个是力量要件。针对力量要件，笔者认为可将其分为积极的力量要件和消极的力量要件。积极的力量要件是指"权利人"有足够的现实可能性去凭借自己的能力去积极地主张、享受和实现自己的"权利"。实现"权利"的积极力量要件要求"权利人"拥有享有和实现其利益、主张或者资格的实际能力或可能性。徒法不足以自行，权利也是一样，一项权利的存在背后需要"权利主体"自身的力量支撑。那么，"权利人"的积极力量要件从何而来又依何而有所保障呢？笔者认为，积极的力量要件恰好需要消极的力量要件为其提供支撑。那么什么是消极的力量要件呢？在笔者看来，消极的力量要件可以解释为"权利人"不受他人侵犯的威势或力量。具体而言，当他人侵犯这一"新兴权利"时，将会遭受来自法律或者道德法则的非难。一个人侵犯国家的、集体和他人的权利时，他的行为将会不可避免地招致强力的责难，不论这个责难的依据是来自法律、社会规则或是道德法则。正是因为"侵权行为"所带来的责难的不可避免性，从而保证了"权利人"可以积极行使其"权利"的力量。积极的力量要件和消极的力量要件互为表里，相互扶持，共同构成"权利人"的力量。

值得一提的是在新中国成立后，我国的权利观念有重集体、轻个人，重政治权威、轻私人权益的历史惯性，所以针对国家的、集体的和社会的权益保护，是非常受到重视的，所以"权利人"行使集体性的权利时总是得心应手，但对私人利益的保护做的还不够，所以当"新兴权利"这一潮流蓬勃发展时，笔者认为更要注重私人利益不受侵犯的权威，不断地鼓励和强化私人利益的权威，提高总体的法治建设水平。

客观要件即为价值适格，它主要是指利益。从利益的角度来界定权利也是"法益说"的核心观点。笔者同样认为一项权利之所以成立，是为了保护某种利益。在此意义上，也可以说，权利是受到保护的某种利益，是为道德和法律所确证的利益。利益既可以是个人的，也可以是群体的、社会的；既可能是物质的，也可能是精神的；既可以是一人独占的，也可以是多个权利主体分享的。那么是不是每一个利益都是值得保护且有必要升格为权利的呢？笔者认为并不尽然，针对利益要件，还需要进行进一步的细化。笔者粗浅地认为，针对利益要件，至少还需要进行两个层面的考量。第一个层面是相关性。"新兴权利"体现或蕴含的利益是否与提出权利主张或说是保护请求的主体具有相关性，确定该主体是否在事实上已经或者应当享有或持有该利益。[①] 用以确定相关性的标准则可以依照法律、道德、伦理来解释。若在法律、道德伦理层面直接提示该利益与权利主张者密不可分直接相关，则就具有相关性。第二个层面是必要性抑或说是保护的紧迫性。若是某种利益虽然直接与权利主张者相关，但是一无保护的必要，二无受到侵害的紧迫性，强行保护反而造成社会资源和立法资源的浪费，那么笔者看来这样的利益价值并不适格，无法构成证立"新兴权利"的要件。

在笔者看来，只有当一项"新兴权利"同时满足了主观要件和客观要件时，它才能被正式地称为一项权利。

为了更好地说明笔者所提出的"新兴权利"证立标准的合理性和可实践性，笔者将用几个例子来具体地阐释。第一个例子，"互联网被遗忘权"。目前，随着与大数据技术和相关的世界工业革命的兴起，大数据正在迅速发展成各种类型和来源的数据的收集、存储和分析其商业价值的全新的技术手段。利用大数据技术，互联网公司可以发现前所未有的商机，拓展人的知识面。大数据技术的特点就是容量大、分析快、速度快，并且结合人工智能可

---

① 张建文：《新兴权利保护的合法利益说研究》，《苏州大学学报（哲学社会科学版）》2018 年第 5 期。

以挖掘出以前所不能达到的个人喜好信息，创造出新的价值。但是新的技术进步也带来了全新的困惑——网络的存储信息和散播信息的能力近乎是无限的，个人所发布的或者遗留的信息，几乎会被服务器永久记录。数据记忆已成为常态，互联网上留下的所有痕迹是很难做到全部擦除的。同时，大数据时代的到来也会影响人们的思维方式，公司可以监测网络行为，并通过数据挖掘和分析预测消费者的行为。即使是传统的互联网服务，也随着大数据技术的革命而受益颇多。随着互联网互动方式的不断更新，越来越多的人倾向于使用社交媒体来传达自己的思想，展示自己的人生。为了"炫耀"自己的成就，很多人会将大量的个人信息传输到互联网上，比如新浪微博、Facebook。这些身份的数据中包含的价值变得更加突出。许多公司都在这个行业中拥有大量的数据存储。虽然网络运营商能够利用大数据分析为我们的生活提供便利，但它也可能侵犯我们的生活和利益。

将互联网遗忘权置于笔者上述的证立标准的分析之下，笔者认为互联网被遗忘权还不能被证立为一个"新兴权利"。第一，从主观适格中的资格要件来看，因为我国国内尚无明确的法律规定互联网被遗忘权，所以相关的利益诉求主体是没有法定的资格来主张该权利的；而从道德资格的角度出发来审视互联网被遗忘权，其正当性追求也存疑，难道所有上网的人都可以享有被遗忘权，将自己的所有言论删除吗？若是该人的言论涉及侵权、侮辱他人、危害国家呢？因此，仅从资格要件来看，互联网被遗忘权是存在缺陷的。第二，从主观适格中的力量要件来看，互联网被遗忘权的"权利人"也很难声称自身拥有足够的力量。就积极力量的角度而言，"权利人"在现实生活中极难去主张、享受和实施该权利。"权利人"可能可以要求相关的互联网公司删除某些内容，但是他是不可能将互联网上所有的相关数据清除的，即使能勉强做到全网清除，也不可能要求其他阅览过的当事人清除他们的设备记录。所以从积极力量的角度而言，互联网被遗忘权具有不足。若从消极力量的角度而言，侵犯他人的互联网被遗忘权未必会遭到法律、道德或者社会规则的强力责难，甚至在某种程度上，社会大众不愿意选择遗忘，典型案例就是近期发生的"许可馨微博辱华事件"。正因为互联网有记忆，所以才在无形之中给每一个网民设下了网络社区规则，规制每个网民的行为和言论。第三，从价值适格的角度而言，互联网被遗忘权的主体和所保护的利益也很难确定。被遗忘权究竟保护何种利益呢？这种利益值得我们去保护吗？现在这种利益都无法被明确界定出来。具体到利益的相关性和保护的紧迫性层面，互联网被遗忘权的问题更多：被遗忘权的权利主体又是谁呢？是全体的网民，还是某些有过污点言论的群体？又次，被遗忘权的义务主体又是谁呢？是指网络服务运营商，还是服务器存储商，又或者是所有看过该言论表达的人呢？义务主体完全无法明确，也不具有可操作性。并且强制他人遗忘，会给他人带来无法忍受的义务，而且其也根本不具有可操作性。甚至，若要承认被遗忘权，连基础的被遗忘权法律关系都很难架构。所以基于上文的分析，笔者不赞同将其视为"新兴权利"，至于将来的发展，还要继续观察。

再比如基因权。基因是存储着生命信息的多肽链。基因记录着我们的血型、身高、体重甚至何时衰老和死亡。是人类最重要的遗传信息。但是基因权又是什么？值得保护吗？从笔者上文所总结的证立标准来看，基因权不是一个新兴权利。首先，基因权的资格要件成谜。当前世界，没有人有法定的资格来主张个人的基因权，也没有强大、广泛的道德共识来赋予某个人享有基因权的资格。其次，从力量要件的角度来看，由于当下的技术实力不足，人类基因的研究还仅仅是浅表阶段，人类当下根本不具有现实改造和享受基因信息的能力。人类现有的基因技术还没达到对人类基因自由裁剪的地步，很多都还是初级阶段。在这种情况下，若说想要享有和施行基因权基本上是不可能的。最后，从价值适格的角度而言，保护个人基因的价值也存在不足，人类的基因信息太容易获取了，一根头发、一滴汗水都足以泄露全部的基因信息，保护的价值很低，保护的成本又极高，所以当下"基因权"是不能证立为一项"新兴权利"的，至于将来如何则要看以后人类科技的发展。

综上所述，无论是理论论证还是具体实例的分析，都证明了本文中所得出的对"新兴权利"证立标准的学术意义，而这也正是本文的现实价值所在。

五 结语

本文梳理和总结了学界关于权利概念的各个流派的解释，归纳出其核心要素，并且依托中国法学最新的发展，对"新兴权利"这一热门话题作了针对性的探讨，最终得出了粗浅的结论，供读者批判。当前中国正在经历着千百年未有之大变局，面对"新兴权利"话语的崛起，作为法律人更应该打破传统的禁锢，思考如何保障私人的权益，让每个民众都能获得满满的幸福感。

Re-discussion on the Standard of Evidence
for Emerging Rights
—Based on the Theory of Rights

Xu Ziwen

Abstract: With the rapid development of China's economic and political culture, the term "emerging rights" has gradually attracted the attention of academic circles. In the face of the new things of "emerging rights", there are two main puzzles in the academic world. One is the concept of "emerging rights" and the other is the issue of the standard of "emerging rights", that is, what standards do the "emerging rights" demands meet? Can be upgraded to a right. To solve the confusion of "emerging rights", we must have an in-depth understanding of the concept of rights. The academic understanding of rights is mainly about meaning, interest, freedom, and mana, but these doctrines define rights from one side. When faced with complicated "emerging rights," they often fail. Based on this, the author returns to the origin to analyze the concept of rights, and to feed back the cognition of "emerging rights" with its original connotation. This paper adopts the method of classification and comparison, through the combing and summarization of the mainstream rights concept theory, and the in-depth investigation of the phenomenon of "emerging rights" and the motivation behind it in recent years, finally concludes that the five elements and "emergence" should be included in the rights. The motivation behind the emergence of rights and its essential characteristics, and based on this, the authors of the "emerging rights" should be consistent with the subjective personality and value of the two elements, providing new research for the study of "emerging rights" thoughts to readers.

Keywords: Right Concept; Right Discourse; Emerging Rights; Proof Standards

2021年第1辑·总第3辑

法律和政治科学

LAW AND POLITICAL SCIENCE

Vol.3, 2021 No.1

思　想

《法律和政治科学》(2021 年第 1 辑·总第 3 辑)
第 239~263 页
© SSAP, 2021

作为实践理由的法律推理[*]

〔英〕约翰·菲尼斯 著

杨天江^{**} 译

如果不注意两个不同的歧义源，那么就几乎难以反思性地理解道德推理、法律推理及其相互关系。其实这两种情形所涉的歧义源都是人们熟知的：理由和感觉的区别，以及实行（通过个人的众多选择塑造自己的"生存"）和制作（通过实现活动把技术运用于某种形式的"文化"对象或方法之上）的区别。但是，这些区别往往没有被理解到位，它们为道德和裁判分析所设置的陷阱也常被忽视。

一

的确，人类是动物，但我们是智性的动物。我们的行为全都

---

* 基金项目：国家社会科学基金青年项目"法治评估体系的中国应用研究"
(15CFX001)。
** 杨天江，法学博士，西南政法大学行政法学院副教授、行政法学院法哲学编
译研究中心主任，硕士研究生导师。

具有感情的动机，包括感觉、想象和体现我们肉体性的其他方面，这些都可以被视作举止的片段（有些时候只能通过内省的方式观察）。但是，受理性驱动的行为还具有一个智性的动机——追求实现（保护、促进）一项可理智理解的善。

那么，我们的目的，即我们试图使之产生的那些事态，典型地具有两面：一方面是我们所设想的那个目标，它与我们的感觉关系密切；另一方面是可理智理解的益处，它通过许诺（直接或在工具意义上）例示某项基本人类善，对我们的理性产生吸引力。虽然在我们利用智性追求的目的当中，有些可能最终不过是受感觉驱动的，但是其他的最终都是受一项基本人类善（对它的理解）驱动的。

有习语说"理由"涉及目的——说"他这么做的理由在于"，等同于说"他这么做的目的是"——这条习语并未凸显出这种区分。但是，日常语言当中的相关术语——"目的"、"目标"、"意图"——没有一个摆脱了同样的歧义。正因如此，必须首先明确，当笔者在本文讨论"理由"时，（除了探讨技术性理由之外）我指的都是为智性行为提供根据的（单个或多个）理由，这类行为最终受一项基本人类善（更为准确地说，是一项基本人类善的例示所许诺的可理智理解的益处）的驱动。①

对行为的那些基本理由的阐述不应是唯理主义的。不要仅仅根据理性能力的运用来描绘人类繁荣。作为动物，我们是有机物，肉体的生命是其福祉的一个部分，这种生命通过健康、活力和安全而得到维持，并被传递给新的人类。把人类生命视为一项基本理由，即是要把它理解为一项善，任由无限多的存在者通过无限多的方式进行分有，这远远超出了任何人可以设想和追求的任何

---

① 关于这里"目的"、"目标"、"感知"、"益处"、"受驱动"和"基本人类善"的用法，参见 Germain Grisez, Joseph Boyle, and John Finnis, "Practical Principles, Moral Truth, and Utimate Ends", *American Journal of Jurisprudence* 32：99 – 151。

目标或目的，但是它却可以使无限多的目标变得合理，并且为无限多的目标提供着理性的支撑。①

"行为的（基本）理由"的这种含义，对于其他基本人类善也是成立的：关于真的知识（包括对它的审美鉴赏），工作和游戏上的卓越（通过它转变自然现实以表达意义和实现目的），人的个体和群体间的和谐（和平、和睦和友谊），一个人的感知和判断、选择间的和谐（内心平静），一个人的选择、判断和举止间的和谐（心安理得和表里如一意义上的真实性），个人与广表现实间的和谐，这里包含着由世界对一个不止于人类的意义和价值源的依赖所构成的现实。

对这些基本人类善的阐述蕴含着对人性的一种阐述。② 但是，它并没有预先假定这样一种阐述。它不是一个从人性的某种已存的理论观推导出行为理由的企图。这个企图是徒劳无益的，它公然违背了"应当"无法从"是"中推导出来的逻辑真理（这也是古人所尊重的）③ ——三段论推理的结论无法包含其前提之中没有的东西。相反，只有实践性地理解那些人类善的人，才能给出人性的完整阐述，即把这些人类善理解为选择和行为的理由，那些使对感知和自然发生的支持变得合理的理由。

对实践理性化的一种阐述可以被称为一种"自然法"理论，因为实践推理的首要原则是那些把基本人类善确定为选择和行为

---

① 参见 John Finnis, Joseph Boyle, and Germain Grisez, *Nuclear Deterrence, Morality and Realism*, Oxford University Press, 1987, pp. 277 – 278；*Natural Law and Natural Rights*, 2nd edn, Oxford University Press, 2011, pp. 84 – 85, p. 100。

② 参见 John Finnis, *Fundamentals of Ethics*, Oxford：Clarendon Press, 1983, pp. 20 – 22。

③ 亚里士多德讨论人性的作品是其《尼各马可伦理学》，这部作品试图确认人类善，按照作者的想法，从始至终都志在实践的理解，这不同于理论的理解（例如，Aristotle, *Nicomachean Ethics*, I. 1；1094a 26 – b12, 以及阿奎那对它的注疏）；John Finnis, *Fundamentals of Ethics*, Oxford：Clarendon Press, 1983, p. 24。亚里士多德的《尼各马可伦理学》并非派生于某些先前关于人性的作品，甚至并非派生于他的《灵魂论》。

的最终理由的基本理由——这些行动理由将要例示和表现人性，完全是因为它们分有着那些善，即例示（实施、实现）人类繁荣的那些终极的方面。①

二

法律推理派生于实践理性化，并且分有着实践理性化，从这个意义上来说，一种健全的法律推理理论必须不同于目前流行的一些理论。例如，"批判法律研究"的核心是对存在任何客观的人类善的一个否认。昂格尔提供了四个理由（都很糟糕）以否认存在着任何客观的人类善，我认为最合他心意的论证是这样的，假如肯定存在着这类善，一个人就会：

> 否认选择具有任何重要意义，只能被动地接受或拒绝独立性的真理……（而且）无视选择作为个性的一个表现的那种重要意义。②

但是，实际上，正是在理性上吸引着人的人类善的多样性，才使自由选择可能并且往往是必需的。像每个其他与人类活动相关的术语一样，"选择"在日常习语中也受困于歧义，这些歧义尤其源于③理性与感知的区别。在其强硬、核心的含义上，自由选择是在两个或两个以上的在理性上吸引着人的、不可比的供选择的选项之间采纳一个，除了挑选之外没有任何东西可以解决哪个

---

① 在亚里士多德那里，"自然的"（例如，在"自然正当"或"根据自然正当"用法当中）同时也隐含着客观性或真：参见 John Finnis, *Fundamentals of Ethics*, Oxford: Clarendon Press, 1983, p. 24。

② Unger, *Knowledge and Politics*, New York: Free Press, 1975, p. 77.

③ 但是，并非唯一出自它；这里所说的歧义也产生于各种不同的现象和文化源头；因此，有些运动被说成是"被选择的"和"自由的"，因为它们并不受到物理限制，或者说外部限制，或者说社会限制；如此等等。

选项被选或追求。① 个体和社会生活的许多方面，以及许多个体和社会义务，都是根据理性上吸引着人的选项之间的选择建构起来的，这些选项的理性吸引力最终只有按照被理解为客观的善（尽管实现上各有不同）的基本的人类机会才能得到解释。除非按照理性判断的模式对一切相关问题都开放，否则"客观性"和"真"无论在哪里都是讲不通的。

但是，尽管基本人类善具有客观性和真，但倘若它们向自由选择开放这么多，那么确定选择的根据会是什么呢？尽管这些选择都是理性的，可难道不应因为不合理、错误、不道德而被拒绝吗？

道德思考把感知和情感都融合在了一起，但不被它们带偏，它是达到极致的理性思考。实践理性的基本原则是：至少把一个基本的行为理由作为前提，坚持到你在行为当中以某种方式带来那种善的例示的程度。不要做无谓的行为。道德思考的根本原则即是对完全理性的要求：因为它是你能够掌控的，只允许那些基本的行为理由去塑造你的实践想法，按照你发现、发展和使用自己的机会通过你所选取的行为去追求人类繁荣。要做到完全合理。② 亚里士多德的术语"orthos logos"，以及他后来的追随者的"recta ratio"，即正确理性，应当直接被理解为"不受束缚的理性"，即不被感知和情感带偏的理性。而且，这种不被带偏的理性以及那种道德上的善意，是受首要的道德原则指引的：一个人应当选择（并且此外还要意欲）那些可能之事，而且仅是这些可能之事，对它们的意欲与一个意志是相容的，这个意志追求的是所

---

① 关于自由选择及其条件，参见 John Finnis, Joseph Boyle, and Germain Grisez, *Nuclear Deterrence*, *Morality and Realism*, Oxford University Press, 1987, pp. 256 – 260; Boyle, Greisez, and Tollefsen, *Free Choice*: *A self-Referential Argument*, *De Malo*, p. 6 a. un。

② 参见 John Finnis, Joseph Boyle, and Germain Grisez, *Nuclear Deterrence*, *Morality and Realism*, Oxford University Press, 1987, pp. 119 – 125。

有人在一切基本善中的实现，是完整的人类幸福的理想。

举一个简单的、典型的不道德的例子。情感可能会使一个人想要在其憎恨的某人身上毁灭或破坏生命的善，或者知识的善；所以这个人仅仅出于厌恶感就杀死或伤害或者欺骗了那个人。这个行为是不道德的，因为这里存在着一条普遍的，也可以说是方法论上的道德原则，它处于最为基本的实践理性原则（基本善或基本行为理由，以及首要的道德原则）与反对杀人或说谎的具体道德规范之间。这条中间道德原则，有人称之为责任模式，① 它将禁止以伤害对伤害或者以自毁的方式面对自己的弱点或缺陷。

或许与政治和法律理论更为直接相关的是要求一个人公平行为的中间道德原则：一个人不要仅仅因为偏爱自己或者偏爱那些邻近或亲近的人，而限制对基本人类善的关注。公平（及其在黄金规则当中的典范表述）并没有禁止对不同的人进行区别对待，它只是要求这种区别对待要么通过对一个人的行为的不可避免的限制加以证成，要么通过基本善本身的可理智理解的要求加以证成。至于感知在做出公平选择中的正当地位，后文（第七部分）还有更多论述。在这些选择当中一个人通过自己的感知将某些善（或基本善的例示）优先对待，而没有仅仅通过感知将人优先对待。

还有其他的一些中间道德原则。对于法律思维的构建来说，具有极为重要的作用的是这一原则：它会阻止那种违背一个基本理由的行为，这种行为选择去毁灭或伤害任何基本善在任何人身上的任一例示形式（参见后文第六部分）。任意一项基本人类善都一直是行为的一个理由，并且总是会提供一个理由：不去选择

---

① 参见 John Finnis, Joseph Boyle, and Germain Grisez, *Nuclear Deterrence, Morality and Realism*, Oxford University Press, 1987, pp. 284 - 287。我在 *Natural Law and Natural Rights*（第100~113页）当中称它们是"实践理性化的基本要求"，而在 *Fundamentals of Ethic*（第69~70页和第74~76页）称它们是"中间道德原则"。

毁灭、伤害或阻碍对那种善的某个例示；但是，在任何具有道德意义的选择之中，陷于危险的人类善的例示，都是不选择之前的理由便可以通约的，所以，永远不可能存在一个充分的理由：不去把那个不去做的理由视为选择的决定性理由。只有欲望或厌恶这类情感因素才能驱动一个拒绝它的选择。

当然，正如这个术语暗示的，基本的行为理由为一个人呈现出了许多的选择和行为理由，许多去选择和行为的理由……而且，由于人总是有限的存在者，一个人对任何目标的选择，不论这个目标影响多么深远，总会不可避免地产生一种副作用，即对这种善的其他可能的例示形式和其他基本善造成某种消极影响（至少是没有去实现它们）。就此而论，某个选择都是"违背某项基本善"的。但是，这种违背仅仅是作为一个副作用。在那些被我们这里所讨论的中间道德原则所排除的选择当中，伤害、毁灭或阻碍一项基本善的一个例示——伤害某个人生存和福祉的某个基本方面——是被作为一个手段予以选择的，即是说作为被选择所采取的那个选项的描述的一个部分。尽管首要的中间原则排除了把这种伤害或毁灭作为个人的目的，当前的原则排除了把它作为手段。因此，（特定）目的与手段（定义一个选项）的概念，就在我们法律的一个最为根本的概念当中结合了起来：意图。①

三

即使是这么粗略的勾勒也清楚地说明，一种自然法理论，尽

---

① 关于"意图"，参见 John Finnis, "Intention and Side – effects", in R. G. Frey and Christopher W. Morris (eds), *Liability and Responsibility: Essays in Law and Morals*, Cambridge University Press, 1991, pp. 32 – 64；关于这里简单勾勒的行为分析与排除毁灭、伤害或阻碍任何基本人类善的任何例示之间的关系，参见 John Finnis, Joseph Boyle, and Germain Grisez, *Nuclear Deterrence, Morality and Realism*, Oxford University Press, 1987, pp. 286 – 290。

管主要是一种把人类善作为实践推理原则的理论，也必须在自己的阐述之内容纳——作为实践推理本身必须考虑——我们世界的某些特征。

这些特征包括自由选择的现实性，选择在做出选择者的品格之中持续的意义，它超出了执行这些选择的举止出现的时刻，以及被选为目的或手段的东西（即想要的）与被作为副作用预见和接受的东西（即不想要的作用）。而且，还存在着某些基本的事实，它们是诺齐克在断定（事实上）每个开始存于世界的东西都早已与某个对它具有资格的人相连时所忽视的——现实是，恰恰相反，作为每件东西材料的自然资源在一切资格之前就已存在，它们"开始存于世界"不与任何具体的个人相连。从根本上说，世界资源是共同的，没有任何一种资格理论能够以那种否定世界存储原初共有的绝对方式正确地把任何资源拨付给一个人。①

这个世界还有一个要被一种健全的自然法理论调和的进一步的特征：现实的秩序与人类理性所涉及的区分。在注意这组区分时，我们应当留意本文开始所提到的第二个歧义源。

几乎任何有趣的人类事态都例示着与人类理性相关的四个实在的秩序。例如，设想一下讲座的实例：（1）一个人听到的是说话人声带发出的声音：这是一个自然的秩序，对于它我们无论怎样也用不着理解，但是我们可以运用自己的理解进行研究，就像

---

① Nozick, *Anarchy, State and Utopia*, Basic Books, 1974, p. 160; John Finnis, *Natural Law and Natural Rights*, 2nd edn, Oxford University Press, 2011, p. 187。比较土地征用权的原则，或者破产法所采取的方式，虽然国家之间都存在着极为合理的不同，但其都是围绕着债权人之间或者债权人序列之中的某个平等原则建构起来的。但是，最为明确的含义是这条原则：在发生严重的匮乏和贫困的情况下，各种善会在一定程度上再次变成共有的，必须允许那些身陷危险的人占用那些可以使他们避免困境，例如饥饿，所需要的东西；这条道德原则甚至可以修正盗窃的法律定义，要么是直接修正，要么是通过（不）诚实这个概念，参见 Smith, *Justification and Excuse in the Criminal Law*, Stevens, 1989, pp. 50 – 52。

在自然科学或者（像现在这样）在形而上学当中所做的一样。
（2）一个人听到说话人的阐述、论证和解释，并且让自己的理解
跟上它（即使仅仅是在把它们作为错误的加以拒绝的范围内）：
这是一个人们可以带入自己的探究、理解和推理的秩序，是一个
被逻辑、方法论和认识论研究的秩序。（3）一个人在倾听演讲
者，他（就像听众一样）自由地从事一个活动，因此参与一个人
际关系：这里存在着一个秩序，一个人可以把自己的意向、选择
和行为——一个人的实践，一个人的行动，一个人的生存——带
入进去的秩序。这是一种"生存性的"秩序，它被心理学的某些
分支，被传记和人文历史，被道德和政治哲学所研究。（4）一个
人听到的是英语语言和通过一种注释或修辞技术编写的陈述，
编制和解码一种语言的正式符号和非正式符号，以及一种文化
形式和技术的表现常规：这是一个人们可以从理智层面带入我
们可以掌控的事项的秩序，以便制作例如现象、语词、诗、船、
软件、弹道导弹及其内部轨道——制作的秩序、文化的秩
序——它是在艺术和技术、语言学和修辞学当中被研究的秩序
（匹配这四重秩序的是四种不可还原的不同的"听"的含义）。①

　　几乎社会（也可以说政治）理论的每一种还原论的变形，以
及法律理论的几乎每一个方面的破坏性误解，都可以追溯至对这
四种秩序的不可还原的区分所导致的歧义性和复杂性的忽视——
它们彼此之间的不可还原性被它们每个秩序都包含着的其他某些
方面的事实掩盖了。

　　与法律理论尤其相关的区分，是在第三种（生存的、道德
的）秩序与第四种（文化的、技术的）秩序之间的区分。如果不

---

① 对于一个初步的说明（不同于列举），参见 John Finnis, *Natural Law and Natu-ral Rights*, 2nd edn, Oxford University Press, 2011, pp. 136 – 138, p. 157；关于对这四重秩序的深入反思、解释和阐发，参见 Grisez, *Beyond the New Theism*, Notre Dame University Press, 1975, pp. 230 – 240。

采取某种在文化当中形成的技术，那么很少有具有道德意义的选择可以被执行；而且，如果离开某种具有道德意义的选择，任何技术都不能为人所用。但是，每一项技术都具有一个完整的、第四种秩序的可理智理解性，即使不涉及它得以应用的具有道德意义的选择和与这些选择息息相关的实践理性化的道德原则，这种可理智理解性也是能够得到详细解释的。

在第三种和第四种秩序的区分造成的歧义当中包含"理性选择"这个术语上的歧义。"理性选择"（至少）具有三种重要的、不同的含义：

（1）完全合理的选择，符合实践理性化的全部要求，因此在道德上是正直的。

（2）受理性驱动的选择，意思是说它的对象是被实践智慧所塑造的，并且具有理性的吸引力，但它在某些方面最终是受感觉而非理性驱动的，这些感觉在某种程度上束缚了理性，并使理性工具化，因此其是不合理的，不道德的，尽管是理性的。

（3）技艺上（技术上）正确的决定和行为，即是说，根据某种技艺或技术可以确定是达到相应技术目标的最为有效的——典型的决定，对于它来说，在这个技术（如这个游戏）范围内，存在着一个主导性的理由，它可以与替代性选项的理由通约，并且包含着所有这些选项提供的理由和其他一些理由。

只有第三种含义才是经济学家和"博弈"或"决策"理论的支持者通常使用"理性选择"这一术语所表示的含义。前文第二部分使用"理性的"（及其同源词）和"选择"这些术语时采取的是第二种含义（或者第一种和第二种含义），但从来没有采取第三种含义。这里存在被误解的极大可能。① 在第一种和第二种含义当中，使理性选择必要的是可供选择的选项当中所包含的可理

---

① 参见 John Finnis, "Concluding Reflections", *Cleveland State Law Review* 38：1 – 13 (1990)。

智理解的善和恶的不可通约性；倘若选项是完全可以通约的，那么可供选择的事物就可能被确定为不受限定的高级和低级，而且不受限定的低级就会失去其理性吸引力，跌出理性的考虑范围；理性选择就成了不必要的了，而且从一个很重要的方面来说变得不可能了（参见后文第六部分）。但是，在第三种含义上，只有当一个选项被确定为不受限定的高级时，理性选择才是可能的。

四

笔者认为，法律推理和理性之所以具有自身的特殊性和独特的难以理解之处，这是因为在服务第三种秩序，生存的、道德的和被选定的目的——在一个公平和正当的关系当中共同生活——过程当中，它已建构并正在建构第四种秩序，"特指的法律"（就像"英国法"一样）。这是一个极为复杂的文化对象，包含着一种具有许多巧妙分配的含义的词汇，确认被许可和被排除的论证和决策的规则，以及相应地非常多的技术常规或程序（例如，答辩、审判、产权转让，等等），它们都根据那些程式构成和调整，它们分配的含义，以及论证和决策的规则。

这个文化对象是被创造性的人类选择建构出来或者（我们也可以说）规定下来的，它是一件工具，一个技术，用于一个道德的目的，采用它是因为没有其他可资利用的方法，从而能在重大时段针对究竟怎样才能很好地追求道德计划达成一致。政治权威在其全部展现上，其中包括法律制度都是一项技术，解决做出社会选择时没有一致同意的问题——一致同意几乎总是无法达成的，或者暂时无法达成——为的是确保实践上（接近）一致同意，以协调社会成员的行为（其中包括克制）。①

---

① 进一步参见 *Natural Law and Natural Rights*, 2nd edn, Oxford University Press, 2011, pp. 231 – 237。

那么，法律推理（至少在很大程度上）是技术性推理——不是道德推理。就像所有的技术性推理一样，它的任务是实现一个具体的目的，促成一个明确的局面，这个局面是可以通过有效的手段——目的安排实现的。此处所说的具体目的是解决纠纷（以及其他对行为不端的指控），所根据的是一条指令，它对于确认一方正当（在正当的一边）、另一方不义（不在正当的一边），是充分明确和特定的。

因此，法律的独特配置：界定术语和具体化规则，借助充分的和必须人为的清晰性和明确性确立"明线"，使那么多现实生活的法律问题变成简单问题。法律定义和规则为公民、法律顾问和法官提供着算法，以给出尽可能多的问题——原则上说是每个问题——肯定（或否定）的回答，这个行为过程是（或不是）合法的，这个约定是有效的，这份合同终止了，这些损失是可以得到损害赔偿的，而那些则不能，诸如此类。法律尽其所能地提供推理的源头——制定法和基于制定法的规则，普通法规则和惯例——能够对（可以通约的）可供选择的纠纷解决方法分等，且分何者正确何者错误，并由此确定哪个更好哪个较差。

法律人的交易工具——他们发现和运用权威渊源的能力——是服务于一个目的的手段，它足够明确以构成一项技术，一种技术推理模式。再者，目的就是每个纠纷（以及其他有待公正裁决的问题）的毫不含糊的解决，它是能够以某种方式预见和事先安排的。尽管如此，对确定性以及对一组完整的、独特的正确答案的这种探寻，本身仍然服务于一个更大的善，它像所有基本人类善一样，不可还原为一个明确的目标，相反其是一个无确定目标的善，人们及其共同体能够分享它却不用攫取它或耗尽它：公正和谐的善。就其被尊重或升华为完整的人类实现的理想的一个方面来说，这种善是道德的善。作为一项道德的善，它的含义被一切与之相连的道德原则所具体化。

因此，这就出现了德沃金的法律推理作品所围绕着的那种张力。

五

德沃金试图去解决两方面之间的张力：一方面是法律和法律推理作为一种在文化上具体化的技术的特征，我们可以通过这种技术获取社会协调问题的可预测的答案；另一方面是它在自己的决策性的立法、执行和司法时刻作为一个分有正义（或不正义）的道德行为的特征。我认为他所尝试的解决方法未能抓住这种张力的真正性质和含义。

在德沃金所描绘的司法推理当中，要用到两个判断标准。正如我们将看到的，在这两个标准之间存在着某种不可通约性，它类似于具有道德意义的、受理性驱动的选择所涉及的人类善之间的不可通约性。这之中的一个标准或维度属于我刚才所说的第三种（道德）秩序或理性，另一个则属于第四种（技术）秩序。德沃金称第一个维度为"契合"：与过去的政治决策所创设的现有的法律"素材"融贯，即立法和权威性的司法决策（先例）。他现在称第二个维度为"证成"。① 而且，他试图表明在"大多数"疑难案件当中，都可以获得一个"唯一"正确（"那个正确"）答案。

我们可以否认这最后一个命题，而不用陷于关于人类善的客

---

① 参见 Dworkin, *Law's Empire*, Belknap Press of Harvard University Press, 1986, p. 255。这个术语似乎难以理解，因为按照他的阐述两个维度都是证成一个司法判决所必需的。他先前对第二个维度的命名，（内在的、实质的、道德的）"健全"，效果更好；参见 Dworkin, *Taking Rights Seriously*, Harvard University Press, 1978, pp. 340 – 341。尽管如此，德沃金所采用的标签仍具有优点，它清楚地说明了，尽管契合作为一个必要条件确保某些道德和政治的善和要求，例如共同体和完整性，确实是相关的，但它本身却是一个历史事实问题，即那些关于判断和判决根据一个特定社会特定时间段的相应制度做出，以及某些实际的或假设的判断或判决在内容上符合先前的判断和判决。

观性或者正确的正误判断的客观性的怀疑主义。我们的否认也无须以德沃金正确地轻视和拆毁的那种通行的论证为条件——那个说分歧是难以摆脱和无法根除的（因为分歧是一个关于民众的纯粹事实，它在逻辑上与任何实践的或其他解释性的主张的优点是无关的）。对德沃金唯一正确答案命题的否定也无须建立在以下事实之上：没有哪个人具有德沃金虚构的法官的那种"超人"能力。

即使是一位理想的人类法官，具有超人的能力，他也无法有意义地为一个疑难案件寻求一个唯一正确答案（就像精致法律体系的法律人使用"疑难案件"这个术语一样）。因为在这类案件当中寻求唯一正确答案在实践上是不融贯的和无意义的，这就像寻找"最浪漫和最简短"（或者"最搞笑和最好看"或者"最地道和最深刻"）的英文小说一样。

假设如德沃金所言，司法评判存在着两个"维度"或标准，那么我们可以说，当并不明显违反一条适用规则的答案不止一个，而且能够在不同的秩序之中按照每个相应的评价标准，对这些从那种意义上说可资利用的答案进行分等，那么这个有待司法判决的案例就是疑难的（不仅是新颖的）：对于小说来说，它们的简洁和地道（或者幽默，或者深刻，或者……）；对于司法判决来说，它们契合先前的立法和先例，以及——让我们同意（不是承认）德沃金——它们内在的道德健全性。① 我们可以发现在这类

---

① 在对德沃金评价维度的整个讨论之中，我都理所当然地认为他的预设，"道德性"和"道德健全"指代一个"评价维度"，它有时可以正当地（在与司法责任相关的"正当"的某个含义上）从属于其他某个准则或某类准则（例如"契合"）。但是，这里的道理是不同的，尽管它并不简单：道德性总是胜过每个其他选择准则，尽管不是以这个使得不道德的选择非理性的方式；但是与一个法官相关的任何道德真理的真值条件都包含着关于契合的事实；假如关于契合的事实不能（按照道德的判断标准）与道德性调和，一个人就处于不正义之法的情形，关于这一点可以参见 *Natural Law and Natural Rights*, 2nd edn, Oxford University Press, 2011, Ch. 12。

案例之中存在"理性选择"（第三种含义）的理论家所称的"非传递性"，一个这些理论公认无法真正处理的现象：① 在法律契合的尺度上，A方案优于B方案，B方案优于C方案，但是，在道德健全这个尺度上，C方案优于A方案；所以不存在任何充分的理由断定是A方案或者B方案或者C方案是总体上"最佳的司法判决"。当然，如果在两个维度上排序都是一致的，那么这个案件就压根不是一个疑难案件，法律体系早已准备了人们一直希望它具备的东西：唯一正确答案。

德沃金在《法律帝国》之前的作品当中试图克服这种评定维度或标准上的不可通约性，他的方法是提出一种"词典式的"（在罗尔斯的术语体系中是"词汇的"）排序。1980年英国法的"最佳说明"的候选必须足够契合当时存在的英国法律素材，而且在那些满足这个门槛的选项当中，按照其他标准（例如道德上的健全）排名最高的，即使它不如另一个选项或者其他一些选项那么契合，它也是整体上或者说绝对意义上的"最佳者"。② 但

---

① 在"博弈论"之中——这是一个关于日常生活情境的广泛的、精致的推理体系，这些情境被设想为它们具有一个竞争博弈的简单、单一目标和自利的结构——首要的是传递性公理：假设a比b好，b比c好，那么a一定比c好；假设x比y差，y比z差，那么x一定比z差，如此等等；除了"比……好"和"比……差"这样的谓述，相似的还有"更可取"。参见 Luce and Raiffa, *Games and Decisions*, Dover Publications, 1989, ch. 1。头脑清楚的博弈论高手都会承认在现实生活当中非传递性是大量存在的：a在某个方面上比b好（例如，邻近学校），而b在另一个方面上比c好（例如，生活福利设施），但是由于比较的两个基础（邻近和福利设施）彼此不可通约，那么就得不出a在任何方面都比c好，更不用说无限定的好了。所以卢斯和雷法才被迫说："我们会说我们只关心传递性的行为，并且希望补充一点：我们相信这并不一定总是一个空洞的研究"（第25页）。他们在同一页承认了非传递性的典型的原因和结果：一个主题或情境迫使"在内在的不可比的可供选择的选项之间进行选择。这个想法是说，每个选项都激起对若干不属性尺度的回应，而且，尽管每个尺度可能本身是可以传递的，它们的合并却并不一定"。

② 例如，参见 Dworkin, *Taking Rights Seriously*, Harvard University Press, 1978, pp. 340 – 342。

是，这个方案是空洞的，因为他没有确定任何标准，甚至没有任何粗略或"原则"性的标准以具体说明何时契合是"足够的"，即把（契合的）门槛置于健全的标准主导的范围之外（这就像被告知在那些"足够简短"的小说之中寻求最搞笑的小说一样）。推测起来，"何时足够契合？"这个问题的唯一正确答案的候选就是按照契合和健全这两个条件进行排序的。无限递归，使传说当中的理性解释无效的那种错谬的无限递归，会不期而至。

德沃金在《法律帝国》当中放弃了在这两个标准之间的词汇排序的简单图景。留给我们的仅仅是一个隐喻："平衡"——"政治德性的一般平衡"，它体现在（［1990年］英国）法律的相互竞争的解释或说明之中。但是，在缺少任何可以通约不同标准的度量标准情况下，平衡（或者更早的，权衡）的建构正当意指的不过是"认真谨记所有相关因素，并且选择"。或者，在法律领域，"端坐高庭，悉听论证，然后投票"。

在理解实践理性的所有形式时，我们应当注意选择经验的一个特征。在一个人做出选择之后，支持被选项的那些因素通常似乎超出、胜过那些支持被拒绝的替代选项。被选项——去做 x，去采取 y 规则或解释——（对于进行选择的人，不仅仅是旁观者）往往具有一种至上性，唯一的正确性。但是，这种至上性的含义，一个（被）选项的正确性，将不会改变这些选择不是理性确定下来的真相，即不是被一个确认指引的，这个确认把一个选项或答案视为"唯一正确"的（而且，这并不意味着它是非理性的，它处于理性上具有吸引力的选项之间）。相反，那个选择确立了"正确"答案——最终通过做出选择者的性情和情感确立了它。① 当一个疑难案件的选择是由最高上诉法院（的绝大多数法官）

---

① 参见 Grisez, "Against Consequentialism", *American Journal of Jurisprudence* 23 (1978), pp. 46 - 47。

做出的时候（一个纯粹粗放的事实），答案的唯一正确性不仅是由那些已选择它的人以及由他们的态度确立，而且其还是基于法律体系或共同体所确立的，对于它而言，它已被权威性地决定下来，并且被作为一项规则制定出来，或在一个规则之中制定出来。

六

德沃金所认为的司法判决的两个维度或标准之间的不可通约性，与那些陷于危险的善（和理由）的不可通约性具有重要的相似之处，后者存在于任何语境下的具有道德意义的可资利用的选项之中。倘若不理解不可通约性，那么就无法理解支撑着（尽管没有详述）法律理性的那种道德和政治理性。

德沃金给出了一个沿着法律契合和道德健全这两个维度展开的法律推理的简单图景，不可通约性，即缺少任何理性地确定的度量标准或者尺度去测量或"权衡"善恶的争议，则比我们从德沃金式的简单图景所设想的更为普遍和尖锐。我们在一些微末的事项之中都会碰到不可通约性问题，例如不得不在听讲座、读一本好书、看电影和交友之间进行选择。还会碰到它与宏大的社会选择相连，例如是否拒绝或放弃核威慑①：探索这类选择将充分说明所有综合推理对于具有道德意义的选择的无能——这些选择处于纯粹技巧的或技术的工作之外，这个工作旨在辨认对于实现一个单一的限定目标的最具成本效益的手段。

最能代表技术理性的推理是"成本—收益分析"，它把可选

---

① 参见 John Finnis, Joseph Boyle, and Germain Grisez, *Nuclear Deterrence*, *Morality and Realism*, Oxford University Press, 1987, pp. 207 – 272。拉兹在 *The Morality of Freedom*（第 321～366 页）探讨不可通约性时得出了某些类似的结论。

择的选项的成本与可能的收益进行比较。① 只有在满足以下条件时才能完全理性地完成它：（1）精确限定目标；（2）能把成本与某个明确的单位（例如，钱）进行比较；（3）也能把收益以某种使它们相互通约的方式量化；（4）手段，而不是它们的效率，可测量的成本，以及可测量的收益，之间的差异都不算重大。在道德推理之中，这些条件一个都不具备。

其实，倘若可以表明一个选项按照一个单一的尺度是最佳的，就像所有综合推理那样，以一个单一的、传递的秩序排列选项，那么具有道德意义的选择将是不必要的，加一个限定，② 也是不可能的。假如（对于做 x）有一个理由，某种理性的比较方法（例如，在一个完整的成本—收益分析当中的善恶的总和）把它确认为理性上更可取的，替代的理由（不去做 x），因此被确立为理性上较差的，它在那种选择的情境之下就不再是具有理性吸引力的。那个被确立为主导性的，无限定性的可取的，以及被

---

① 在第四种秩序，文化的秩序，例如审美，当中还存在着其他的推理形式。这里制作者是不受任何目标引导的，从而可以充分地辨识这种目标独立于那些他们可能计算并采纳以便实现它的有效手段；因此，艺术创造是超出技术之外的。相反，这些制作者在回应他们在其上或用其工作的财产的可感知的具体性时，都受到对那个对象的一种"感觉"的引导，这是一种除非造出那个对象就无法言表的感觉，但是它仍以某种方式辅助对任何具体尝试是否充分的衡量。在创造过程与这种对对象想象的"构思"或"直觉"或"期望"之间存在着互动；在这个过程当中，那种期望或许会被提炼和改变，甚至彻底改变，然而却不会消失。对成品的艺术、审美价值（善或恶）的评价，包含着对"作品想要说什么"与"作品怎样说"之间的统一性的审美评价；审美理解没有停留在任何一个极点上；它也没有在使用准则上完全先于和外在于创作本身。假设一个创作具有某种内在统一性、清晰性和完整性，它能具有一个审美价值，这个价值可以统治和重塑那些预先存在的标准，而不是被它们统治。而这些预先存在的标准则概括着先前审美对象的特征，那些对象以其内在的统一性、清晰性和完整性为自身确立了审美价值。

② 限定：可能存在着两个选项之间的选择，其中一个是受理性驱动的，但另一个虽然在其手段的结构上是被智性塑造的，最终却仅仅是受感觉驱动的。但是，这并非那种道德推理所关心的选择，尽管抗拒那些产生于情感驱动的诱惑无疑是具有道德意义的。

那个理由所支持的选择，将在理性上是无阻碍的。仍然没有那种道德理论试图引导的选择。因为道德理论追求引导的那些具有道德意义的选择都是处于具有理性吸引力的可选择的选项之间的。

把选项确认为在道德上是错误的，这并没有使把某个选项确认为（在道德上）唯一正确变得必要。其实，即使当一个选项能被判断为唯一（在道德上）正确的选项，对于一个特定的人来说（一个道德判断，只有那个人的在先的信守和性情将使之可能），这仅使那个可选择的、不道德的选项不是完全合理的必要。它绝不使这些可选择的选项是非理性的必要，即在真正的、可理智理解的人类善上缺乏理性吸引力，这些人类善被不道德的选项获取并被道德上正直的选项牺牲掉。因此，受理性驱动、具有道德意义的选择仍然是可能的——实际上是人类情境的特点——即使是在道德的"唯一正确答案（选项）"的可能相对罕见的情形之中。

但是，技术推理把一个选项确认为唯一正确的，即主导性的，是通过证明它提供了所有其他选项所提供的并且还要多一些来实现这一点的；它是不受限定的更优。那么其他选项就失去理性吸引力了。这种思考就不是在选择当中结束——在那个模糊的术语的丰富的、核心含义上——而是在见解、"决策"（不是选择，而是理性上迫使的判断）和行为中结束。

阻止那种违背一个基本理由的行为，这种行为选择去毁灭或伤害任何基本善在任何人身上的任一例示形式。因为这些例示无外乎人的一些方面，目前的和将来的，而且人无法在理性上被还原为技术推理所抓取的可以通约的因素。人类善的这些例示构成了针对任何选项的反对理由，这个选项包含着选择（或意图）毁灭或伤害它们当中的任何一个。这些具有道德意义的选项当中所包含的善的不可通约性意义在于：对于这个选项来说，没有任何理由能够在理性上优于这个理由所反对的。而且，对于反对一个选项的理由，同样是正确的，这个理由是由这个选项的不公平性构成的。

那么，有人可能要问，调整一个人按照反对理由而非按照任何支持理由进行选择的根据是什么？再次说明，脱离我们世界的某些特征，就无法说出它们，全部人类选择的根本语境。那些存在理由支持我的选择的选项数目是无限的。因为我自身是有限的，根本无法做所有事情，不能选择每一个存在理由的选项。但是，我可以克制自己什么都不做。我可以尊重每个反对理由。因此，一个无条件的或绝对的肯定性义务（去做……的义务）将会强加一个不可能的负担，而且是非理性的；但是消极的道德义务（不去做……的义务），假如得到正确陈述的话，注意意图和副作用的区分，那么完全可以在任何情况下得到遵守。

进一步来说，许多人类善（例如，他人的生命）都是礼物、恩赐，它们是我们能够毁灭或伤害却无法去创造的。这也是支持理由与反对理由之间的可理智理解的不对称的一个根据。反对理由的优先性，在它们的界限范围内，也没有赋予整个道德规范以一种消极的外形，或者把"道德纯洁"提升至一个至上目标的等级。实践理性首要原则的第一枝干仍然是人类善要被实行和追求。它的第二枝干是恶要被避免。克制不去作恶产生一些绝对义务，但是，对这些义务的完全尊重和坚守并未解决个体和社会积极责任的广阔领域（数量更大庞大）。

七

道德绝对规范为法律推理提供着支柱：排除故意杀人、故意伤害人身和人的经济利益,① 排除为了得到想要的结果而有意欺骗,排除奴役——它把一个人作为一个低等存在的客体而非自治的人类主体来看待。这些道德绝对规范在理性上是被决定的,本质上是明确的,它们构成了最为基本的人权,以及刑法、侵权行为法的基础,更不用说所有处罚故意欺骗的规则、原则和教义。这些规则、原则和教义会撤销对故意欺骗的所有法律支持,并把它从法律程序当中排除出去。

这些道德规范和法律规范的理性,都依赖于存在于具有道德意义的选项当中的陷于危险的人类善和恶的不可通约性。这一不

---

① 一个伤害意图足以使一个除此之外都合法的行为变得非法,英国法要求不要承认这条原则:Bradford Corporation v Pickles [1895] AC 587;Allen v Flood [1898] AC 1。但是,这个要求的重要性却被以下内容大大降低了:(1)教义,它是在 Quinn v Leathem [1901] AC 495 和 Crofter Hand Woven Harris Tweed v Veitch [1942] AC 435 当中确立的,根据这些判例,有些行为带有明显的伤害意图从而伤害了原告,约定去做这些行为即是侵权,即使行为本身除此之外就是合法的;以及(2)延伸的教义,它们为那些人提供了侵权之诉,这些人都受到了一个不法行为的损害,例如欺诈、引诱或威胁违反合同或妨碍合同,只要那个行为是在意图损害他们,即使除此之外他们根本无法就欺诈、威胁或违反或妨碍合同提出诉讼;例如参见 Lonrho plc v Fayed [1992] 1 AC 448(HL)。而且,Bradford Corporation v Pickles 和 Allen v Flood 这两个判例所确立的教义的基本特征也被一个事实所质疑,即它在美国的普通法当中已经被拒绝了:参见阿莫斯的论文《一个行为在多大程度上因为行为人的不法动机而构成侵权》以及《普罗瑟论侵权法》第 130 节。还有,英国上议院在 19 世纪 90 年代对动机无法单独使个人的行为不法这条原则的采纳,也被一个有瑕疵的行为和意图的分析弄得更加难以理解了。(1)在把感觉与行为理由区别开上存在着一个根本性的失败;例如,沃森法官把那条原则表述为:"除了推动它的感觉之外,当被做的行为是合法的,那么民法就应对它的动机置之不理"([1898] AC at 94)。(2)相应地,还有一个失败,未能看到,应当参照那些在思考当中确认的目的和手段来描述和辨识行为,这种思考塑造着行为人从中进行选择的选项,所以必须清楚地区分目的或手段与副作用;上议院的法官们在 1898 年做出的拒绝论证,把一个目的包含在了"恶意"之内,这个目的是"以邻人为代价使自己受益"——它把两类案件弄混了,一类是邻人的损失是目标(自己获得经济利益不过是一个受欢迎的副作用),另一类是自己获得经济利益是目标(邻人损失不过是一个已经预见到的,可能甚至是一个受欢迎的副作用);法官们在没有辨别其根本的歧义性的前提下拒绝了那个论证。

可通约性对法律推理具有更进一步的重要意义。

关乎公平的道德规范的精髓可以表述为黄金规则："对别人做你希望他们对你做的事，不强加别人你不想被其强迫接受的事。"这里有两个方面。首先，实践理性，在竞争性游戏的有限的技术语境之外，包含着一条不偏私的理性规范。这条规范排除的不是所有偏爱自己和那些亲人和邻人的形式和相应感觉，而是所有那些偏爱形式，它们只受欲望、厌恶或敌意驱动，而这些欲望、厌恶或敌意不符合行为的真正理由的可理智理解的方面，这些方面即是指在其他人生活中的就像在自己的生活或那些贴心的人生活当中可以实现的基本人类善。

黄金规则的第二个方面是这样的：尽管公平是一条要求一个人超越所有在理性上未整合的感觉的理性规范，它在个人生活当中的具体应用预设了一个理性无力通约的益处和负担的排序。要应用黄金规则，那么一个人必须知道什么负担是一个人认为过于巨大而无法接受的。而且，这种知识构成一个前道德的通约，不可能是理性的通约。因此，它只能是一个人的直觉意识，一个人的洞察力，属于一个人自身所有的对各种具体回忆、经历或想象的善恶的差别对待的感觉。我再重复一次，这不是一个对善和恶的理性的、客观的通约，但是，这种通过感觉的通约一旦在个人的感觉中确立起来，并在个人的自我意识之中得到确认，它就能够使一个人按照一种解释的无偏私的理性和客观标准排列自己的选项。

类似地，在一个共同体的生活当中，对理性上不可通约的因素的初步通约不是伴随着理性决定的判断，而是伴随着决策（选择）。把超出 10 英里每小时驾驶的内在风险强加给他人这公平吗？对于我们的共同体来说，答案是肯定的，因为我们的共同体已经以法律和习俗的方式决定把这些风险和损害作为不太严重的情形来对待。我们对一个决定把道路交通限制在 10 英里每小时并且接受这个决定的全部经济和其他代价的共同体有什么理性的批判吗？或者不要信托制度，或推定信托？没有，我们对这样的一个共同没有任何理性的批判。但是，我们对某个以 60 英里每小时的速度驾驶的人却有理性批判，当被另一个人撞到时，声称和抱怨一个纯粹的事实：他人的速度超出了 10 英里每小时，因而确立了他人的过失。或者对某个愿意接受信托的利益（例如税收利益），却不愿意接受法律在其破产当中对信托和合同的区分的人。

而且，通常我们进行理性批判的都是接受这种和其他共同决策的益处，却拒绝它们给他和他关心的那些人造成负担的人。简单来说，允许道路交通超过 10 英里每小时的决定，或者像英国法那样定义信托，在理性上都是不足以确定的（这并不是说，它过去或现在是完全不受理性引导的；人的肉体生命和完整的善是一个一直具有实践意义的真实理由，而且这种善还存在着其他的——非交通的——威胁，对于这些威胁，我们个体和群体抱持着宽容或不宽容，那么在宽容或不宽容上保持一贯的理性要求为决定提供着某种理性标准。信托的情况也是类似的，它的理性化被公认为违背了若干世纪压制这种独特的双重所有制的许多立法动议）。① 尽管在理性上是不足以确定的，允许快速移动的交通的决定一旦做出，就仍然提供着一个通常完全确定的理性标准，可以处理那些被指控不法行为或不法致人伤害的行为。在破产当中，信托的情况也差不多。

在法律程序的运作之中，许多也依赖这一原则——公平原则——诉讼当事人（还有其他诉讼程序参与人），应当得到法官

---

① 当然，这并不意味着它是像批判法律研究运动那么模糊和不加批判地使用的强意义上“不确定”，即完全不受理性引导的不确定。这是因为人的肉体生命和完整的善是一个一直具有实践意义的真实理由；而且，人类的反应速度和易被撞伤的事实，以及那种善还存在着其他的——非交通的——威胁，对于这些威胁，我们个体和群体抱持着宽容或不宽容，那么在宽容或不宽容上保持一贯的理性要求，都会为决定提供某种进一步的理性标准。

（和其他具有决定权的人）不偏私的对待。即是说，他们应当尽可能地被每个法官像任何其他法官对待他们的方式一样对待。我相信这一点是主要的，它驱使法律接近人为的、技术的理性，制定和遵守一系列实在规范，尽可能地可以单由其"渊源"确认（即它们颁布的事实或其他构成性事件），并且尽可能地根据它们公开规定下来的含义加以应用，对它本身的阐释尽可能少地诉诸那些因素，它们因为不受关于渊源的事实（构成性事件）的控制，内在地有可能被不同的法官以不同的方式利用。这是一种把法律推理与道德推理隔离起来的驱动力，然而它永远是无法完成的。

不可通约性对于法律推理还存在进一步相关的影响。它排除了有人提出的以法律的经济分析闻名的法律推理技术。这种推理技术的核心内容是，每个严肃的社会秩序问题都可以通过总和可选择的选项所承诺的整体善的净余额加以解决，采取的方式是一个简单的可通约的因素（或者最大化），即以金钱量度的财富，相关的社会角色愿意而且能够支付以获取他们更喜欢的选项。法律的经济分析还有一个同等重要的假设或论题，购买故意伤害的权利与购买不采取防范措施的权利之间没有原则的差别，后者会消除同等数量的偶然造成的伤害。① 对法律经济分析的从表及里的批判都集中在它的这两个特征上。

还有一些不那么伤筋动骨的批判，例如德沃金所提出的（虽然它也是有价值的和有帮助的），② 并未触及法律的经济分析的那些特征。其实，德沃金自己也在权利和集体目标之间进行了区分（后者被德沃金作为立法机关的正当范围提出来了），这个区分不加批判地假定，可以通过价值的总和理性地确认集体目标和把它

---

① 参见 John Finnis, "Allocating Risks and Suffering: Some Hidden Traps", *Cleveland State Law Review* 38: 193–207 (1990), sec. IV。

② Dworkin, *A Matter of Principle*, Harvard University Press, 1985, pt. IV.

作为优于某些可供选择的事物，而不用考虑分配性公平的原则和其他正义的方面——这些原则本身即构成权利，不能按照某种理性的方法论与某些可以量度的价值量交易。①

八

　　总结：很多关于法律推理的学术理论过分夸大了理性可以解决何谓更大的善和较小的恶的程度。同时，这种理论把对权威渊源的要求降至最低。这些渊源就其是清晰的和尊重少量绝对道德权利和义务来说，是被尊为司法推理和决定的唯一合理的根据的，它们与那些不直接涉及绝对权利和义务的无数争议相连。对于发现渊源并不清晰的法官来说，数不清的问题呈现出来，针对这些问题一种经典传统的自然法理论不会假装以为自然理性能够确认出那个唯一正确的答案。

　　按照阿奎那所表述的经典观点，这显然受惠于亚里士多德，②存在着许多行错和做错的方式；但是，在大多数的个人和社会生活的情形中，存在着许多不兼容的正确的（即不是错的）选项。对已经下定决心的人或者接受某种权威的共同体来说，在先的个人选择或权威的社会决策可以极大地压缩选项种类。虽然那些选择和决策是理性的和合理的，它们在大多数情况下仍然不是理性所要求的。它们不以任何理性的判断为先导：这个选项就是那个正确答案，或者那个最佳方案。

---

①　参见 John Finnis, "A Bill of Rights for Britan? The Moral of Contemporary Jurispru-
dence" (Maccabaean Lecture in Jurisprudence), Proc Brit Acad 71: 303 – 331。

②　参见 Aquinas, *Summa Theologica*, I – II q. 95 a. 2; Aristotle, *Nicomachean Ethics*,
V. 10: 1134b19 – 1135a6; John Finnis, *Natural Law and Natural Rights*, 2nd edn,
Oxford University Press, 2011, pp. 281 – 290, pp. 294 – 295。

约稿函

《法律和政治科学》（Law and Political Science）是西南政法大学主管、西南政法大学期刊社指导、行政法学院和政治与公共管理学院联合主办的法学类学术集刊。

本刊旨在推动法学与政治学、社会学、公共政策学等跨学科、跨领域深度融合，倡导"大社会科学"理念，鼓励人文社会科学与自然科学合作。本刊坚持以习近平新时代中国特色社会主义思想为指导，"恪守学术标准、坚持问题导向、扎根中国实践"，瞄准国家和区域发展重大战略和学科前沿发展方向，在学术命题、学术思想、学术观点、学术标准、学术话语上着力，通过学科交叉、学术交融、学者交流互动实现集刊的特色发展、内涵发展。

《法律和政治科学》由社会科学文献出版社出版，并纳入该社集刊方阵，严格按照集刊准入标准进行建设。现诚挚向各位专家学者征集稿件，用稿范围包括但不限于专论、研究报告、学术争鸣、译介等。来稿请通过网络投稿系统提交：https://www.jikan.com.cn/FLZZ，或发送至：lps2019@126.com。对于录用稿件，本刊将向作者寄送样刊2本，并略奉薄酬。

稿件格式规范附后，供参考。

《法律和政治科学》编辑部

《法律和政治科学》学术规范及注释体例

一、来稿请附 300 – 500 字左右的"内容摘要"及 3 – 5 个"关键词";

二、注释序号用①，②，③……标识，每页单独排序;

三、本刊提倡引用正式出版物，出版时间精确到年;第 2 版及以上注明版次。根据被引资料性质，可在作者姓名后加"主编"、"编译"、"编著"、"编选"等字样，但"著"则不加。作者或译者为三人以上者，署第一作者名加"等"字;

四、引用页码应明确到具体的页码;

五、非直接引用原文时，注释前加"参见";非引用原始资料时，应注明"转引自";

六、注释范例:

（1）著作类:

钱穆:《中国历代政治得失》，三联书店，2011，第 1 页。

（2）译著类:

〔美〕布雷恩·Z. 塔马纳哈:《论法治——历史、政治和理论》，李桂林译，武汉大学出版社，2010，第 156 页。

（3）编著类:

朱景文主编:《中国法律发展报告——数据库和指标体系》，中国人民大学出版社，2007，第 58 页。

（4）文集类:

《毛泽东文集》第 7 卷，人民出版社，1999，第 31 页。

张文显:《变革时代区域法治发展的基本共识》，公丕祥主编:《法制现代化研究（2013 年卷）》，法律出版社，2014，第 28 页。

（5）辞书类:

《辞海》，上海辞书出版社，1979，第 345 页。

（6）期刊类:期刊具体到期数即可，不到页数。

周尚君:《地方法治竞争范式及其制度约束》，《中国法学》

2017 年第 3 期。

（7）报纸类

姚建宗：《法治指数设计的思想维度》，《光明日报》2013 年 4 月 9 日，第 11 版。

（8）中文网站类：

赖建平：《股权分置改革试点中急需澄清的若干法律问题》，资料来源：http://business. sohu. com/20050711/n226265839. shtml （访问时日期：2005 年 11 月 2 日）。

（9）英文类：

①论著类

Neil MacCormic, *Legal Reasoning and Legal Theory*, Oxford：Oxford University Press, 1978, pp. 92 – 93.

②论文类

Jan Paulson, Arbitration of International Sports Disputes, 9 Arb. Int'l 395, 360 （1993）.

（10）转引类：

江必新：《中国行政诉讼制度之发展——行政诉讼司法解释解读》，金城出版社，2001，第 186 页。转引自胡建淼主编：《行政诉讼法学》，高等教育出版社，2003，第 30 页。

（11）其它

张著良：《强制执行股权法律问题研究》，西南政法大学硕士论文，2001，第 20 页。

李忠诚：《如何看待"测谎仪"》，中国诉讼法学研究会 1999 年会论文。

（2001）海知初字第 104 号民事判决书。

《国家税务总局关于出口货物退（免）税若干问题的通知》，国税发（2003）139 号。

图书在版编目（CIP）数据

法律和政治科学. 2021 年. 第 1 辑：总第 3 辑：转型社会中的国家治理 / 周尚君主编. -- 北京：社会科学文献出版社，2021.11

ISBN 978 - 7 - 5201 - 8719 - 0

Ⅰ.①法… Ⅱ.①周… Ⅲ.①法学 - 政治学 - 研究②国家 - 行政管理 - 研究 - 中国 Ⅳ.①D90 - 05②D630.1

中国版本图书馆 CIP 数据核字（2021）第 146557 号

法律和政治科学 （2021 年第 1 辑·总第 3 辑）
—— 转型社会中的国家治理

主　　编 / 周尚君

出 版 人 / 王利民
责任编辑 / 李　晨
责任印制 / 王京美

出　　版 / 社会科学文献出版社·政法传媒分社（010）59367156
　　　　　　地址：北京市北三环中路甲 29 号院华龙大厦　邮编：100029
　　　　　　网址：www.ssap.com.cn
发　　行 / 市场营销中心（010）59367081　59367083
印　　装 / 三河市尚艺印装有限公司

规　　格 / 开　本：787mm × 1092mm　1/16
　　　　　　印　张：17　字　数：215 千字
版　　次 / 2021 年 11 月第 1 版　2021 年 11 月第 1 次印刷
书　　号 / ISBN 978 - 7 - 5201 - 8719 - 0
定　　价 / 89.00 元